普通高等教育"十二五"规划教材

农业经营管理学

（农学、园艺、畜牧、农机）

主　编　马　琼
副主编　蒋志辉　王学剑　朱　哲

北京邮电大学出版社
·北京·

内 容 提 要

本书主要是为了满足本科生学习和从事农业、农村管理者的工作需要，遵循从基本概念阐释到基本理论介绍，再从理论分析到理论运用和典型案例归纳的脉络，由浅入深，循序渐进，符合初学者由简入难的学习规律。本书详细阐述了农业经营管理的内涵、农业经营项目选择、农业经营风险的识别与处置、农业经营中的要素管理以及农业经营预测与决策、农产品营销等农业经营管理的微观问题，同时也详细分析了农业经营方式及演变、农业产业演进和结构调整、农业产业化等农业经营管理的宏观问题。

本书在编排结构方面充分体现教学要求，每章都有导读提示，并附有思考题。同时，每章最后都配有与内容密切相关的应用案例，通过对相关问题的探究，可以提高大家的理论应用能力。

本书适合农业院校非农业经济管理专业及从事农业管理人员使用。

图书在版编目(CIP)数据

农业经营管理学/马琼主编. --北京：北京邮电大学出版社，2014.7
ISBN 978-7-5635-4019-8

Ⅰ.①农… Ⅱ.①马… Ⅲ.①农业经营—经营管理 Ⅳ.①F306

中国版本图书馆 CIP 数据核字(2014)第 130378 号

书 名	农业经营管理学
主 编	马 琼
责任编辑	章 剑
出版发行	北京邮电大学出版社
社 址	北京市海淀区西土城路 10 号(100876)
电话传真	010-82333010 62282185(发行部) 010-82333009 62283578(传真)
网 址	www3.buptpress.com
电子信箱	ctrd@buptpress.com
经 销	各地新华书店
印 刷	北京联兴华印刷厂
开 本	787 mm×1 092 mm 1/16
印 张	13
字 数	320 千字
版 次	2014 年 7 月第 1 版 2014 年 7 月第 1 次印刷

ISBN 978-7-5635-4019-8 定价：28.00 元

编 委 会

主　编　马　琼

副主编　蒋志辉　王学剑　朱　哲

编　委　（按姓氏笔画）

马　琼　王学剑　石　晶

朱　哲　杨忠娜　蒋志辉

前　言

农业经营管理学作为一门农业院校非农业经济管理专业的通识课程，主要是向非农经专业的学习者普及有关农业经济学、农业企业经营管理学、农产品营销学等方面的专业知识，并向读者介绍国内外农业、农村经济管理的最新研究成果。运用上述学科的基本理论分析这一研究领域的典型案例，对提高我国农业、农村的经营管理水平和农业经济管理教学工作具有十分重要的意义。

本书主要是为了满足本科生学习和从事农业、农村管理者的工作需要，遵循从基本概念阐释到基本理论介绍，再从理论分析到理论运用和典型案例归纳的脉络，由浅入深，循序渐进，符合初学者由简入难的学习规律。本书详细阐述了农业经营管理的内涵、农业经营项目选择、农业经营风险的识别与处置、农业经营中的要素管理以及农业经营预测与决策、农产品营销等农业经营管理的微观问题，同时也详细分析了农业经营方式及演变、农业产业演进和结构调整、农业产业化等农业经营管理的宏观问题。本书具有以下两大特点。

(1)内容的综合性。本书既注重了内容的通俗易懂，又强调了内容的完整性；既注重了基本概念和理论的介绍，又强调了理论方法的实际运用。而且本书在内容安排上既系统地介绍基本原理、理论和方法，又结合农业经营管理实践，整理、归纳、讨论农业经济理论的新发展，使本书具有体系完整、内容全面、信息充足的特点。

(2)理论方法的实用性。无论是农业经济学，还是农业企业经营管理学，都是应用性很强的学科。本书综合了上述学科的基本内容并注重理论与实践的有机结合，选编了大量现实的案例，把概念、理论融于实例之中，启发学生结合学科基本原理和方法，通过案例对实践活动进行深入思考，以提高其运用所学理论分析、解决实际问题的能力。

本书在编排结构方面充分体现教学要求，每章都有导读提示，并附有思考题；同时，每章最后都配有与内容密切相关的应用案例，通过对相关问题的探究，可以提高大家的理论应用能力。希望本书能成为大家的良师益友。

本书由塔里木大学马琼教授负责总体设计和统稿，朱晓玲教授负责审稿。通过塔里木大学编写人员马琼(第一、五章)、石晶(第六、八章)、王学剑(第二、三、十章)、朱哲(第四章)、蒋志辉(第七、九章)、杨忠娜(第十一章)等人共同努力，分章编写，才最终定稿。

本书在编写过程中，借鉴了国内外大量的文献资料，在此对文献作者表示由衷的感谢！由于编者的知识和经验有限，因此在成书过程中难免会出现错误或未涉及的方面，在此敬请大家谅解并提出宝贵意见，以便使本书更加完善。

作　者

目 录

第一章　导　论

本章导读

本章的任务是介绍农业的重要性、农业经营管理的内涵。通过本章学习，要求正确理解农业特点与作用，明确农业企业的特征、类型，以及农业经营管理的内涵，把握农业经营管理学的研究对象、研究任务与研究方法。

第一节　农业的概念和重要性

一、农业的概念

农业经济学是经济科学中的一门独立学科，以农业为研究客体。

什么是农业？农业是国民经济中的一个重要部门，在现代国民经济中称为第一产业。农业的本质是人类利用生物机体的生命力，把外界环境中的物质和能量转化为生物产品，以满足社会需要的一种生产经济活动。

农业这个概念所包含的具体内容虽然在不同的国家、在一个国家的不同时期均有所不同。但一般来说，农业是指那些从事与动植物生命活动有关的生产活动，包括植物栽培（种植业和林业）和动物饲养（畜牧业和渔业）。由于种植业是最基本的农业生产部门，因此，通常狭义的农业专指种植业。而与此相对应的广义农业则包括农、林、牧、渔四个部门。随着现代农业的发展，农业同与之相关的工商业之间的联系日益密切。为了便于管理，有的国家把为农业提供生产资料的“农业前部门”及从事农产品加工、储运、销售等活动的“农业后部门”也划归农业部门统一管理，这样农业就形成了一个由产前部门、产中部门和产后部门组成的产业系统。

二、农业的特点

农业的特点包括两个层次：一是本质特点，二是具体特点。

农业的本质特点是自然再生产与经济再生产相交织。

所谓自然再生产，是指生物的自然生长发育过程，即生物有机体同自然环境之间不断进行物质、能量交换和转化的过程。植物吸收土壤中的水、肥和空气中的二氧化碳，利用太阳能进行光合作用，制造出含有碳水化合物、蛋白质、脂肪等物质的植物产品。动物利用植物产品进行自身的生命活动，并为植物的生长提供肥料等条件，再加上微生物的活动，就形成自然界的物质循环和万物繁衍的过程。

自然再生产过程是生物体依靠自身的生命活动而实现的，它是农业生产的基础。而农业生产还必须有人类劳动的参与，这就决定了它同时又是一个经济再生产过程。所谓经济再生产，是指在一定的生产方式中，人们通过有目的的活动，利用与改造动植物的生理机能和自然环境条件所反复进行的社会再生产过程。它是人类在遵循自然规律的前提下，根据自身的需要，通过劳动对自然再生产进行控制和调节的过程。

自然再生产与经济再生产相交织是农业的本质特点。从这一本质特点出发，我们还可以看到农业与工业等其他物质生产部门所不同的一系列具体特点。这些特点涵盖以下三个方面。

第一，从农业的生产资料方面看，具有以下特点。

(1)动植物有机体是有生命的“活机器”。动植物有机体是农业的生产资料，这种生产资料是有生命的，它们具有自己的生长发育规律，要求适宜的外界条件(光、热、气、水、土、肥等)，它们在自身的生命活动过程中合成碳水化合物、蛋白质、脂肪及其他有机物质。由于动植物的这种“活机器”本身的性能好坏，对农业生产成果的大小产生决定性影响。因此，优良的品种对农业生产极为重要。

(2)土地是农业生产中最基本的生产资料。土地在农业生产中既是劳动资料，又是劳动对象。动植物要以土地作为立足点，土地是养分和水分的贮存器、供给者。离开了土地农业生产就无法正常进行下去。由于土地又具有数量有限、质量差异大的特点，因此，农业中土地资源的状况及利用对农业生产的发展影响巨大。

(3)以太阳能为代表的自然力是农业中无法替代的自然资源。在农业生产中，植物以太阳能作为直接的不可取代的能源，而动物则通过植物来利用太阳能。除太阳能外，自然力还包括土地的自然肥力、水力、风力等。自然力的状况及利用，会直接影响甚至决定着农业生产成果的大小。可见，自然力对农业生产也具有非常重要的影响。

第二，从农业生产过程看，具有以下特点。

(1)生产时间与劳动时间不一致，农业生产具有很强的季节性。生产时间是劳动对象处于生产领域的时间；而劳动时间是劳动作用于劳动对象的时间。在农业生产中，劳动时间只是整个生产时间的一部分。由于农业生产具有很强的季节性，因此，合理安排农业生产，就能在劳力、土地、农具以资金的利用上发挥互补作用；如果安排不当，则会引起使用上的冲突。

(2)农业生产需要广阔的生产场所。在土地生产率一定的前提下，农产品的总量主要取决于农业用地的面积。

(3)农业生产各部门具有相互制约、相互促进的作用。例如，种植业为林业和养殖业提供口粮和饲料；养殖业为种植业和林业提供畜力和肥料；而林业则能涵养水源、保持水土、改良气候，为种植和养殖业创造良好的生态环境。因此，建立一个合理、完善的农业生产结构，使农业生产各部门相互促进，具有十分重要的意义。

第三，从农产品方面来看，具有以下特点。

(1)农产品是人们最基本的生活资料。农产品的这一特点，一方面决定了农业部门在国民经济中所占据的特殊而重要地位；另一方面也决定了随着经济的发展，人们生活水平的不断提高，农产品在人们的消费结构中的比重将不断下降。因此，任何国家在经济发展过程中都必须正确处理好国民经济中其他部门与农业协调发展的关系。

(2)农产品既是最终产品，又是其自身的生产资料。农产品的这种双重性质，决定了农业生产在一定程度上具有自给性，农业生产可以相对独立地发展，尤其在社会分工、专业化不发达的条件下，这种自给性更明显。因此，在经济现代化过程中，必须注意打破农业的这种自我封闭性。

(3)农产品的供求弹性较小。从供给方面来看，由于农业生产季节性很强和农产品贮藏运输费用很大，因此其市场供应量不易随市场价格的上升而增加；从需求方面来看，由于农产品是基本生活资料，因此其需求量也不易随市场价格的升降而变化。因此，一个国家或地区的农业生产稍有波动，就会引起严重的农产品供求矛盾和价格波动。

三、农业在国民经济中的地位

国民经济是一个庞大的体系，由农业、工业、商业、建筑业、交通运输业、服务业等部门构成，虽然国民经济中各个部门彼此独立不可替代，但又相互联系、相互促进。其中，农业是国民经济中最重要的部门，是整个国民经济的基础。

农业是国民经济的基础是一个不以人的意志为转移的客观规律。这可从以下两方面来认识。

第一，从农产品对人的重要性来看，农业是人类的衣食之源，生存之本。

任何社会，人类要生存，都必须要有生活资料。而生活资料中最重要的是食物，它是人类生存所必须的。而食物是由农业生产出来的。人类社会发展到今天，人们仍然无法脱离动植物和自然力去建立食物生产体系，而只能利用动植物的生物机能和自然力来获取所需的各种食品。虽然食品工业属于轻工业中的一个部门，但食品工业是以农产品为基本原料的。而人类生存所需要的碳水化合物、蛋白质、脂肪等，食品工业是不可能生产出来的。至于像酿酒工业等部门，在对原料加工的过程中会增加一些营养成份，而这也要借助微生物的活动，这只能说是在食品工业中插进了某种比重不大的严格意义下的农业生产过程。

当然，农业为人类提供的生活资料不只是食物。除食物以外，不少穿的和用的生活资料也是由农业直接或间接提供的。不过随着科学技术的发展，除食物之外的其他生活资料可以比较容易地由工业来生产。而农业提供的生活资料不可能完全被工业所取代。

第二，从人类社会的发展历史看，农业是国民经济中其他部门得以独立和进一步发展的基础。

在人类社会发展中，农业是第一个出现的社会生产部门。由于人类赖以生存的生活资料中最必需的食物要靠农业生产出来，因此，在人类历史上，劳动必然首先表现为农业劳动。在原始社会中，由于劳动生产率十分低下，通过农业劳动生产的食物，只能维持从事农业劳动的人本身的食用，只能维持其自身劳动力的再生产。因此，那时的人们都只能从事农业劳动，农业是社会中唯一的生产部门。马克思说："劳动起初只不过当作农业劳动出现。""一切劳动，首先把食物的占有和生产作为目的。"后来，随着农业劳动生产率的逐步提高，从事农业劳动的人生产出的食物除了供自己消费之外还略有剩余，这时才有一部分劳动者脱离农业，专门从事手工业，出现了农业与手工业的分工。之后，农业劳动生产率得到进一步提高，商业、文化、教育和其他事业逐渐发展起来，最终演变为独立的工业、商业、文化教育等劳动部门。因此，从某种意义上讲，农业劳动代表了必要劳动。没有农业这个必要劳动部门的存在和发展，其他生产部门就不能存在和发展。

不仅如此，工业等国民经济其他部门从农业中独立出来以后，它们的发展规模和速度仍然要受到农业生产水平的制约。而这些部门进一步发展所需要的劳动力也是从农业部门转移过来的。马克思曾说过："如果我们把外国贸易丢开不说，……那很明白，能够投于工商业上面而无需从事农业的劳动者人数……是取决于农业劳动者在他们自身的消费额以上，能够生产多少农产品。"他还说："社会用来生产小麦和牲畜等所需的时间愈少，用来进行其他生产——物质和精神生产的时间就愈多。"这就是说，农业生产越发达，社会就越能够把更多的劳动力用来发展工业、商业等，国民经济的这些部门才可能有更快的发展。

由此可见，农业是人类生存的先决条件，是社会生产活动的起点，是其他劳动部门得以独立和进一步发展的基础。因此，当社会分工越来越细，最终形成国民经济各个部门而且相互结合成为密切联系的国民经济体系的时候，农业也就成为国民经济的基础。

农业是国民经济的基础，指明了农业在社会经济中的地位，这是不以人的意志为转移的适合一切社会形态的客观规律。

四、农业对国民经济的贡献

农业在国民经济中除了处于基础地位外，还起着十分重要的作用。这些作用主要表现在以下四个方面的贡献。以我国为例来详细说明。

1. 产品贡献

产品贡献主要表现在两个方面。一是为全国人民提供食品。我国是一个人口大国，解决吃饭问题是头等大事。由于我们要靠自己的力量，用仅占世界7%的耕地养活占世界20%以上的人口，并使人民的生活水平不断提高，因此农业的任务是十分艰巨的。自改革开放以来，我国城乡居民食品支出占总消费支出的比重一直保持在50%(最新报导为46%)以上。二是为轻工业提供原料。自改革开放以来，在我国的轻工业产值中以农产品为原料的产值比重基本上稳定在70%以上。从长期的发展趋势看，由于轻工业中以工业品为原料的部分增长较快，在整个工业中轻工业的增长又慢于重工业，因此农业的产品贡献在原料供给方面的作用将有所下降。但从我国现阶段的情况来看，轻工业在制造业中仍占有重要地位，农副产品加工业又是轻工业中的主导行业，仍具有着广阔的发展前景。

2. 市场贡献

农业的市场贡献来源于农业与其他部门的交换，既包括农业提供给非农部门的食品和其他农产品，又包括农民购买日用工业品和农业生产资料。从农业提供给非农部门的食品和其他农产品情况来看，社会商业农副产品收购额占国内纯购进总额的比重，自改革开放以来多数年份都在25%左右，有的个别年份接近30%。农民对非农业居民出售的商品额占社会商品零售总额的比重，由改革开放之初的不足2%上升到近些年的10%以上。从农民购买消费品和农业生产资料的情况看，农村消费品零售额占社会消费零售额的比重，自改革开放以来多数年份都在50%左右；农业生产资料零售额占社会商品零售额的比重多数年份在10%左右，最高年份接近20%。

3. 要素贡献

农业的要素贡献主要包括资金、劳动力和土地等方面。从资金方面来说，虽然从表面上看我国涉农税收在国家财政收入中所占的比重不大，农业的资金贡献十分有限。但实际上我国农业的资金贡献大多是通过“剪刀差”实现的。据测算，1952—1990 年，我国农业以赋税方式为国民经济贡献资本 1 529 亿元；以“剪刀差”方式为国民经济贡献资本 8 708 亿元；以金融方式为国民经济贡献资本 1 403 亿元，三者合计达 11 639 亿元，占国民经济全部积累额的 30%。从农业提供劳动力贡献的情况看，农业为国民经济的发展提供了大量劳动力。特别是改革开放以来，农业劳动力大量转移到非农产业部门就业，成为推动我国经济增长和结构变革的重要力量。据统计，1979－1997 年间，我国从农业转移出来的劳动力累计达 1.3 亿人，平均每年 690 万人。农村非农产业劳动力在农村劳动力中所占的比重已超过 30%，农业劳动力占社会劳动力的比重从改革开放之初的 70%左右下降到近些年的 50%以下。从土地方面来说，城市规模的扩大、新兴城镇的建立、交通运输事业等的发展都需要土地，这都需要建立在农业土地生产率提高的基础之上。

4. 外汇贡献

我国农业通过增加农产品及加工品的出口收入或扩大农业进口替代的生产，对平衡国际收支作出了积极的贡献。在我国现阶段，农业的外汇贡献主要表现在农产品及加工品的出口增长上。农副产品及加工品出口额占出口总额的比重在改革开放前一般占 60%以上。自改革开放以来，由于工业的发展，工业品出口额增加，虽然导致农产品及加工品的出口比重有所下降，但其仍占 20%以上。农业在对消除外汇稀缺性限制作出贡献的同时，对引进外资和利用外国先进技术进行农业开发也作出了贡献。尽管随着产业结构的升级，在出口构成中农副产品及加工品出口的比重将有所下降，但在我国今后较长一段时期内，农业的外汇贡献仍将占有相当大的比重。

第二节 农业经营管理

一、经营管理概述

经营与管理是相互区别而又相互联系的两个概念，然而人们常把两者合称为一个概念，即经营管理。正确理解经营管理的含义，对搞好农业企业的经营管理工作，具有重要意义。

所谓经营，就是在一定的社会制度和环境下，有目的地把劳动力与生产资料结合起来，进行产品的生产、交换或提供劳务的动态活动。经营的主要内容包括：确定经营目标、经营项目、经营结构、经营方式，以及研究和开发为此目的而采取的一系列战略和战术决策。

经营侧重于外界环境条件的协调。企业经营是指最有效地利用企业的地理条件、自然资源和各种生产要素，合理地组织经济活动，以获得最佳的经济效益的经济活动全过程。

所谓管理，原意是管辖治理。是为了达到一定的经营销售目标，进行决策、计划、组织、指挥、协调、控制的过程。管理侧重于内部资源的组织和利用。

经营和管理的关系，实际是两种相互联系又相互区别的对内和对外管理活动的关系。由于企业系统是一个开放的经济系统，其经营活动与环境紧密相连，并受外界条件的影响和制约，因此企业要善于捕捉和利用外部环境提供的机会和条件，才能求得生存和发展。虽然管理活动分为内部和外部，是现代农业企业有效参与市场竞争的需要。但是企业内部活动和外部活动是密切联系不可分割的，这决定了企业经营和管理的划分仅仅是管理职能分工的一种表现，是企业各级管理人员之间的一种分工和协作的关系。经营和管理都贯穿于农业企业生产经营活动的全过程，且两者都服从于同一目标，即追求合理的盈利和企业的可持续发展。从另一角度来看，在现代市场经济条件下，企业经营就是在动态的市场环境中寻求企业盈利和发展的机会，其任务是千方百计抓住市场机会并对此提出相应的对策；而管理则侧重于发挥内部优势去适应和影响环境的变化，实现经营目标。从这个意义上说，经营决定了管理的方向与目标，管理对经营过程予以调节和控制；经营是管理的依据，管理源于经营并为经营服务，两者相互分工、相互补充和相互作用，共同促进现代企业管理的整体活动。

二、农业经营管理的内涵

农业经营管理是对农业整个生产经营活动进行决策、计划、组织、协调、控制，并对农业生产成员进行激励，以实现其任务和目标的一系列工作的总称。

农业经营管理属于微观经济管理。主要研究农业微观组织经营活动的规律，其目的是合理地组织农业内外生产要素，促使产、供、销各个环节相互衔接，以尽量少劳动消耗和物质消耗，生产出更多的符合社会需要的产品，实现农业生产的利润目标。

农业经营管理的内容主要包括：合理确定农业的经营形式和管理体制，设置管理机构，配备管理人员；搞好市场调查，掌握经济信息，进行经营预测和经营决策，确定经营方针、经营目标和生产结构；编制经营计划，签订经济合同；建立、健全经济责任制和各种管理制度；搞好劳动力资源的利用和管理，做好思想政治工作；加强土地与其他自然资源的开发、利用和管理；搞好机器设备管理、物资管理、生产管理、技术管理和质量管理；合理组织产品销售，搞好销售管理；加强财务管理和成本管理，处理好收益和利润的分配，全面分析评价农业生产经营的经济效益。

三、农业经营管理的性质

农业经营管理的性质具有双重属性，即生产力属性和生产关系属性。两者互相联系并寓于生产要素结合和供应、生产、销售、分配等环节运行之中。

1. 农业经营管理的自然属性

经营管理是社会化大生产和共同劳动的客观要求，任何社会和生产部门，只要有许多人在一起协同劳动，就需要有经营管理。随着生产社会化程度的提高，共同劳动规模扩大，劳动分工协作日益精细、复杂，愈来愈要求有严格的组织，正确的指挥，精细的核算等科学的经营管理，这是任何社会制度下都普遍存在的一种经济上的客观要求。农业经营管理的自然属性主要体现在合理组织生产力的职能上，它与社会制度没有直接的关系，只要符合客观规律的要求，能促进生产管理经验和方法的改善，它就有科学性和普遍性。

2. 农业经营管理的社会属性

农业经营管理又是生产关系的反映和体现，它的性质决定于生产关系的性质，这是经营管理的社会属性。经营管理的社会属性主要体现在维护和调节社会生产关系的职能上。但是，尽管不同国家经营管理的社会属性存在差异，但是过多地强调其社会属性差别而一概排斥学习发达国家的管理科学理论和经验，是不科学的态度。各国企业经营管理实践中，在管理理念、方法和程序上表现出来的许多差异，可能更多是来自其历史文化背景的差异而绝非单纯源于社会制度的性质。

四、农业经营管理学的研究方法

1. 农业经营管理学的研究内容

农业经营管理学着重研究在农业生产中如何正确解决生产（经营）什么、生产（经营）多少、如何生产（经营）和为谁生产（经营）这些基本问题的原理和方法。根据这门科学的研究对象，其基本内容可概括为：按市场经济的要求，科学建立健全农业经营组织；正确确定经营组织形式；合理编制经营计划；运用计划、组织、指挥、协调、控制等职能；合理开发农业资源；搞好农业产、供、销诸环节经营活动；并实行科学的财务核算和环境管理，达到经济效益、社会效益与生态效益相统一的目的。

2. 农业经营管理学的研究方法

农业经营管理学以唯物辩证法为方法论基础，结合本学科研究领域的特点，并采用多种方法探索和研究农业经营管理问题。

（1）系统分析法。系统分析法是唯物辩证法的具体运用，强调运用普遍联系的观点去研究问题。本学科的研究应当把一个企业、一项经营管理工作视为由两个以上要素组成的，并具有特定功能和目的的系统。借助对系统的集合性、相关性、目的性和环境适应性的分析，揭示系统中要素、结构、功能与目的之间的关系，找到优化要素结构、增强系统功能的途径与方法。

（2）调查研究法。这是根据研究的目的和任务，对研究的总体选用典型的、抽样的或全面的调查方法，有计划地搜集资料，加以整理、分析，认识经济现象的客观过程及规律性。深入实际，调查研究，系统地掌握资料，是科学研究的基础工作，比如市场预测须以市场调查为基础，农业企业诊断须以企业调查为基础。调查研究法是农业经营管理中的最基本的方法。

（3）案例分析法。案例分析法是对成功的与失败的典型案例进行对比、分析，从中总结成功经验与失败教训，从个别典型到一般，用以指导农业经营管理的实践。这是典型调查法与比较分析法的综合运用。采用这种方法时，应注意案例的代表性，避免以偏概全。

（4）定性与定量分析法。定性分析法是指在占有充分而系统的资料的基础上，运用分析、综合、类比、归纳和演绎等方法，将具体事物抽象化，形成概念、范畴和规律，来反映事物的本质与内在联系。否则，就不能透过现象揭示事物内在的规律性。定量分析法亦即数学分析法，是对事物的量的规定性（通常以规模、速度、程度等指标来表示）的分析方法。任何事物既有质的规定性，又有量的规定性，因而本学科的研究方法既要有定性分析，又要有定量分析，只有实行定性和定量分析相结合的分析方法才能把握事物由量变到质变的度。定量分析常常会借助统计指标作相关性的剖面分析与动态分析；复杂的定量分析，往往需要借助生产函数、成本函数、线性规划等数学模型。

思 考 题

1. 农业的属性与特征是什么？
2. 如何理解农业是国民经济的基础产业？
3. 什么是经营管理？
4. 试述农业经营管理的性质。
5. 试述农业经营管理学的研究对象。
6. 试述农业经营管理学的研究方法。

第二章　农业经营方式

本章导读

本章将重点阐述新中国成立以来我国农业经营方式的演变;统分结合的双层经营、承包经营与租赁经营、股份制与股份合作制经营。需要理解和掌握的是承包经营与租赁经营的联系与区别,股份制经营与股份合作制经营的联系与区别,特别是股份合作制经营所具有的双重特征和浓厚的农业特色。

第一节　农业经营方式概述

一、农业经营方式的定义

农业经营方式是指在一定的农业生产资料所有制条件下,农业经营活动的组织形式和运行形式。其具体内容主要包括:①农业生产资料的实际支配形式;②农业劳动者与农业生产资料的结合形式;③农业经营活动的决策及其实施形式;④农业生产要素的组合和协调形式;⑤农业经营单位与外部经济环境的适应、协调形式。[1]一定的农业经营方式,是在一定的农业生产资料所有制形式的基础上形成的,虽然农业生产资料所有制形式是既定的,但是农业的经营方式是可以选择的。同一种农业生产资料所有制形式,可以有不同的经营方式;不同的农业生产资料所有制形式,又可以有相同的或近似的经营方式。农业经营方式的选择、确定不取决于人们的主观意志,而取决于农业生产力的性质和水平,即主要取决于当时、当地农业劳动对象和其他生产资料的状况,农业劳动者的文化素质和技术水平,经营者的经营管理水平等。

二、新中国成立以来农业经营方式的演变

新中国成立以来,根据土地产权制度的变动,我国农业经营方式大致经历了以小农经济为基础的农户家庭经营、以土地集体所有为基础的集体经营、以家庭联产承包为基础的统分结合的双层经营这三种基本农业经营方式。

(一)以小农经济为基础的农户家庭经营

中共七届三中全会通过了《中华人民共和国土地改革法(草案)》,废除了地主阶级封建剥削的土地所有制,实行了"耕者有其田",获得土地的农民普遍采用了家庭经营方式。以小农经济为基础的农户家庭经营方式的最大特点是农户对生产资料拥有完全的所有权,农户能独立组织生产经营,农业生产要素的配置方式由农户决定。由于农民不仅掌握土地的所有权,使广大无地农民获得了土地,同时,农民还掌握着经营决策权,所以使农民发展生产的积极性空前高涨,农业生产得到了迅速恢复和发展。

由于土地改革并没有消灭农村土地的私有制,而是通过平均地权实现了"耕者有其田"的普通农民的理想。因此从农业经营方式的角度来看,在新中国成立的初期,中国农村经济的基本特点并未发生重大的改变,而只是消灭了地主所有制及租佃关系,使广大农民都变成了自耕农的经营方式。

(二)以土地集体所有为基础的集体经营

1. 农业合作化时期的集体经营

1953年春,随着农村土地改革的基本完成,中国农村社会逐渐趋于安定,农业生产也开始迅速恢复,不过很快又出现了农户间"两极分化"的趋势。"两极分化"是指当时一小部分经济上升较快的农户开始买地、雇工、扩大经营;而另一部分因种种原因变得生活困难的农户则开始卖地、借债和受雇于他人,农村中的贫富分化正在悄然形成。例如,根据当时中共山西省忻县地委关于143个村42 215户农户的调查报告,已有约19.5%的农户(8 253户)出卖土地,共卖地39 912亩,其主要原因有生产生活困难、遇有疾病或灾害等。

如果说农村贫富分化仅仅是一个征兆的话,那么更加引起当时决策者担忧的是农民普遍都想走旧式富农道路的心态。土地改革使农民获得了梦寐以求的土地,虽然他们对中国共产党表示真诚的拥护,但由于受几千年的传统习惯影响,农民的基本要求只是发家致富,希望自己能和过去的富农一样。另一方面,农民又心存顾虑,害怕富裕后再被戴上剥削的帽子,因而在农业生产中投工、投资很不积极。

针对土地改革后农村出现的新情况、新问题,党中央在经过讨论后发出了开展互助合作的号召,推行互助组、初级农业生产合作社和高级农业生产合作社。同时这也是党在过渡时期总路线和总任务的一个重要组成部分,即实现国家对农业的社会主义改造。

(1)农业互助组。

农业互助组是我国劳动农民在个体经济的基础上,为了解决劳力、耕畜、农具缺乏的困难,按照自愿互利原则组织起来的劳动互助组织。它一般由几户或十几户农业家庭组成,实行共同劳动、分散经营的方式。虽然土地、耕畜、农具等生产资料和收获的农产品,仍归私人所有,但由于换工互助,因此在一定程度上提高了劳动生产率,产量一般高于个体农户。1951年年底,中共中央制定了《关于农业生产互助合作的决议》,在该决议的精神指引下,各地纷纷办起一批互助组。农业互助组分季节性的临时互助组和常年互助组两种。临时互助组是最初级的、当时最为普遍的形式,其特点是临时性、季节性和规模小;常年互助组除劳动的互助外,有的还实行农业和副业的互助合作,有简单的生产计划、技术分工和公有农具和牲畜。

(2)初级农业生产合作社。

初级农业生产合作社是在互助组的基础上,以个体农民自愿组织起来的半社会主义性质的集体经济组织。它是建立在农民土地私有制基础上半社会主义性质的农业生产合作组织,承认社员入社的土地及其他生产资料的私有权和收益权,允许社员保留一部分家庭经营,但入社后的土地以及牲畜、大农具等生产资料由集体统一经营。从1953年年底,我国农村互助合作运动的重心开始转移,重点放在发展初级农业生产合作社。由于保留农民对土地以及其他生产资料的私有权,这不仅适合于农民私有的心理要求,调动了农民的生产积极性,而且有利于合理配置土地、生产工具、劳动力等生产要素,因此基本上适应当时农村生产力落后、个体农民刚刚组织起来的集体生产的需要,促进了农业生产的发展。

(3)高级农业生产合作社。

高级农业生产合作社(简称"高级社")是在自愿互利基础上组织起来的社会主义的集体经济组织。高级社在土地等基本生产资料公有的基础上,实行集体统一经营、统一计划、统一核算、统一分配。1955年10月,中共中央七届六中全会通过了《关于发展农业生产合作社的决议》,1956年6月,全国人大第一届三次会议通过了《高级农业合作社示范章程草案》。由于取消土地分红,生产工具实行公有化,加之经营管理上的混乱,劳动报酬上的平均主义,这些都违背了当时生产力发展的客观实际,违背农民自愿原则,结果是欲速而不达。

2.人民公社时期的集体经营

由于党内存在着急于向全民所有制和向共产主义过渡的倾向,主观地认为农业合作社的规模越大,公有化程度越高,就越能促进生产。1958年4月,中央发出关于把小型的农业生产合作社适当地并为大社的意见,并在全国发动了人民公社化运动。人民公社是一个"政社合一""三级所有,队为基础"的基层组织。公社的主要职能是贯彻和执行国家下达的生产计划和生产任务,尤其是必须负责完成国家规定的粮食和农副产品的征购和派购任务,同时监督、管理及协调下级单位的生产、分配等其他活动。生产大队则协助公社监督、管理生产队的生产活动,进一步落实国家的各项计划和任务,并在各生产队之间开展责任、权利和义务的平衡与协调工作。生产队是公社组织中最基本的生产和核算单位,一般由30～50户农民组成,是集体生产资料的所有者、使用者,按国家指定的计划生产什么和如何生产,土地由集体统一经营,社员集体劳动,按工分参与收益分配。

(三)以家庭联产承包为基础的统分结合的双层经营

人民公社制度从根本上讲并不符合农业生产的要求,压抑了广大农民发展农业生产的积极性,成为农业和农村经济发展的制约因素或障碍,使得农业和农村经济在人民公社时期长期处于徘徊、停滞阶段,农村贫穷的状况没有得到根本性的改变。

1979年起,我国农业的经营方式,按照生产资料所有权与经营权适当分离的原则,以实行家庭联产承包责任制作为农村经济体制改革的突破口,使单一的集体经营方式转变为家庭经营与集体经营相结合的双层经营、承包经营、租赁经营、股份制经营、股份合作制经营和集团化经营等多种经营方式。

第二节 统分结合的双层经营

统分结合的双层经营既是我国农村经济发展的基本经济体制,也是我国基本的农业经营方式之一。它是以家庭联产承包经营为基础的集体统一经营与家庭分散经营相结合的一种经营方式。具体是指集体经济组织在实行联产承包、生产经营,建立家庭承包经营这个层次的同时,还对一些不适合农户承包经营或农户不愿承包经营的生产项目和经济活动,如某些大型农机具的管理使用,大规模的农田基本建设活动,植保、防疫、制种、配种及各种产前、产后的农业社会化服务,某些工副业生产等,由集体统一经营和统一管理,从而建立起一个统一经营层次。

一、家庭经营

家庭经营是指在坚持土地等主要生产资料公有制的基础上,在集体经济组织的统一管理下,将集体的土地发包给农户耕种,实行自主经营,包干分配。农户除了保证向国家和集体上缴税费之外,完全自主决定对土地进行经营,并且拥有除了税费之外的全部收益,土地产出的收益分配关系变为:交足国家的,留够集体的,余下都是自己的。

(一)家庭经营的历史贡献

30余年来,农村改革的实践证明,实行家庭承包经营,符合生产关系要适应生产力发展要求的规律,使农户获得了充分的经营自主权,并充分调动了亿万农民的生产积极性,极大地解放和发展了农村生产力。实现了我国农业的巨大发展和农村经济的全面繁荣,使广大农民的生活从温饱迈向小康。实行家庭承包经营,符合农业生产的特点,可以使农户根据市场需求和效益原则确定农业生产的品种和结构,使农民成为独立的市场主体。家庭承包经营是集体经济组织内部的一个经营层次,是双层经营的基础。

(二)新时期家庭分散经营面临的局限性

1.家庭分散经营,经营规模过小,难以形成规模经济效益

中国自在农村推行家庭联产承包责任制以来,农村社会生产力得到迅速发展,农村面貌发生了翻天覆地的变化。而随着市场经济在中国的深入发展,家庭联产承包责任制本身的局限性也逐步显现出来。现代社会的许多生产经营活动,其收益都是与规模经济密切相关的。规模经济是假定在技术水平不变的条件下,在生产经营活动中,生产要素配置同比例增加引起的超额收益增量。农业的适度规模经营,是指与一定的农业生产技术相适应,在保证提高土地生产率的前提下,使农户经营的耕地面积得到适度扩张,从而使从事专业化农业生产的农民取得规模经济收益,收入水平与其他行业同等劳动力的收入水平基本持平。我国家庭联产承包责任制,土地按人口平均分配,各种质量的土地均匀搭配。20世纪80年代中期,平均每户所承包的土地只有8.35亩(1亩=666.67平方米)。而到了20世纪90年代中期,我国农户平均拥有的耕地下降到6亩,户均承包土地9~10块,有1/3的省、市人均耕地不足1亩。如此细小

分散的农田结构，对耕作经营十分不便，农民无法进行大规模的投入，农业技术进步的成果也无法体现出来。而且由于每户的农田分散，给日常的经营管理既造成了很多麻烦，又浪费了很多人力。这一切都导致我国农业的规模经济效益根本无法实现。

2. 家庭小块田地分散经营，不利于农业科技水平的提高

现代农业的发展及农业的现代化若离开农业科学技术的进步将寸步难行。在农业发达国家，其农业的发展大都充分考虑了科技成果在农业中的推广，它们充分利用新的科学技术，通过发展农村的灌溉事业，普及机械化，推广生物技术和改进耕作方法，使其农业生产率大幅度提高。我国由于是家庭分散经营，每家每户分得的土地非常有限，每户的总产量不高，在当前的农产品购销政策下，主要农产品收益比较低。因此农民一方面是缺乏积累和扩大再生产的能力，难以进行更全面的技术改造；另一方面我国农民也缺乏提高农业科技水平的动力。因为每家每户土地有限，只需要部分劳动力或劳动时间就可以耕种，既不需要普遍使用机器等新技术，也不便普遍采用机械化耕种，所以小块土地分割阻碍了机械化的推广。

3. 家庭联产承包责任制，不能适应市场经济发展的需要

市场化是农业产业化经营的基本特征之一，而家庭联产承包责任制所推行的土地经营分散化，是难以协调农户在商品生产经营中的利益矛盾，并无法克服分散农户在商品生产中的盲目性，经常会出现“跟风农业”现象，若农户盲目跟进，则会导致生产供大于求，价格下跌，产品滞销。力不从心的分散农户经营个体，由于得不到市场上准确的供求信息，加之家庭经营的规模过小，专业化程度低，因此导致农业生产经营经常处于一种不稳定的震荡之中，并且农民也没有多少产品能进入市场，即使进入市场的农产品，交易方式也是分散成交，加大了市场交易的成本。

4. 农村土地产权不明晰

现行的农村土地所有制结构是在1962年实行的“三级所有，队为基础”的制度上确定的。“三级”即“乡、村、组”。虽然从法律上看界限十分清楚，但落实到具体的实践中，却无法操作。

首先，乡农民集体经济组织事实上是不存在的。由于政社合一的体制废除后，无论是在法律规定中还是在现实中都不存在所谓的乡农民合作社。因此也就找不到一个代表乡农民集体的组织或机构作为农村土地所有权的代表。这样，法律上规定的乡农民集体所有，等同于无人所有。乡政府作为一级国家行政机关，在法律上无法成为集体土地的所有者。由于存在上述无人所有的缺陷，致使乡政府对土地的管理职能与所有权合二为一，集体土地变成国有土地。

其次，村民委员会也不能作为农村土地所有权的代表。根据《村民委员会组织法》第二条规定：村民委员会是村民自我管理、自我教育、自我服务的基层群众性自治组织。由于村民委员会不是农村集体经济组织，而是农村群众性自治组织，因此，它不能成为农村集体土地的所有者。

最后，村民小组也不能作为农村土地所有权的代表。因为在家庭承包责任制后，村小组的组织基本上解除了，通常只有一个村民小组长充当类似行政村联络员的工作，况且村民小组仅仅是集体经济组织的成员，不是一级集体组织，所以它也不能作为集体土地所有权的代表。

从理论上来讲，农村集体拥有法定所有权，集体应当可以行使占有、使用、收益、处分的权利，而现实中，我国的集体所有权是一种不完全的权利，农民集体所有权的最终处分权属于国家且集体土地所有权的经济利益得不到保障。最明显的例子就是在土地流转过程中的最终处

分权和部分经营收益属于国家。

5. 权力寻租

2003年3月施行的《中华人民共和国农村土地承包法》虽然以法律的形式肯定了农民对土地的使用权、流转权和继承权，以此来保护农村土地承包关系的稳定，但当国家为了“公共利益”的需要必须征用农民的土地时，土地承包合同就成为一纸空文。由于土地权属不清，管理体制不健全，因此征地行为很不规范。

另外，土地实行“集体所有，分户经营”之后，国家对农村土地经营的大部分控制权下放给了农村各级基层政权，基层干部掌握着土地发包、调整地价、决定费用收取和宅基地分配等权力，由于缺乏有效的监督机制和能力，就容易造成乡村干部滥用权力，以权谋私；同时，作为土地转让价值的土地补偿费，无法由集体成员的农民直接支配，而被各级基层政权截留，导致了类似其他集体财产的所谓“人人所有，人人无权”的现象，这极大的损害了农民的利益。

（三）进一步巩固和完善家庭经营

在我国，家庭经营是适应我国农村生产力发展要求的，是一种促进生产力发展的农业经营组织形式。我国农村生产力的发展水平是不平衡的，有些地方生产力水平较先进，有些地方生产力水平则比较落后，而以家庭为主体的经营组织形式，满足了生产力发展多层次的需要，激发了生产主体的积极性、创造性。家庭经营有一个比较好的激励机制，只要交够国家的，留下集体的，剩下的都是自己的。这种经营形式具有决策灵活，监督、激励成本低的优势。联户经营和私营租赁是家庭经营的两种重要组织形式。这种组织形式的重要特点是自愿联合。这种联合既可以是土地使用权的联合，也可以是生产资料的联合，还可以以资本为纽带，在明晰产权的情况下，实现组织形式的创新。实践证明，这种家庭经营形式具有旺盛的生命力。

家庭适合农业经营的机理并不会因农业规模经营而失灵。世界农业进步的历史表明，尽管农业本身发生了从自然经济到商品经济、从传统技术到现代技术的历史性变化，但并没有产生将劳动力集中起来形成超越农户经营经济组织的广泛要求，也没有出现以机器体系为核心的工厂化发展趋势。时至今日，农业生产力的巨大发展并未使农业中的家庭经营这一基本特征发生任何改变。当今世界上所有的国家，不论其自然、经济条件存在什么样的差别，农业中占主流的经营形式无一例外的都是家庭经营。从农业发达国家的情况看，家庭经营并没有随生产手段的高度进步而出现功能退化，也没有与农业的商品化、社会化和现代化相冲突。与之相反，农业生产力的不断进步，恰恰为家庭经营持续注入了新的活力，使之经营能力日趋增强，商品化和现代化程度不断提高。

二、集体统一经营

集体统一经营以农村土地集体所有为基础，是双层经营方式的重要组成部分。它主要从事不适于家庭经营的，以及为家庭经营提供产前、产中、产后的服务项目，如农田水利设施，农产品加工、储运、销售，农机修理、信息服务等。

集体统一经营具有两大特点：一是共同协作劳动，统一经营核算；二是按一定的形式计算劳动成果的数量和质量并以此来分配劳动报酬。在这种经营方式下，生产资料的所有权、经营权及产品分配权结合在一起，统一筹划一切生产经营活动。

三、统分结合,宜统则统、宜分则分

集体统一经营和分散的家庭经营构成农业经营的两个层次,二者相互依存、补充、促进。这种经营方式把集体和家庭的优势有机地结合起来,并把农业社会化生产同专业化管理有机地结合起来,既保留了家庭经营的优势,调动了农民生产、投入的积极性,又有利于在更大范围内合理配置生产资源,实行宏观决策和调控,弥补了小生产的局限性;既克服了过去集体管理过分集中的缺点,又发挥了集体统一经营的优势。双层经营符合农业生产的特点,适应当前我国农业生产力发展水平和要求。

第三节 承包经营与租赁经营

一、承包经营

承包经营,一般是指发包方和承包方将所要承包的项目,经过双方协商,用签订承包合同的形式承包给承包人经营的一种特定经营方式。

承包合同应明确规定发包方与承包方各自的责任和权利,以便双方遵守和执行。承包方的责任包括:①对承包的资产进行合理使用,并保护资产安全;②全面完成承包指标;③合法经营。发包方的责任包括:①保证承包人的经营自主权;②保证承包方在完成承包合同规定的上缴任务以后的自主分配权;③对承包方提供各种有效服务。承包方的基本权利主要有:生产经营决策权、产品处置权、收益权、转包和转让权、优先承包权和继承权等。而发包方的基本权利则主要包括:行使土地生产资料的所有权、按合同规定从承包方收取承包金、按合同规定监督承包方的生产经营活动等。

承包经营在我国农村经济中,主要表现为家庭联产承包经营、国有农场的承包经营、乡镇企业的承包经营。

(一)家庭联产承包经营

家庭联产承包经营,是在坚持基本生产资料公有制的基础上,在集体经济组织的统一管理下,依据人口和劳动力的数量,将土地发包给农户耕种,实行经营包干分配,自负盈亏的一种农业经营方式。这种承包经营的基本特点是:土地等基本生产资料仍然归集体所有;在经营方式上,实行统一经营与分散经营相结合;在产品分配上,兼顾国家、集体和个人利益,把劳动者的劳动与经济利益、经营风险联系起来,更好地贯彻了按劳分配原则,充分调动了劳动者的积极性和创造性,进一步推动了农村经济的发展。

(二)国有农场的承包经营

国有农场一般以职工家庭农场或专业组(户)为基础,实行承包经营。职工家庭农场是国有农场内部,以户为单位,实行家庭经营,定额上交、独立核算、自负盈亏的经济实体。它是大

农场下边的小农场，是国有农场双层经营中的一个层次，不能脱离大农场而独立存在，而且在行政上受大农场的领导，在经营上依靠大农场的服务，在职责上完成大农场下达的任务。

在国有农场内部兴办职工家庭农场，是改革国有农场体制、解放生产力、大力发展商品经济、发展农垦经济、提高经济效益的重要途径。它既坚持了公有制，发挥全民所有制农业的优越性，又能充分发挥职工家庭经营的积极性，使劳动者和生产资料结合的更紧密，促使职工家庭积极筹措资金，增加生产投入，发展商品生产，提高经济效益。

二、租赁经营

租赁经营，是指在不改变财产所有权的前提下，资产所有者将其资产出租给承租者使用，并定期收取租金的一种经营方式。租赁经营按承租方的类型划分主要有个人租赁、合伙租赁、集体租赁、企业租赁等形式。

同承包经营相比，租赁经营具有以下特点。①合同的标的不同。承包经营是以经营目标为标的，承包者必须保证完成各项承包任务；租赁经营是以有偿出让资产的使用权为标的，承租人必须按期缴纳租金。②同当事人之间的关系不同。承包经营中发包方与承包方之间一般存在着行政隶属关系；而租赁经营的出租方同承租方之间则是地位平等的商品交换关系。③经营自主权不同。承包经营承包方必须按照承包合同组织生产经营活动；租赁经营的承租者除缴纳租金和不破坏生产资料外，可以完全自主地组织生产经营活动，并享有对产品的处置权。

随着社会主义市场经济的深入发展，我国一些地方农村为了进一步开发土地资源，大胆探索，不断深化土地利用改革，开创了一些适合我国国情的农业经营方式，比较典型的主要有反租倒包、科技领包、合伙承包、期限买断经营等方式。所谓反租倒包是指政府或集体为了引导农民发展高效种养项目，由集体或政府从农民手中租赁土地进行开发，然后再将开发见效的土地返包给农民；科技领包主要是由相关的农业科技实体，利用所掌握的科技知识领包产业基地，并向农民提供科技服务，引导农民承包技术含量较高的农业项目，形成龙头联基地、联农户的格局；合伙承包是由于多数农民资本积累相对不足，所以自发组织起来，联合采取“划分到户、合伙经营、限期开发、共同受益”的办法，共同开发“四荒”资源；期限买断经营主要是村组集体对一些投入大、周期长、见效慢的多种经营基地，对其使用权实行期限内的一次性买断，让农户安心经营，大胆投入。

第四节 股份制与股份合作制经营

一、股份制经营

(一)股份制经营的含义及特点

1. 股份制经营的含义

股份制经营是以资产入股的方式把分散的、分别属于多个所有者或占有者的经营要素集中起来，实行统一经营、管理，并对经营成果在货币形式上按入股比率分红的一种经营方式。

股份制是社会化大生产和商品经济发展到一定阶段的产物。它在自身发展过程中，经历了几个不同的社会历史阶段，并采取了不同的具体形式。在奴隶社会末期和封建社会初期，随着经济的发展，出现了自由民之间或手工业者之间以人、财、物各项要素中的一项或几项为联合内容的合伙经营的经济形式。这种经济形式，在合伙内容、经营方式、分配办法等方面，都没有明确的规范，更没有形成严格的股份分配制度，这是股份制的一种原始的形式。到17世纪初期，由于商品经济有了较高程度的发展，资本主义经济萌芽已经出现并有所发展，因而出现了以股份公司为特点的股份经济。19世纪后半期，商品经济与资本主义生产方式相结合，成为资本主义商品经济，社会生产力已达到相当高的程度，致使单个的私人资本已经无法容纳社会化的生产，于是几个乃至几十个私人资本，以资本入股或发行和认购股票的形式组成的股份公司便迅速发展起来。以股份公司为主要形式的股份经济，成为资本主义股份经济的典型形态。

随着我国经济体制改革的深入发展，股份制也随之出现。党的十一届三中全会以后，农民发展商品经济的积极性日益高涨。从1983年开始，乡镇企业在农村各地兴起。这种由农民自发投资入股开办的企业，已具有股份制的雏型，只不过是没有发放股票。随后很快在农村和县级经济中得到发展，然后由沿海向内地推进，由乡镇向大中城市扩展。现在，股份制在我国已经在相当大的范围内，特别是在国有企业改革方面得到蓬勃发展。

股份制经营方式的优点是：①可以加快资金的筹集，增加融资渠道，缓解资金短缺的矛盾；②有利于促进生产要素的合理流动和横向经济的联合；③有利于实现劳动者同生产资料的紧密结合；④有利于建立自主经营、自负盈亏的新机制，使企业成为相对独立的商品生产者和经营者；⑤有利于政企分开和增强企业活力，完善企业经营机制。

2. 股份制经营的特点

(1)股份制经营以发行股票为基础。股票是股份公司筹集资金发放给投资者的凭证，它代表持有者对股份公司资本的所有权，并以拥有股票的数量决定各个股东在公司中的地位和经营收入的分配比例。股票持有人不能向股份公司退股，但可以将股票买卖或作抵押品，即只能入股而不能退股。

(2)股份制经营以股份公司为核心。股份公司是经营者为了解决资金来源问题，通过发行股票来筹集资金的一种经营机构。公司把全部资本分成等额股份，股东仅就其所认股份为限对公司负有限责任。

(3)股份制经营以股票交易为依托。股票具有流通性，可以在市场上自由买卖，吸引投资者购买股票。

(二)股份制经营的运作

1. 股份

股份是投资各方在股份制企业财产中所占的份额。按投资主体划分，一般分为国家股、法人股和个人股。

(1)国家股，是指中央、地方国家资产管理部门投资形成的股份，主要包括三部分：一是全民所有制企业由国家投资所形成的固定资产、流动资金和专项拨款；二是各级政府的财政部门，经济主管部门对企业的投资所形成的股份；三是原有行政性公司的资金所形成的企业固定资产。

(2)法人股，是指具有法人资格的单位或组织以其依法占有的法人资产向独立于自己的股份制企业出资形成或依法定程序取得的股份，即法人拥有的股份。

(3)个人股，是指我国公民个人合法财产投资形成的股份。根据国家有关规定，证券业的从业人员和管理人员，以及国家规定的禁止买卖股票的其他人员，不得直接间接持有或买卖股票；公司内部职工参与公司集资所持有的股票，三年内不得转让，三年后也只能在内部职工之间转让(上市公司的个人股除外)。

2. 资产评估

全民、集体企业试行股份制，或以企业整体加入其他的股份公司；或以实物入股其他股份公司，都应根据国家资产管理规定，一般先要对企业原有资产进行清理和重估，然后再作价入股。对企业固定资产重新评估工作应由财政、审计、主管部门的代表参加，不过也可以委托资产评估咨询机构或会计事务所验资确认。

3. 利益分配

股份制企业按照"股权平等，同股同利"的原则分配股息或红利。对于当年的利润，企业在归还贷款，依法纳税和偿还到期的债务后，应按下列顺序使用：首先，弥补以前年度的亏损；其次，提取发展基金、福利基金、储备基金和职工奖励基金；最后，分配股息和红利。

4. 组织管理机构

股份制企业的内部组织机构由股东会、董事会、监事会组成。股东会是股份公司的最高权力机构，决定公司的重大事项。董事会由股东大会选出的董事组成，是公司的常设机构。董事会的职权来自股东大会的授权，它要受股东大会的管理和支配，对股东大会负责。董事会通常由董事长、常务董事和董事若干成员组成。监事会是股东大会领导下的公司的常设监察机构，执行监督职能，由股东和企业职工组成。监事会与董事会并立，独立地行使对董事会、总经理、高级职员及整个公司管理的监督权。为保证监事会和监事的独立性，监事不得兼任董事和经理。监事会对股东大会负责，对公司的经营管理进行全面的监督，包括调查和审查公司的业务状况，检查各种财务情况，并向股东大会或董事会提供报告，对公司各级干部的行为实行监督，并对领导干部的任免提出建议，对公司的计划、决策及实施进行监督等。一般来说，股份公司可以根据涉及的业务情况，在董事会下设立总经理一人，副总经理数人，他们属于公司的行政负责人，依照董事的旨意全权负责处理股份公司的一切日常业务工作，并对董事会负责。

股东会、董事会、监事会三个机构之间是权责分明、相互独立、相互制约、相互促进的关系。这种体制，既保证了投资者的利益，又保证了公司能够独立地开展经营活动，为实现公司的高效管理提供了可靠的组织和制度保障。

二、股份合作制经营

农业股份合作制经营是继农业家庭联产承包责任制之后，对农村经济体制改革的又一创新。它是一种具有中国特色的、新型的农业经营方式。是以土地等自然资源为基础，投资者按照章程或协议，以资金、实物、技术、劳力等折股投入，自愿组织、合作经营、民主管理、自负盈亏，实行按劳分配与按股分红相结合，并以企业财产独立承担民事责任的经营方式。

农业股份合作制经营以合作制为基础，同时吸收了股份制的合理"内核"，从而把股份制和合作制有机地统一起来，既不同于泛指的股份制，也不同于合作制。

(1)在联合上，股份制是资金的联合，合作制是劳动的联合；而股份合作制既有资金的联合，又有劳动的联合。

(2)在分配上，股份制是按资分配，合作制是按劳分配；而股份合作制实行以按劳分配为主，结合有限按资分红，体现"劳资兼顾"。

(3)在股金管理上，股份制是只能入股不能退股，合作制是入股、退股自由；而股份合作制是入股、退股并存。

(4)在股权上，股份制实行一股一票制，合作制实行一人一票制；而股份合作制实行劳资结合制。

与第二、三产业中的股份合作制经营相比，农业股份合作制经营表现出更浓厚的农业特色。

(1)集体资产所有权的社区性。农业生产资料中的基本要素，如土地、山林、水面、滩涂、草原等，除法律规定为国有的以外，均属社区范围内的劳动人民集体所有。农村社区的集体经济组织，凭借对资源的所有权实现资源向资产的转化，并使实物形态的管理转向价值形态的管理，从而找到了在市场经济条件下，发展壮大社会主义集体经济的现实途径。

(2)股权分配的平等性。从集体资产转换而成的股权，一般在本社区有户口的农业人口中进行平等分配，若户口迁出或本人去世，便主动失去股权，对这部分股权的规定是不能赠送、转让和买卖，也不能退股。股权分配的平等性有利于缩小社区内农民之间的收入差距，为逐步实现共同富裕创造条件。

(3)投股要素的多样性。农业股份合作制除可用资金入股外，还可用土地、山林、水面、滩涂、草原等生产资源的所有权和经营权折价入股，也可用技术、劳动投入等折价入股，为农村管好、用好、用活集体资产，发展开发性农业，走农业产业化、企业化的道路创造了条件。同时，也有利于将农民从土地上解放出来，促进剩余劳动力的流动，优化资源配置。

股份合作制经营适应了我国农村现阶段生产力发展水平，适应市场经济和社会化大生产的客观要求，具有广泛的适应性和强大的生命力。

思考题

1. 什么是农业经营方式？农业经营方式的内涵包括哪些？

2. 根据土地所有制变化情况，新中国成立以来我国农业经营方式的演变过程是怎样的？

3. 家庭承包经营对我国农业的发展具有哪些历史贡献？新时期，家庭承包经营具有哪些局限？

4. 承包经营与租赁经营的区别在哪里？

5. 股份合作制经营的双重特征表现在哪些方面？

案例分析

江苏农民从土地股份制改革中得到实惠

关于允许以多种形式流转土地承包经营权，江苏各地都开始了一些尝试。2008 年以来，扬州市表现突出——土地股份合作社组建数量和入股土地面积均居全省第一，农民合作经济组织发展迅速，农村土地股份合作制改革取得了初步成效，也体现出当前农业适度规模经营的一些发展趋势。

根据扬州市农工办的调查数字显示，全市从 2004 年开始农村土地股份合作制改革试点，当年组建合作社 2 个，入社农民 422 户，入股面积 1 574 亩；截至 2008 年 9 月底，共组建土地股份合作社 521 个，入社农户 8.9 万户，入股面积 36.1 万亩，组织数量和入股面积均居全省第一。目前，有 23 个土地股份合作社被评为“市级示范农村合作经济组织”。从总体上看，主要表现在以下三个方面。

(1)经营覆盖面不断拓宽。从经营项目看，以粮棉油种植为主的合作社有 167 个，入股面积 8.9 万亩；以蔬菜种植为主的有 52 个，入股面积 3.3 万亩；以花卉苗木种植为主的有 73 个，入股土地面积 2.6 万亩；以林业为主的有 39 个，入股面积 4.4 万亩；以水产养殖为主的有 108 个，入股面积 8.7 万亩；从事畜牧生产，以及茶叶、草莓及其他项目的有 35 个，入股面积 2.9 万亩。

(2)牵头主体日益多元化。随着农村土地股份合作制改革的推进，工商企业、科研机构、涉农事业单位、城镇居民等纷纷下乡进村，扬州市通过流转土地开发农业农村。目前，全市实施土地股份合作制改革的 30.8 万亩农村土地中，高效农业企业牵头的占 11%。随着农业招商引资力度的加大和高效农业规模化推进，这种趋势将更加明显。

(3)村土地流转速度加快。在土地股份合作制改革的推动下，扬州农村土地流转速度明显加快。据统计，截至 2007 年年底，自两轮承包以来，全市流转土地面积 62.4 万亩，占土地承包总面积的 19.3%，比 2006 年净增加 17.9%，增长 40%，比 2005 年净增加 19.6 万亩，比 2004 年净增加 24.9 万亩，呈现出逐年递增的态势。截至 2007 年年底，经营权入股占流转总面积的 23.1%，呈现出大幅度增长的态势。

土地股份合作制改革在一定程度上实现了集体福利目标和土地利用效率目标的统一。扬州市农工办处长周爱军表示，农村土地股份合作制改革是当前创新农村土地经营机制的重要途径，也是发展高效规模农业，促进农业增效、农民增收有效的制度保障，在实践中也已取得初步成效。

（资料来源：江苏经济报，2008 年 11 月 18 日）

问题讨论：

1. 江苏扬州土地股份合作制经营获得成功的原因是什么？
2. 江苏扬州土地股份合作制经营给我们的启示有哪些？

第三章　农业经营风险

本章导读

农业始终是国民经济的基础产业。发展农业和振兴农业是我国一项基本的国家战略。但是，农业生产是自然再生产与经济再生产相互交织的过程，除了受人类经济活动规律和技术水平的制约以外，最关键的是，这个过程还要受自然因素的影响。农业是一个风险集中的行业，其生产经营过程不仅有技术和市场的风险，而且有自然风险，这些风险一旦发生，就会对农业造成巨大影响，甚至是灾难性的损失。

本章主要介绍农业经营风险的概念、特征和构成要素，阐述农业经营风险的识别、估计和风险的处置。虽然农业自然灾害和其他各种农业风险无法完全避免，但可以采取有效措施进行预防、转移和分散风险带来的损失。

第一节　农业经营风险概述

一、农业经营风险的概念与特征

(一)农业经营风险的概念

农业经营风险是指由不确定因素导致农业经营者蒙受风险损失或获得风险报酬的可能性。风险损失是农业风险项目收益低于无风险项目收益的损失额；而风险报酬是农业风险项目收益高于无风险项目收益的额外收益。

风险损失和风险报酬是农业生产经营过程中不确定性因素(如自然灾害、市场供求状况)作用的结果，从而使农业经营者面临着风险报酬和风险损失这两种可能性。这种不确定性主要表现在三个方面：一是风险是否发生的不确定性；二是风险何时发生的不确定性；三是风险损失程度大小的不确定性。

由于不确定因素的存在，哪里有风险报酬，哪里就有风险损失；风险报酬大，风险损失往往也大。不敢冒风险的经营者，往往会错失良机。所以，农业经营管理中的不确定型和风险型决策，其实质是对不同方案的风险报酬和风险损失的权衡，从中选出最佳方案。

(二)农业经营风险的特征

农业的经济再生产过程与自然再生产过程相互交织的根本特点决定了农业经营者所面临的风险具有以下特征。

1. 客观性

人类社会发展的历史证明,无论是自然界中的地震、台风、洪水等,还是社会中的战争冲突等,都是不以人的意志为转移的客观存在。

2. 不确定性

不确定性是所有风险的基本特征,而农业风险的不确定性尤为明显。风险是否发生,在何时、何地发生,以及发生的范围和程度等完全是不确定的。农业风险产生的不确定性是由农业风险形成过程中的复杂性和随机性决定的,而人们对其产生不能完全了解和全面掌握。农业受自然力的控制,而自然气候变化多端,远远超出了目前人类社会的预测和控制能力。同时农业又受到社会因素的制约,如市场、制度、政策等。这些因素都导致农业风险具有高度的不确定性,给农业经营管理者带来极大的挑战。

3. 普遍性

人类为了生存和发展,不得不与各种各样的风险做斗争。斗争的结果是,某些风险得到控制和抑制,同时又会产生新的风险。对于农业经营管理者来说,不仅面临着自然风险,更有市场风险、技术风险、社会风险等。

4. 区域性

由于我国地域辽阔,各地气候和自然资源条件差异明显,农业生产经营对象不同,人口密度和人口结构差异也较大,经济发展基础和水平各异,抗灾能力不尽相同。因此,农业风险呈现区域性的特征。对于自然风险来说,总体上,西部地区农业面临的主要为干旱、雪灾、地震、沙尘暴、泥石流等;中部地区主要是干旱、洪涝、地震、农业病虫害等;东部沿海地区主要为洪涝、台风等。对于社会风险来讲,由于西部地区大多是少数民族聚居和杂居的地方,因此在西部发生社会风险从而影响农业效益的可能性要比东部大一些,如 2009 年新疆乌鲁木齐发生的“7·5”事件,直接影响了新疆应季农场品的销售和流通,给新疆农业发展造成了巨大的损失。

二、农业经营风险的构成要素

构成风险的要素主要包括三个方面:风险因素、风险事件和风险损失。

1. 风险因素

风险因素是指能够引起或增加风险事件发生的机会或影响损失严重程度的因素,是事故发生的潜在条件。根据性质不同,风险因素分为:①实质风险因素,是指增加某一标的的风险发生机会或损失严重程度的直接条件,如恶劣的气候、地壳异常变化等;②道德风险因素,是指由于个人不诚实或不良企图而引起或增加损失机会的条件,如故意纵火以索取保险赔款等;③心理风险因素,是指由于人们主观上的疏忽或过失,而导致增加风险事件发生的机会或扩大损失严重程度的因素,如违章作业、玩忽职守等。

2. 风险事件

风险事件是指导致损失发生的直接原因。也就是说，风险事件是促使风险有可能变为现实的事件。例如，暴风雨损害作物，暴风雨是损害作物的风险事件。又如，暴风雨引起泥石流，泥石流造成大面积田地被掩埋，这里暴风雨是风险因素，而造成损失的是泥石流，所以风险事件是泥石流。由此看来，风险事件是引起损失的直接原因。

3. 风险损失

风险损失是指非故意的、非计划的、非预期的经济价值的减少。这一定义包含两个重要条件：一是非故意的、非计划的、非预期的；二是造成经济价值的减少，即可以用货币来衡量。这两个条件缺一不可，否则，不能构成风险损失。例如，恶意行为、自然损耗、面对受损物资可以抢救而不抢救等造成的后果，都不能被视为风险损失。又如，车祸使受害人失去一只胳膊，车祸的发生满足第一个条件（非故意的、非计划的），而人的胳膊是不能以经济价值来衡量的，即不能用货币来衡量，但是，失去胳膊所需的医疗费以及因残疾而导致的收入减少是可以用金钱来衡量，又满足了第二个条件，所以可以视为风险损失。损失的构成一般包括三部分。①实质损失，是指风险事故直接造成的有形物质的损失。例如，工伤事故导致工人的器官损伤，自然灾害导致财产、人身的损失等。②费用损失，是指由风险事故引起的施救费用、救助费用、医疗费用、清理场地费用等。例如，2010 年 5 月发生在美国墨西哥湾原油泄漏事件后需要投入大量的人力、物力、财力来清理油污和救助海洋生物。这种由风险事故而引起的风险管理单位支付的费用增加，即为费用损失。又如，车祸发生后对伤员进行救治发生的医疗费用等。③收入损失，是指由风险事件引起的当事人收入减少。例如，经营中断会导致风险当事人经营收入的减少，引起经营（或劳动）收入的损失。收入损失是比较重要的间接损失，对当事人的影响比较严重。

风险因素、风险事故、风险损失三者之间存在着一定的内在联系，表现为一定的因果关系。即风险因素是风险事故发生的潜在原因，风险因素的存在和增加引起风险事故。例如，暴雨天气可能引发泥石流；而风险事故一旦发生，便会导致损失。又如，发生泥石流导致当地居民作物和生命财产受到损失。三者之间的关系犹如多米诺骨牌，有着连锁反应。

从风险因素和风险事故间的关系来看，风险因素只是风险事故产生并造成损失的可能性，并不是导致损失的直接罪魁祸首。风险因素的变化有时是容易被人察觉的，而有时则是不容易被人察觉的，风险因素增加到一定程度或遇到某一特殊情况，才会引发风险事故。例如，一般情况下只有暴雨频发和降雨量比较多，才会引发泥石流，而风险事故引起损失。由此来说，风险因素是产生损失的潜在原因，而风险事故是导致损失的直接原因。尽管如此，加强对引起损失的潜在因素的管理也是十分重要的，即我们通常所说的防患于未然。

第二节 农业经营风险的识别

一、农业经营风险的类型

对农业经营风险的识别，离不开对风险类型的划分，并从中揭示风险成因，为风险估计和风险处理提供科学依据。

(一)按风险的成因划分

农业经营风险可以划分为自然风险、社会风险、经济风险和技术风险。

1. 自然风险

自然风险是指因自然力的不规则变化而给人类的经济生活、物质生产和生命安全等带来损失的风险。例如，地震、洪涝、大旱、沙尘暴、风灾等都属于自然风险。一般来说，自然风险造成的损失具有影响范围广、损失程度大的特点。由于农业经营的劳动对象大都是有生命的生物机体，生产环境受自然条件的影响较大，因此，遭受自然风险的可能性大于其他行业。农业自然风险一般可分为农业气象风险、农业地质风险和农业环境风险等类型。农业气象风险在这三类风险中最为突出，干旱和洪涝是危害最大的农业气象灾害。

2. 社会风险

社会风险是指由人为因素引起，即由社会条件异常引发的灾害事故所造成的农业风险。通常包括：

(1)政治风险。指由于政局变化、战争、罢工等造成的农业风险。

(2)行为风险。指由于个人或团体的行为，包括过失、行为不当或故意行为所造成的风险。例如，纵火、投毒、盗窃等道德因素，以及管理不善、违章操作、玩忽职守等心理因素所造成的风险都是行为风险。

(3)农业体制风险。即由于农业经营管理体制不能适应农业生产力发展需要而产生的风险。农业经营制度、农业组织制度和农业管理制度等体制要素属于生产关系和上层建筑范畴，具体的农业经营管理体制落后还是超前于农业生产力的发展状况，都会形成对农业生产的不利影响，如果这种状况不能得到及时纠正便会产生体制风险，从而给广大农业经营者造成巨大的损失。

3. 经济风险

经济风险是指在生产和销售等经营活动中由于受市场供求等各种关系的影响、经济贸易条件等因素变化的影响，或者经营决策失误，导致经济上遭受损失的可能性。例如，农产品价格变动、利率调整、汇率浮动、生产资料涨价等。

4. 技术风险

技术风险是指由于科学技术发展的负面影响给农业经营者带来的各种风险。其表现为技术开发风险、技术推广风险、技术市场风险和技术使用风险。科技成果有其自身的特殊性，如地域性强、可控性差、转化周期长等。这种特殊性的活动能否转化为成果是不确定的，具有因技术条件达不到要求而失败的可能性。

(二)按照风险的性质划分

农业经营风险可分为纯粹风险和投机风险。纯粹风险是指只有损失机会而无获利可能的风险。例如，自然灾害、人的生老病死等，都属于纯粹风险。投机风险是指那些既有损失机会，又有获利可能的风险。例如，购买股票等。这类风险的发生除了不确定因素以外，还受经营者的决策能力的影响。

(三)按风险的表现形式划分

农业经营风险可分为投资风险、生产风险、销售风险、人事风险等。

1. 投资风险

投资风险是指对未来投资收益的不确定性,在投资中可能会遭受收益损失甚至本金损失的风险。其主要是由于投资决策机制不健全造成投资决策随意性、主观性、盲目性和独断性,以及缺乏风险意识,盲目追求“热门”产业等因素产生的风险。

2. 生产风险

农业生产风险是指在生产过程中受到不确定性因素的影响,如自然灾害、技术事故、质量问题等带来的经济损失。由于农产品生产过程是自然再生产与经济再生产相互交织在一起的,受自然灾害、环境的影响较大,因此农业生产经营者遭受生产风险的概率较大。

3. 销售风险

销售风险是指由于推销环境的变化,给农业经营者的产品和服务的销售带来损失的风险。商品是用于出售的劳动产品。如果商品销售不出去,那么它的使用价值和价值就不能实现,具体表现为产品积压、变质、损坏而不能转化为货币,即不能实现马克思所说的“惊人一跳”,经营者就会蒙受巨大经济损失。农产品的生物学特性决定了农产品具有鲜活、不易保存、货架期短等特点,易于遭受销售风险。

4. 人事风险

人事风险是指由于经营管理上的不善和制度上的缺陷而导致员工对经营单位或组织利益造成损害的可能性。其主要表现为经营单位高级管理人才和技术骨干的流失,以及用人不当所造成的风险等。

二、农业经营风险的识别

(一)农业经营风险识别的概念

农业经营风险识别,是指农业经营管理者对尚未发生的潜在的各种风险进行系统的分析,并加以认识和辨别的过程。识别风险在农业经营管理中的风险防范中占有非常重要的地位。对于农业经营管理者来讲,不论你的生产经营计划多么完善、科学,如果不能正确地识别风险,不能及时地对即将发生的风险作出科学的判断,那么就不能有效地控制和处置风险,农业的生产经营活动便无法正常进行。对农业经营风险识别的概念可以从以下几个方面理解。

1. 农业经营风险的识别是一项复杂的系统工程

农业经营风险识别不仅包括识别投资风险、销售风险、人事风险等,还要识别社会风险、技术风险等。同时,风险识别需要生产、财务、信息、人事等多个部门的密切配合,否则难以准确、全面地识别风险。

2. 农业经营风险识别是一个连续、不间断的过程

农业经营环境是不断变化的,无论自然环境还是市场环境,特别是市场环境是瞬息万变

的。因为经营环境的变化会使经营管理者面临旧的风险消失、而新的风险出现的问题，所以农业经营管理者必须不间断地识别各种风险。风险识别是伴随整个经营管理过程的，不能偶尔为之，更不能一蹴而就。

3. 农业经营风险识别的关键是识别引发风险的来源

风险是客观存在的，风险事故的发生也有一个从渐变到质变的过程，它的发生是风险因素积聚、增加的结果。对此，农业经营管理者在识别其经营风险时，最重要、最困难的工作就是识别风险的来源。如果经营管理者不能识别所面临的潜在风险，风险因素聚集或增加，就会导致风险事故的发生，也就不能确定对付风险的办法。准确及时地识别风险的来源也就是为了做到“有的放矢”。

4. 风险识别的目的是衡量风险和规避风险

风险识别是否全面、深刻，会直接影响经营管理者的决策和判断，进而影响经营管理的效益，而识别风险的目的是为衡量风险和规避风险提供依据。

(二)农业经营风险识别的方法

风险的范围、种类和严重程度经常容易被主观夸大或缩小，使经营管理者对风险评估分析和处置发生差错，造成不必要的损失。识别风险的具体方法有很多，如宏观领域中的决策分析、可行性分析、统计预测分析等；微观领域中的流程图分析、因果分析、故障树分析、损失清单分析、现场调查分析等。随着管理技术的发展和实践经验的不断积累，风险识别的方法和手段将会越来越完善与合理。下面介绍几种常用的风险识别的方法。

1. 风险清单分析法

风险清单分析法是识别风险的重要方法，主要是分析经济单位面临的风险因素。1977年，美国风险和保险管理学会制定了一份较全面的风险损失清单分析表。风险清单所列项目是人们已经识别的、最基本的各类损失风险。在风险识别时，人们可以参照这个风险损失清单表检查本经济单位在生产经营中所面临的各种风险，并视情形采取各种措施。风险损失清单表是按照直接损失风险、间接损失风险和责任损失风险编制而成的。

农业经营管理者可以根据本经济单位的状况设计风险损失清单，可以按照风险的轻重缓急确定风险管理的次序。经营管理者在使用风险损失清单法识别风险时，需要注意以下几方面的问题。

(1)风险损失清单越详细、越完善，越能全面识别经济单位面临的各种风险，有利于减少风险事故的发生。

(2)经济单位自行设计的风险损失清单，可以按照对自己最有利的方式排列风险。若经营环境发生变化，则需要经营管理者不断地搜集有关的信息，及时调整、改进风险损失清单。

(3)传统风险损失清单的制定，只考虑了经济单位面临的纯粹风险，而没有考虑经济单位面临的投机风险，对这方面应进一步补充完善。

2. 现场调查法

现场调查法是指经营管理者本人或组织专门的部门(风险管理部门、有关咨询机构、研究机构)和人员，就本经济单位经营管理过程中可能遭遇到的风险进行详尽的调查，并出具相关调查报告书，供防范和处置风险时参考的一种识别风险的方法。

现场调查法一般包括以下几个方面的工作。

(1)调查前的准备工作。

调查前的准备工作主要包括以下几个方面。

1)时间安排。一方面要确定参与一项调查所需要的时间,另一方面要确定何时实施调查是最合适的。

2)制作调查项目表,选择重点调查项目。项目调查表实际是对调查本身做的一个详细计划,通过制作项目调查表和选择重点调查项目不仅为现场调查提供了指导,也节省了调查时间,同时还降低了重要问题被忽视的可能性。

3)明确负责人。所确定的负责人必须对本经济单位的经营管理的各个环节非常熟悉。

(2)现场调查和访问。

现场调查和访问应该密切注意那些经常引发事故的环境和工作方式。有关现场调查的技巧不是通过阅读一本教科书就能完全获得的。经验是最重要的,只有从大量的现场调查实践中才能获得丰富的经验。另外,创造力和灵活性也是十分重要的。

(3)调查报告。

现场调查和访问结束后,应该写调查报告。由于调查报告是经营管理者了解本经济单位风险状况并及时采取相应措施的重要依据,因此调查人员应将调查时发现的情况及时准确的报告给经营决策者。

虽然现场调查法作为风险识别的重要方法,在风险管理中得到普遍、有效地使用。但是,现场调查法也有优点和缺点。

其优点是:经营管理者通过现场调查可以获得有关本经济单位风险状况的第一手资料;经常的现场调查有助于经营管理者与基层人员及相关负责人建立和维持良好的关系,而且在一定程度上还可以减少和避免道德风险的发生。

其缺点是:现场调查法耗时多,管理成本较高,并且调查人员的风险管理水平会直接决定调查的结果。

3. 流程图法

流程图分析法是将经营单位按照生产经营的过程、活动内在的逻辑联系绘制流程图,针对流程中的关键环节和薄弱环节调查风险、识别风险。流程图分析法能把一个问题分成若干个可以进行管理的部分。虽然这是一件烦琐的工作,但一个大问题被划分成若干个小部分,工作就容易开展了。流程图分析法可以使经营管理者通过一幅图就能认识到整个生产过程。虽然要描述一个复杂的生产经营过程可能需要多个流程图,但它至少可以使经营管理者节省阅读大量文字资料的时间。

流程图的类型较多,划分流程图的标准也很多。

(1)按照流程路线的复杂程度划分,可以分为简单流程图和复杂流程图。简单流程图是将经济单位的生产经营过程以大致流程进行分析,用连线将主要流程的内在联系勾画出来。复杂流程图是将经济单位的生产经营过程详细地进行分析,用连线将生产经营过程中的每一程序及每一程序中的各个环节进行详细的分析。

(2)按照流程的内容划分,可以分为内部流程图和外部流程图。内部流程图是以经济单位内部的生产经营活动为主要流程路线而绘制的流程图。外部流程图是以经济单位外部的活动为主要流程路线绘制的流程图。

(3)按照流程图的表现形式划分,可以分为实物形态的流程图和价值形态的流程图。实物流程图是以某种实物在生产全过程中运行的路线而绘制的流程图。价值流程图是用标有价值额度的流程路线来反映生产经营过程中内在联系而绘制的流程图。

(4)虽然流程图法是识别风险中比较有效的方法,但是,流程图在识别风险方面也存在一定的缺陷。主要表现在两个方面:一是流程图分析法需要耗费大量的时间。从了解生产经营过程到绘制图表需要相当长的时间;二是流程图无法对事故发生的可能性进行评估。对于那些不善于定量分析的人来说,流程图法不失为一种有效的风险识别方法,而缺乏定量分析是它的一个缺陷。

4.事故树分析法

事故树分析法最早是由美国贝尔电话研究所在 20 世纪 60 年代从事空间项目时提出来的。后来,这种方法被广泛用来分析可能产生事故的风险事件。事故树分析法是用图表来表示所有可能引起事故(主要事件)发生的原因(次要事件),揭示了个别事件的组合可能会形成的潜在风险状况,如图 3-1 所示。

图 3-1 中,我们关注的事件位于树的顶端;先从主要事件出发,再考虑事件发生的所有原因;树的分支表示事件发生的所有原因。

事故树分析法是一种描述复杂系统运动过程的较好方法。

(1)事故树分析法可以用于考察对系统变化的敏感性,确定系统中的哪些部分对风险的影响最大。即我们可以加入相应的数值,来讨论事件发生的可能性大小。

(2)事故树分析法可以考察所有导致主要事件发生的次要事件,更重要的是可确定导致主要事件发生的最小量的次要事件组合。当我们发现了导致主要事件发生的最小量的次要事件组合,就知道哪些事件组合是最有可能发生的,哪些事件组合对主要事件具有最大影响,也知道系统的哪些变化是最有效的。

(3)运用事故树分析法可以确定消除风险事故的措施。

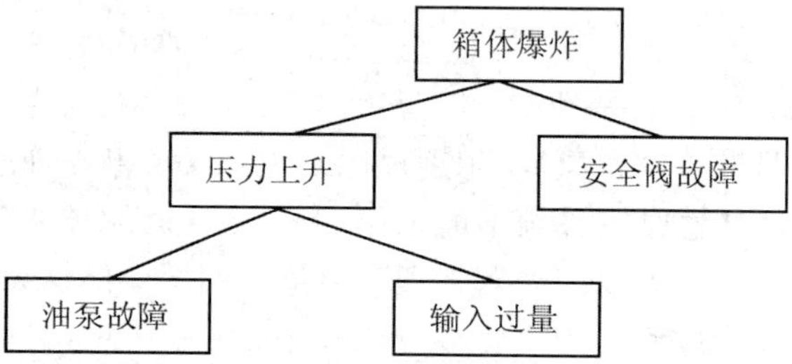

图 3-1　事故树分析法

事故树分析法是从某一事故出发,运用逻辑推理的方法寻找引起事故的原因,即从结果推导出引发事故的原因。这种分析方法也存在一定的缺陷,主要表现在两个方面。一是事故树的绘制需要专门的技术。特别是在分析生产过程中可能面临的风险更是需要专业技术的支撑。二是相关概率的准确程度直接影响估计结果。前面曾提到在事故树分析中可以加入相应的数值,来讨论事件发生的可能性大小。由于这些加入的数值的准确程度将会直接影响分析结果。因此,我们要把握好数据的来源关。

第三节　农业经营风险的估计

农业经营风险估计是在农业经营风险识别的基础上对风险进行定量分析和描述，既是对农业经营风险识别的深化，也是确定风险防范和处置方案与措施的重要依据之一。

一、农业经营风险估计的概念

农业经营风险估计是在对过去损失资料分析的基础上，运用概率论和数理统计的方法对某一特定或几个风险事故发生的概率和损失程度作出估计，以此作为选择风险防范和处置措施的依据。

（一）充分、有效率的数据资料是风险估计的基础

为了使风险估计的结果能客观地反映过去发生的风险事故的状况，预测未来可能发生的风险，需要经营管理者掌握完整的、系统的、连续的相关资料，以增强风险估计结果的准确性。对此，要求搜集到的资料要具备以下条件。

(1)数据资料的大量性。风险估计使用的数据资料是通过大量同类现象进行观测所取得的结果，或者对同一风险事故进行大量反复观测所获得的数据资料，而不是反映个别现象的个别数据。

(2)数据资料的具体性。风险估计使用的数据资料是对已经发生事实的记载，而不是拟议中的数据。

(3)数据资料的同质性。风险估计使用的数据资料必须具备某种共同特征。如果数据资料为不同质风险，那么就无法对风险进行估计。

(4)数据资料的相关性。风险估计使用的数据必须与某一具体因素导致的风险事故密切相关。

（二）风险估计是对损失发生的频率和程度量化分析的过程

风险估计的主要任务：一是查明各种风险发生的概率；二是估计某些风险可能带来的损失的程度或规模。

（三）风险估计是防范和处置风险的重要手段

风险防范和处置，特别是风险防范是建立在对风险正确估计的基础之上的，只有对风险作出正确的估计，经营管理者所采取的风险防范措施才是“有的放矢”，从而提高经营管理的效率。

二、农业经营风险估计的原则

农业经营风险估计必须遵循一定的原则。

一是系统性原则。系统性原则进行风险估计，主要是从已识别出的风险的整体考虑，保证既能全面地估计风险，又能有重点地估计风险。

二是谨慎性原则。由于风险估计的结论将影响风险响应措施的选择，因此风险估计很重要，应慎重估计，不要不合理地低估风险。

三是相对性原则。多数风险估计方法得出的结论是相对的，即一种风险的大小是相对本风险系统内的其他风险因素对风险目标的影响程度而言的。

四是定性估计与定量估计相结合原则。风险估计结果既可以用绝对数或相对数等确定的量表示，也可以用"大、较大"等模糊量表示。

不同的风险评估方法将得到不同形式的风险评估结果。综合使用多种风险评估方法有助于从不同侧面反映风险状态。

三、农业经营风险估计的理论基础

（一）大数法则

又称"大数定律"，是概率论中的一条重要定律，它阐述了大量随机现象的平均结果呈现出稳定性的规律。即只要被观察的风险单位足够多，就可以估测损失发生的概率和损失的严重程度，被观察的单位越多，估测值与实际值就越接近。比如一家承包商承建一项高层商用住宅工程，对于这个项目而言，虽然建筑工人在施工中发生高空坠落的风险有多大是不确定的，工程施工过程中发生部分结构坍塌的风险事故的可能性也是不确定的，但是从以往众多的类似工程项目的风险事故的统计经验来看，可以计算出平均的事故频率、每次事故平均损失额及总损失额等，而该承包商可用这个平均值作为参照，估计其目前承建的项目的损失额和事故频率等。因此，大数法则为风险估计奠定了理论基础。

（二）类推原理

辩证法阐释了世界存在着普遍联系的原理。很多事件的存在和发展也伴随着其他事件的存在和发展，因而它们之间存在着相似关系。在现实的经营管理过程中，经营管理者进行风险估计时，往往没有足够的损失统计资料，而且受到时间、经费等许多条件的限制，很难甚至不可能获得所需要的足够数量的数据资料。类推原理说明了一些相关因素的变化对某一特定因素的影响，这为回归分析法提供了理论基础。根据事件的相似关系，从已经掌握的资料出发，运用科学的衡量方法，经营管理者可以对风险做出一些比较准确的推理。

（三）概率推断原理

风险事故的发生是随机的，损失程度也是不确定的。概率论和数理统计理论提供了随机变量的各种分布率。在估计农业经营风险损失和发生概率时，可以先判断随机变量的取值特点和其他特性，据此判断随机变量符合何种概率分布，并确定参数，从而估计风险事件的统计分布律。

（四）惯性原理

事物的发展除了受外界作用的影响之外，还与其初始状态有关，而初始状态是过去发展的结果，过去的行为不仅影响事物的现在，而且影响它的将来，因为事物的发展带有一定的延续性，也就是惯性。在风险事故发生作用的条件大体相对稳定的条件下，利用实物发展的惯性原理，可以预测未来风险事故发生的损失和损害程度。由于利用事物发展具有惯性的特征去估计风险，通常要求系统具有相对的稳定性，能够保持其基本的发展趋势。因此在利用以往的风险资料估计未来的风险状态时，一方面要抓住惯性发展的主要趋势；另一方面还要预测可能出现的偏离。这样既能借鉴历史资料，又可以把握风险因素发展过程中可能出现的偏差程度，从而提高了风险估计的可靠性。

第四节 农业经营风险的处置

一、农业经营风险处置的原则

1. 全面性和针对性相统一原则

农业的经济再生产与自然再生产交织在一起的根本特点决定了农业经营管理者面临的风险是多样的、复杂的，风险管理的目标也是多样的、复杂的，采取的风险防范和处置措施也是多样的、复杂的。即风险处置要力求全面。同时，对各种风险的处理还要有针对性，即对各种风险要进行具体的分析，有些风险发生概率虽然很小，但一旦风险事件发生了，就会造成较大的损失，后果非常严重。相反，有些风险发生的概率虽然较高，但每次发生后造成的损失程度比较轻。因此，农业经营管理者应根据不同风险的性质和特点，采取有针对性的策略和措施。总之，对农业经营风险的处置，要在力求全面的基础上，讲究针对性。

2. 可行性原则

由于确定风险管理决策方案的目的是防范和处置风险，因此农业经营风险处置方案应该是可行的，即首先，确定的风险管理目标应该是具体的、可行的；其次，需要的资金是本单位能够承受的。同时，在采用防止和规避措施时，要注意转移风险所需费用与转移风险所产生的收益之间的合理比例关系。

3. 风险和报酬相均衡原则

由于不确定因素的存在，哪里有风险报酬，哪里就有风险损失；风险报酬大，风险损失往往也大。不敢冒风险的经营者，就会错失良机。因此，对那些既可能给经营者带来损失，也可能给经营者带来超额回报的风险，经营管理者既不应为了避免潜在的损失，而一味地防范和规避风险，也不应不顾风险的大小，盲目地追求利润。对此，农业经营管理者应该正确地判定风险的高低，采取各种手段控制风险，力求风险与报酬的均衡。

二、农业经营风险处置的程序

1. 确定风险处置目标

经营管理者在进行风险决策时，首先需要确定的是风险处置的目标，即以最小的成本获得最大的安全保障。在进行风险管理决策时，决策者必须根据不同的风险状况，确定风险管理和处置的目标。

2. 设计风险处置方案

根据风险处置目标，提出若干有价值的风险处置方案。对某一特定风险的处置措施，也只是在特定的风险和条件下，才体现出其最直接、最有效的成果。离开特定的条件和风险而设计的风险处置方案是没有任何意义的。

3. 选择处置风险的最佳方案

在设计各种风险管理和处置方案后，不论经营者是自身承担风险，还是转移风险，都需要选择最佳处置方案，使风险的处理能够收到应有的效果。

4. 风险处置方案的评价

风险处置方案的评价是指对风险处置手段和措施的效益性与适用性进行分析、检查、评估和修正。由于风险管理决策的效果在短期内难以实现和评价，又由于风险的隐蔽性、复杂性和多变性，农业经营中的风险管理决策有时不能发挥应有的作用，达不到预期的目标，这时就需要我们评价和调整风险管理决策方案。

三、农业经营风险处置的对策

风险处置是针对不同风险的特点、成因、发生概率、损失规模而采取相应的对策，使风险损失减少至最低限度。其主要对策如下。

(一)风险避免

风险避免是对可能造成损失的活动采取规避的态度，即风险预防，是风险处置的首要对策。农业经营风险避免，有以下措施。

(1)针对不同风险采取的工程或技术措施。例如，加强农业基础设施建设，改善农业生产条件，以预防自然风险。

(2)增强应变性。主要是根据市场供求变化，适时调整组织结构，发展多种经营，生产和提供适销对路的产品和服务，以预防市场风险。

(3)提高经营预测和决策的科学性，减少盲目性，以预防经营风险。

(4)强化安全生产意识，严格技术操作规程，以及各种责任制度，以预防生产风险。

(5)建立和健全信息服务体系，完善经济合同制度，沟通购销渠道，以避免和减少销售风险。

如果单纯地从处置特定风险的角度来看，避免风险自然是最彻底的方法，避免风险可以将损失发生的可能性降为零。当损失风险大而又无法转移时采取避免风险的措施无疑是明智之举。但需要注意的是，避免风险的决策应在某项工作的计划阶段确定，以避免前期人工浪费或中途改变方案的不便。

(二)风险自留

风险自留是指面临风险的经济单位自己承担风险所导致的损失，并做好相应的资金安排。

其实质是，当损失发生后受损单位通过资金融通来弥补经济损失，即在损失发生后自行提供财务保障。

在确定自留风险的资金安排时，主要考虑以下因素：资金的来源，对损失的补偿程度，损失时补偿资金来源的变现等。下面介绍几种不同的资金准备形式。

(1)现收现付。对较频繁的小额损失，可将其在一个较短时期内摊入生产或经营成本，用现有的收入来补偿损失，而不作专门的资金准备。

(2)提取风险基金。因为无法预测风险何时发生，且一旦发生损失程度较大的风险，现收现付方法无法提供足够的资金补偿，所以经济单位可以从每年的现金流量中提取一定金额，逐年累积，以形成意外损失专用基金，用于补偿风险损失。采取建立专用基金的方法，可以使经济单位积聚较多的资金储备以应对风险。另外，经济单位通过在利润"丰收年"提存较多的专用基金，来应付未来的巨额损失风险，以平稳度过损失较多所造成的利润"歉收年"。

(3)借入资金。如果意外发生后，企业无法从内部筹措到足够的资金度过财务危机时，可以选择从外部借入资金，如使用应急贷款或特别贷款等。

(三)风险分散

风险分散是指当风险无法避免时，采取措施减少风险规模，即将风险损失分散给他人承担。现代农业经营风险的分散，主要有以下几种方式。

1. 向保险公司投保

保险是一种风险转移机制，通过这一机制，将众多风险单位结合在一起，建立保险基金，共同应付风险事故的发生。这样面临风险的经济单位，通过参加保险，将风险转移给了保险公司；保险公司则根据大数法则，将面临风险的经济单位结合起来，按照损失分摊的原则建立保险基金，补偿发生风险事故的风险单位。这实际上是把少数风险单位遭受的损失分摊给了同一险种的投保人。由于少数投保人遭受的损失为同险种的所有投保人所分担，所有投保人的平均损失也就补偿了个别投保人的实际损失。通俗地讲，就是"千家万户保一家"。

2. 实行股份制经营

股份制经营，即通过采取股份制经营，使众多的股东"利益均沾、风险共担"，从而，使经济单位的经营风险分散给股东承担。

3. 通过各类合同来实现风险转移

(1)发展订单农业。

订单农业又称合同农业或契约农业，即在农业生产之前，农民与企业或中介组织签订产销合同，农民根据合同组织生产，企业或中介组织按合同收购农民生产的产品。对于农产品生产者来说订单农业可以规避未来市场价格波动带来的销售风险，而对于农产品深加工者和经销者来说，通过订单农业可以稳定原材料的供应，规避市场价格波动和自然灾害带来的原材料供应风险。一旦发生相应的风险事故，在一定程度上，合同或契约的一方通过订单将风险转移给了另一方。

(2)签订免除责任协议。

签订免除责任协议是指合同的一方运用条款对合同中发生的对他人人身和财产损失的责任转移给另一方承担，即主要是针对合同中的条款来实现风险的转移。例如，医生在给生命垂危的病人实施手术之前，会要求病人家属签字同意，若手术失败，医生不承担相应责任。在这一协议中，医生转移了可能引起的责任风险。

(3)合同中的转移责任条款。

经济合同中的某些条款可以起到转移财产或人身损失风险的作用。例如，建筑工程的工期一般比较长，承包方面临着设备、建材价格上涨风险导致的损失。对此，承包商可以在合同条款中写明：若因发包方原因致使工期延长，合同价额需要相应上调。这就是转移责任条款。承包方使用这项条款把潜在的损失风险转移给发包方。

4. 风险组合

风险组合，是指将不同时发生或不同强度的风险生产经营项目组合起来，以期相互依赖、相互弥补，增强经济单位整体的抗风险能力，从而减少经营风险损失。

思考题

1. 什么是经营风险？经营风险构成要素有哪些？
2. 农业经营风险有哪些特征？
3. 常用的农业经营风险识别方法有哪些？它们分别有哪些优缺点？
4. 农业经营风险估计的理论依据有哪些？
5. 农业经营风险处置要遵循哪些原则？处置农业经营风险有哪些基本对策？

案例分析

农业保险的困境

2006年，苏州市出台了《关于推进苏州市农业保险的实施意见》，自此，政策性农业保险在全市5个市7个区全面铺开，并受到广大农民的普遍欢迎，参保率较高。但目前涉农险种仅限于经营风险相对较小的水稻、三麦、油菜、蚕桑、农机具等，而对养蟹、养虾等特种水产养殖和钢管大棚等设施农业，由于其受自然灾害影响大，出险率高而未能列入保险险种。据《苏州日报》报道：2008年初的那场雪灾，致使苏州全市倒塌钢管、连栋蔬菜大棚193万平方米，花卉、果树类大棚85万平方米；水产越冬温室(大棚)26万平方米，总计损失达数亿元，由于这些未列入财产保险，导致农民损失惨重，给经营者打击很大。

问题讨论：

1. 发展农业保险的必要性表现在哪些方面？
2. 农业保险推广实施中遇到的困难有哪些？应采取哪些对策措施？

第四章　农业经营中的要素管理

本章导读

增强要素管理，发挥资源整合功能，是现代农业经营中的关键内容。当代农业经营要素，是直接或间接地参与农业经营活动的一切硬件与软件资源，具有开发性、利用性和选择性。它既是农业经营活动的基本内容，又是农业经营管理不可或缺的条件。农业经营的要素既包括人力资源和土地资源，也包括资金资源和物质资源等。随着社会的发展、科学技术的不断进步，农业经营的背景及内容日趋复杂和丰富，经营要素的内涵亦随之扩充和提升。

第一节　农业劳动力资源管理

劳动力有狭义和广义之分，狭义的劳动力是指人的劳动能力，是人的体力与智力的总和。而广义的劳动力是指具有劳动能力的人口或劳动资源，是一定区域内具有劳动能力的人的数量和质量。

农业劳动力一般是指能参加农业劳动的劳动力的数量和质量。农业劳动力的数量是指农村中符合劳动年龄并有劳动能力的人的数量和不到劳动年龄或已超过劳动年龄但实际参加农业劳动的人的数量。农业劳动力的质量是指农业劳动力的体力强弱、技术熟练程度和科学、文化水平的高低。农业劳动力的数量和质量因受自然、社会、经济、文化教育等各种因素的影响而处于不断变化之中。

一、农业劳动力的供给与需求

(一)劳动力在农业发展中的重要作用

1. 农业劳动的特殊性

劳动力只有投入使用，才能发挥作用。农业劳动力主要是投入农业生产。由于农业生产有不同于其他生产部门的特殊性，因而便产生了农业劳动力的使用——农业劳动的特殊性。

(1)农业劳动在时间上具有明显的季节性。由于农业生产的根本特点是自然再生产与经济再生产相互交织，人们的劳动必须遵循生物的生长发育规律，在生物的不同生长发育阶段，对人类劳动的需求量不同，因此人们要按照生产对象本身自然生长规律的要求，在不同的阶段及时投入劳动，否则就会贻误农时，影响生产。这就造成了不同季节农业劳动的项目、劳动量、劳动的紧张程度的巨大差异，产生了农业劳动季节性的特点。

(2)农业劳动在空间上具有较大的分散性和地域性。农业生产深受自然条件的制约，不同地域由于自然条件不同，往往只能经营适合当地自然条件的生产项目。由于适宜条件的这种地域差异及空间上的位置固定性，使得农业劳动不得不在广阔空间上分散进行，因此呈现出较大的分散性和地域性。

(3)农业劳动内容的多样性。农业劳动不像工业生产那样分工细致，不可能由一个劳动者常年固定在同一农活上进行同一种劳动。农业发展应走专业化生产与多种经营相结合的道路。农业生产包括众多的生产部门和项目，即使同一生产项目，在整个生产周期中的不同阶段，也需要采用不同的技术措施和作业方式，使农业劳动具有多样性。

(4)农业劳动成果的决定性及不稳定性。农业生产的周期比较长。每个生产周期由许多间断的劳动过程组成。各个劳动过程一般不能直接形成最终产品，而要等整个生产周期结束以后，农业劳动的最终成果才能体现出来。但各个农业劳动过程却相互关联，上一个劳动过程的质量对下一个劳动过程的质量或效果都有很大的影响，以至影响最终的生产成果，甚至给下一个生产周期带来影响。加上农业生产对外界自然条件的依赖性很强，从而使农业劳动的最终成果或效益具有不稳定性。

农业劳动的特点将随着农业科学技术的进步，以及农业生产社会化程度的不断提高而发生变化。只有充分合理地利用农业劳动力资源，适应农业劳动的特点，才能确定正确的途径，采取相应的措施，不断提高农业劳动力利用率和农业劳动生产率，发展农业生产。

2.农业劳动力在农业发展中的重要作用

劳动是一切社会存在和发展的最基本的条件。任何社会中的一切社会财富，都是人们从事生产活动的结果，是人类劳动与自然界相结合的产物。没有农业劳动，就没有农业的存在与发展，也就没有整个国民经济或社会存在与发展的基础。

农业劳动力在农业中的重要作用，还表现在农业劳动力具有能动性，即农业劳动力是在农业生产力各要素中唯一具有活力和发展最快的。从人类产生以来。自然界的变化可以说是很小的，而农业劳动者的劳动能力，却随着科学技术的发展和对自然、经济规律认识的加深，有了极大提高，而且正是农业劳动者劳动能力的不断提高，才使农业和国民经济得到了迅速发展。自然界为社会提供的物质财富得到急剧增加。

重视劳动力在农业发展中的重要作用，对中国来说具有特别重要的现实意义。中国农业劳动力规模巨大、十分丰富，而劳动力既是重要的生产要素又是消费者，如果能充分合理地利用好这丰富的农业劳动力，就能促进农业的更快发展；如果不能充分合理地利用，就会成为农业和整个国民经济发展的沉重负担。因此，必须认真研究解决好中国农业劳动力的充分合理利用问题。

(二)农业劳动力的供给

农业劳动力供给是指在一定时间内劳动力进行农业劳动供给的数量及质量。

1. 农业劳动力供给的基本特点

农业劳动力的供给资源主要来自农村人口资源。人口资源的状况是由社会、经济、文化和历史传统等综合状况决定的。农村的综合状况与城市综合状况相比有明显的差异,这使得农业劳动力的供给有其自身明显的特点。

(1)农业劳动力供给的增长具有强劲的经济推动力。农户不仅是一个生活消费单位,更重要的是一个生产运行单位。农户自身就是一个农产品再生产与农业劳动力再生产相统一的独立运行的社会经济单位。在科技水平相对稳定或提高相对较慢的时期,农户为了维持生产的顺利进行和获得较高的经济收益,客观上需要一个较大的家庭人口规模。因为,在以畜力、手工劳动为主的传统的农业生产力水平下,一个简单的农业劳动力所创造的农户经济收益,比起一个经过教育培训的复杂农业劳动力所创造的农户收益可能还要高。这样农业扩大再生产主要是依靠外延扩大再生产的手段来实现,而且,这种外延扩大再生产的手段就是多投入简单农业劳动力的数量。所以,农户愿意以多生儿女的方式增加简单农业劳动力的投入,来扩大农户的生产规模,以获取更多的经济收益。因此,农业劳动力供给的增长,对于经济发展具有强劲的推动力。

(2)农业劳动力的供给具有较强的弹性。农业劳动力供给资源主要来自农村人口资源,所以,农村人口资源的状况直接决定着农业劳动力供给资源的状况。在农村人口资源中,劳动力与非劳动力之间的界限并不十分明显,农业劳动力与非农劳动力之间的界限也不十分严格。第一,在农村人口资源中,60 岁以上的老人和 16 岁以下的儿童,从法律角度和经济理论来讲,都不能划入农业劳动力供给资源,但是,这两部分人口无论是农忙季节还是农闲季节,大都积极参与农业劳动。而且,这两部分人口供给的劳动量是相当大的。第二,在农户中,那些长期在外从事非农业的劳动力,在农业生产大忙时,大多回来参加农户的农业生产活动。第三。由于农户的家务劳动复杂而且社会化水平低。因此,每个农户都需要一个较为固定的从事家务劳动的成员。所以,从这个角度看,在农村社区和城市社区人口数量相同的情况下,农村社区供给生产的劳动力与人口的比率相对要低。第四,农业自然资源承受农业劳动的耐力较为强韧,不像在非农产业中,资金和设备吸纳劳动力具有明显的界限。只是由于农业生产的直接收益和比较收益较低,农户才不把全部时间投入到农业生产领域中去。由于以上几个方面的原因,促成农业劳动力供给具有很大的收缩性,或者说具有很大的弹性。

(3)农业劳动力总供给量过大,而有效供给又严重不足。在以畜力和手工工具为主的传统农业中,农业劳动力的生产劳动技能主要是从生产劳动实践中获得的,因此一般农户对子女的学校教育重视不够,致使农业劳动力供给资源的总体素质偏低。随着社会经济的发展,传统农业向现代农业的过渡进程在加快,要求农业劳动力具有较高的科学、文化素质。但是,在传统农业生产方式中形成的农业劳动力供给资源,却不能适应现代农业的要求。在传统农业向现代农业转变过程中,发生了农业劳动力供给资源过于庞大,而有效供给又严重不足的社会经济现象。

2. 农业劳动力供给的决定因素

研究农业劳动力供给必须研究决定农业劳动力供给的决定因素及各个因素的地位和作用。农业劳动力供给的决定因素主要有农村人口及其结构、农业劳动的经济收益、农业劳动力的素质等。

(1)农村人口规模和构成,直接决定着农业劳动力的供给资源的规模和构成。由于农业劳动力资源基本上是由农村人口资源适宜劳动的人口资源构成的,农村人口就业也主要是在农业部门。因此,农村人口资源的规模与农业劳动力供给资源的规模呈正相关的关系。农村人口的年龄构成对农业劳动力供给的影响更直接,农村人口各年龄组人口数量的分布状况决定着农业劳动力的变动趋势。

(2)农业部门经济效益的高低,决定着农业劳动力实际供给的多少。劳动是人们谋生的手段。为了谋生和提高生活质量的需要,人们在就业选择中更偏爱那些劳动报酬高的产业部门,而不愿意到劳动报酬较低的部门就业。因此,农业部门劳动所得经济收益的高低,决定着农业劳动力供给的多少。

(3)农业劳动力供给资源的素质状况,决定着农业劳动力有效供给的多少。社会经济发展的实践证明,最基本、最重要的社会生产力是人;最基本、最重要的社会经济资源是劳动力资源,尤其是掌握了一定文化知识和科学技术的劳动力资源。随着农业科学技术水平的提高和推广,以及农业生产工具的升级换代。迫切要求农业劳动力供给资源素质的提高,以适应现代科技进步和农村市场经济发展的需要。而实际上,农村的经济、文化、营养和教育水准都要比城市低。因此,农业劳动力供给资源的素质较低,难以适应农业市场经济发展的要求。在农业现代化的过程中,身体素质和文化素质不高的农村适龄人口,就成为农业劳动力供给资源中的无效供给部分。因为具有较高素质的农业劳动力有效供给的不足,所以在科技飞速发展的今天。农业劳动力供给资源的素质状况,决定着农业劳动力有效供给的多少。

(4)农业劳动时间供给量的多少,同样是决定农业劳动力供给状况的重要因素。农业劳动时间供给有两个来源:一是参加农业劳动的每个农业劳动力每天的农业劳动时间和全年的农业劳动时间的综合;二是非农业劳动力在农忙季节或其他时间参与农业劳动的时间。非农业劳动力包括未达到或超过法定农业劳动力年龄的农村人口,还包括农村社区中主要从事非农产业的劳动力在农忙季节参与农业劳动的农村人口。农业劳动力每个工日的长短、全年劳动工日的多少,受农业气候、农业劳动对象、农业劳动手段、农业劳动力供给规模和国家法律等因素的限制。虽然非农业劳动力年龄和法律规定是相违背的,但在贫困落后的农村又是一种生存需要,应该在农村经济发展过程中逐渐得到克服。主要从事非农产业劳动的农村人口,在农忙季节参与农业劳动,是传统农业向现代农业转变时期,是农村城市化、工业化进程中一种正常的经济现象,表明了农村劳动力资源的充分利用和经济发展的强劲势头。随着农业现代化、城市化和工业化的深入与发展。这种经济现象也会逐渐消失。

(三)农业劳动力的需求

农业劳动力的需求包括对农业劳动力的数量需求和质量需求两个方面。农业劳动力的数量需求,是指农业部门维持再生产所必需的农业劳动力达到一定的数量;农业劳动力的质量需求,是指农业部门维持再生产对农业劳动力文化、技能及健康等达到一定的素质。农业劳动力需求的形式,包括对农业劳动力的微观需求和宏观需求两个方面。农业劳动力的微观需求,是指农业生产经营单位为了维持农业生产的顺利进行和再生产,对农业劳动力的需求量;农业劳动力的宏观需求,是指在现存的农业自然资源状况和生产力水平的条件下,为了保证社会和经济发展对农产品日益增长的需要,整个社会对农业劳动力总量和质量的整体需求。

1. 农业劳动力需求的基本特点

(1)农业劳动力需求具有数量和劳动时间的季节性。农业生产的基本特点是自然再生产和经济再生产相互交织。在农业生产的整个过程中,不同的生产季节或生产时期,对农业劳动力数量的需求和劳动时间长短的需求,存在着巨大的差异。在农作物播种季节、收获季节或出现自然灾害时期,农业生产对农业劳动力的需求非常大,对劳动时间需求很长,而且对时间的限制性相当严格;在农业生产的日常管理期间,对农业劳动力的数量需求和劳动时间长度的需求,相对要少得多、短得多,甚至农业劳动力在一年中会有很长的农闲时间。农业劳动力需求有数量和劳动时间季节性的特点,这在很大程度上决定了农业劳动力的基本利用形式。

(2)农业劳动力的需求具有技能上的复杂性。农业内部各行业对农业劳动力生产技能的要求不尽相同,而且即使在同一种行业内部,不同品种或同一品种的不同生产时期,对农业劳动力生产技能的要求也存在着极大的差异。因此,农业部门对农业劳动力的需求具有技能上的复杂性。事实表明,由于农业部门对农业劳动力生产技能需求具有复杂性的特点,因此培养训练出一个合格的、掌握多种生产技能的农业劳动力实在不容易,甚至比培养训练出一个专业化的工业劳动力还要复杂得多。只有农户和社会各个方面都要付出艰辛的努力,才能提高农业劳动力的整体素质,以满足农业部门对劳动力的需求。

(3)农业劳动力需求的质量在提高、数量在减少。在农业自然资源有限的前提下,农产品社会总需求量的扩大,要求农产品商品率和农业劳动生产率都有与之相协调的增长速度。所以,农业劳动力需求的核心,是需求质量的提高,而不是数量的扩大。然而,事与愿违,高素质的农业劳动力供不应求,而低素质的农业劳动力又供过于求。

2. 农业劳动力需求的决定因素

(1)农业自然资源的状况决定着农业劳动力潜在需求的大小。在农业生产过程中,农业自然资源既是农业的劳动对象,又是不可替代的劳动手段。在社会对农产品需求相对稳定、农业劳动力素质水平和农业生产力水平变化不大的条件下,农业自然资源数量越多,农业劳动力需求的数量也越多;农业自然资源数量越少,农业劳动力的需求数量也越少。农业自然资源质量越高,如土地肥沃、气候适宜,对农业劳动力的需求数量越少;反之,农业自然资源质量越低,如土地贫瘠、灾害性天气频繁,对农业劳动力的需求数最也就越多。农业自然资源的质量与农业劳动力的需求量成反比。由于农业自然资源的最明显也是最重要的特点就是数量上的有限性,有限的农业自然资源对农业劳动力的吸纳也就是有限的。因此,无论社会对农产品需求状况如何,在客观自然规律的支配下,农业自然资源的数量和质量状况,决定着农业劳动力的需求数量和质量。社会可利用的农业自然资源的最终数量也就是农业劳动力需求的潜在极限。

(2)社会人口和经济状况决定着农业劳动力的宏观需求状况。①人口状况是决定农业劳动力宏观需求的基本因素。首先,总人口的规模越大,社会对农产品的需求也就越多,相应地对农业劳动力的需求也就越多;反之越少。总人口的增长速度对农业劳动力宏观需求的变动具有巨大的影响力。其次,人们的食物构成对农业劳动力的宏观需求也存在着较明显的影响力。现代畜牧业一般以种植业产品为能量转换来源。由于畜牧业生产比种植业生产多一次生产转化、并且能量的转化效率仅在10%左右,所以生产畜牧业产品比生产种植业产品所需要的农业劳动力要大得多。如果人们的食物构成以植物产品为主,则对农业劳动力的宏观需求就少;如果人们的食物构成以动物产品为主,则对农业劳动力的宏观需求量就多。②社会经济状况是决定农业劳动力宏观需求的根本因素。社会的产业结构不同，决定着社会对农业劳动力的需求量也不同。在非农产业部门中，有的部门直接以农产品为生产原料，而另一些部门则无需以农产品为原料。因此，非农产业构成状况对农业劳动力的客观需求有很大的影响。如果在非农产业构成中，以纺织、食品、造纸工业为主，由于这些工业部门必须以农产品为原料，这些工业部门的发展必然刺激对农产品需求吸的扩大，则对农业劳动力的宏观需求也就越多；如果社会非农产业构成中，以汽车、钢铁和电子工业为主，由于这些工业部门不以农产品为原料，则对农业劳动力的宏观需求就少。社会经济发展水平的高低，对农业劳动力的宏观需求具有至关重要的影响力。社会经济发展水平高，意味着科学、教育、非农产业部门发达，则工农业劳动力素质好，资本有机构成高，工业劳动生产率高，对农业劳动力的宏观需求就少；反之就多。

(3)政府的政策对于农业劳动力的需求状况也是一个重要的决定因素。①政府的人口政策对农业劳动力需求状况的影响。如果一个国家的人口增长速度比较缓慢，政府可能采取鼓励人口增长的政策，人口资源的规模就会逐渐扩大，对农产品的需求也就会增加，社会对农业劳动力的需求也就会随之扩大；如果一个国家的人口增长速度过快，政府便可以采取限制生育的政策，人口的增长速度也就会减缓，社会对农业劳动力需求的增长速度也就会随之减缓，甚至可以达到农业劳动力需求的零增长。②政府的教育政策对农业劳动力需求状况的影响。如果政府重视教育事业，全社会的科学文化素质就高，劳动力的资源素质状况就比较好，人口规模就会以正常的速度发展，全社会对农业劳动力的需求也就会在合理的环境中适宜变动。同时，全社会的科学文化素质较高，特别是农业人口的文化素质较高，由于素质高的劳动力资源的形成，社会对农业劳动力的数量需求也就会自然降低。如果政府忽视了教育事业，全社会的科学文化素质就会低下，社会就要以劳动力的数量来弥补质量的不足，很多家庭就会盲目生育，社会对农业劳动力的需求数量也就会随之扩大。

(四)中国农业劳动力的供求特点

1. 农业劳动数量多质量低

由于我国农村经济基础薄弱，各方面条件受到限制，农业劳动力的总体素质不高。近年来，许多专家学者在分析“社会主义新农村建设”问题时，指出“农民素质的提高是新农村发展的灵魂。”必须培养造就一批有文化、懂技术、会经营的新型农民，提升农民的整体素质。我国农村教育事业发展较慢，大部分农民仍处于较低文化水平层次，直接影响到农业劳动力的素质。

2. 农业劳动力供求矛盾十分突出

按照劳动力合理负担耕地面积来计算，种植业所需要劳动力为1.5亿，根据经发展情况计算，林牧渔业所需劳动力为0.25亿，乡镇企业及个体私营经济吸纳劳力1.4亿，农村劳动力供求相对较低，剩余劳动力仍达1.7亿。今后在一个相当长的时间内，随着农业劳动生产率的不断提高和土地资源有限，加上农村人口仍在继续长，农业劳动力还会剩余出来，农业劳动力供大于求的问题仍会继续存在，甚至更突出。

3. 农业劳动力供求状况在地区之间存在着较大差异

如果某一时期在一个地区人口聚集过多，人口密度过大，每个农业劳动力可利用的土地资源过少，就会出现农业劳动力供给过剩，需求不足；反之如果某一时期在某一地区人聚集过少，人口密度过小，每个农业劳动力可利用的土地等自然资源过多，就会造成农业劳动力供给不足，不能充分利用土地等自然资源。由于中国各地人口密度相差十分悬殊，因此导致了中国农业劳动力供求状况在地区间存在较大差异。中国南部地区，尤其是珠江流域、长江三角洲人口密度较大，劳动力平均负担耕地二三亩，农村劳动力供过于求的矛盾十分突出，而西北地区人烟稀少，农村劳动力相对不足，这影响了自然资源的充分合理利用。

二、农业劳动生产率

(一)农业劳动生产率的概念与指标的计算

1. 农业动生产率的概念

农业劳动生产率是指农业劳动者在单位劳动时间内生产的农产品数量，或者生产单位农产品所消耗的劳动时间。提高农业劳动生产率，就意味着在单位劳动时间内能生产出更多的农产品，或者单位农产品所包含的劳动量减少。

2. 农业劳动生产率指标的计算

(1)农业产品数量与劳动时间的计算。根据农业劳动生产率的概念，可得出其理论公式为：

$$农业劳动生产率=\frac{农产品数量}{农业劳动时间}$$

式中："产品数量"的实质是劳动成果，它既可以具体化为总产量、商品产量等实物量，也可具体化为总产值、净产值、利润等价值量，还可以具体化为作业量，如机耕队等单位完成的耕地、耙地、播种等各项作业的数量。

"劳动时间"在理论上应该是生产单位产品所花费的物化劳动时间和活劳动时间的总和，此外，还应包括许多为农业生产活动服务的间接参加农业生产的劳动者的劳动，如育种、农药、化肥、农机工作者的劳动，这些劳动，在生产水平很低的时候，都是农民自己干。现在这些劳动杜会化了，虽然计算劳动生产率不包括间接参加农业生产的劳动者的劳动时间，显然是不合理的。但是计算物化劳动和间接参加农业生产的劳动者的劳动时间，也是非常困难的。而在实际工作中，即使不计算物化劳动时间和间接参加农业生产的劳动者的劳动时间，也可以基本上反映劳动生产率的状况和变化趋势。所以在实践中，只按直接花费的劳动时间来计算"劳动时间"。劳动时间一般采用"人年"(每个劳动力一年)、"人工日"(每个劳动力一天)、"人工时"(每个劳动力一小时)等不同长度的时间来计算。

(2)农业劳动生产率水平的指标。由于计算"劳动时间"和"产品数量"的具体标准很多，也就形成了许多不同的农业劳动生产率指标。衡量农业劳动生产率水平的指标可分为直接指标与间接指标。

1)直接指标。按照计算"产品数量"的标准不同，可分为实物指标和价值指标。衡量农业劳动生产率的实物指标主要有：①平均每个农业劳动力在一年产的农产品量，简称"人年"农业劳动生产率；②平均每个农业劳动者每个工日生产的农产品量，简称"人日"农业劳动生产率；③平均每个劳动者每个小时生产的农产品量，简称"人时"农业劳动生产率。虽然后两个指标能准确反映出农业生产率的情况，但因农业生产周期长，所以不容易取得准确的资料。一般说来，考察单项农产品的劳动生产率时常用实物指你。衡量农业劳动生产率的价值指标主要有：①平均每个劳动力全年（或一天、一小时）创造的产值；②平均每个劳动力全年（或一天、一小时）创造的净产值；③平均每个劳动力全年（或一天、一小时）创造的利润。一般说来，在综合考察一个部门、地区或企业的劳动生产率时常用价值指标。

2）间接指标。间接衡量农业劳动生产率水平的指标生要有以下几个。①农业劳动效率，即单位农业劳动时间内完成的农业工作量。农业生产周期比较长，一般要在生产过程结束时才能获得农产品，为了及时了解农业劳动效果，也就有必要通过劳动效率来了解劳动生产率。一般说来，在符合一定质量的要求下，劳动效率越高，则单位产品所包含的劳动量越少，单位劳动时间内生产的产品就越多。采用这一指标可及时了解劳动生产率的变化趋势。②每一个农业劳动力负担的人口数、耕地数。它们都从不同角度反映出农业劳动生产率的状况。

总之，由于农业劳动生产率的不同计算方法，具有不同的作用与意义，因此应根据不同的目的，选择使用不同的指标，以便更好地处理与指导农业生产。

（二）提高农业劳动生产率的重要意义

农业劳动生产率的不断提高是历史发展的必然趋势。科学技术的不断发展为农业劳动生产率的不断提高奠定了基础，而资源的限制和社会经济的不断发展必然要求人们不断提高农业劳动生产率。一个社会的进步与落后，最终要表现为劳动生率的高低。具体来讲，提高农业劳动生产率具有如下重要意义。

1. 提高农业劳动生产率是发展农业生产的根本途径

通过提高农业劳动生产率，可以在不断增加，甚至减少农业劳动力的条件下，生产出更多的农产品；在增加活劳动和物化劳动的条件下，可使其产生更大的效果。增加农产品的基本途径有两点：一是增加劳动者数量和工作时间，即增加社会劳动时间；二是提高劳动生产率，节约单位产品上所消耗的劳动时间。前者会受到劳动力供给数量和人的生理因素的制约，是有限度的，且减少劳动时间也是人类的需要；而后者则是无止境的。

2. 提高农业劳动生产率是增加积累和提高农民物质文化生活水平的决定条件

只有提高农业劳动生产率，才能降低单位农产品的成本、增加利润、提高积累，才能为农民物质文化生活水平的提高奠定物质基础，才能使广大农民群众腾出更多的时间学习科技和文化，以及从事休育、娱乐活动，从而提高广大农民群众的科技文化素质。

3. 农业劳动生产率是衡量农业现代化水平的根本标志

虽然衡量农业现代化水平的指标有许多，但根本的标志则是农业劳动生产率。农业劳动生产率的高低同产量与劳动耗费直接关联。农业劳动生产率高，意味着农业科学技术水平，农业机械化、水利化等水平，农业经营管理水平及农民的科技文化素质就高，农业现代化的程度就高。

4. 提高农业劳动生产率是加快国民经济发展的重要保证

提高农业劳动生产率包括两个方面，一方面可以使农业劳动者提供更多的剩余农产品，更好地满足国民经济其他部门的需要，促进其发展；另一方面可从农业中解放出大量劳动力，满足国民经济其他部门的需要。

(三)中国农业劳动生产率增长的特点

1. 总体增长缓慢

从总体上看,自新中国成立以来,中国的农业劳动生产率虽然有所提高,但增长却十分缓慢。特别是1957—1975年这段时间,还出现了停滞和下降现象。这主要是由于中国农业的物质技术基础薄弱,农业技术水平、经济管理水平落后、人口增长过快,以及受"左"的错误的长期干扰和破坏造成的。

2. 明显划分为两个阶段

中国农业劳动生产率的变化可划分为两个阶段:第一阶段是1978年以前,三项农业劳动生产率指标基本没有什么变化,每个农业劳动力年负担人口数还有所下降,说明农业生产发展是相当缓慢的。第二阶段是1978年以后,三项农业劳动生产率指标均有了一定提高,但每个农业劳动力年产粮食和每个农业劳动力年负担人口数量提高幅度很小,而每个农业劳动力年产肉量则有了明显提高。

3. 粮食与肉类存在较大差异

从各个农业劳动生产率指标变化情况看,每个农业劳动力年产粗食虽有所增加,但增幅甚小,其中1957—1975年和1990—2000年期间还有所下降;每个农业劳动力年产肉量先是缓慢增长,然后是较迅速增长,这说明畜牧业有了长足发展;每个农业劳动力年负担人口数总体上略有增长,其中在1957—1982年、1990—2000年期间还有所下降(见表4-1)。

表4-1 中国1952—2005年农业劳动生产率

指标	年份							
	1952	1957	1975	1978	1982	1990	2000	2005
每个农业劳动力年产粮食/千克	946.5	1 010	967	1 040	1 104	1 470	1 299	1 425
每个农业劳动力年产肉量/千克	20	21	27	29	42	94	172	228
每个农业劳动力年负担人口数/人	3.3	3.4	3.1	3.2	3.2	3.8	3.6	3.8

资料来源:根据《中国统计年鉴》有关数字计算所得。

4. 与发达国家存在巨大差距

目前,中国农业劳动生产率与发达国家相比差距很大。例如,1996年每个农业劳动力年产谷物世界平均1 570千克,美国93 901千克,法国60 786千克;每个农业劳动力年产肉量世界平均165千克,美国9 162千克,法国6 154千克;每个农业劳动力年负担人口数美国80人、法国56人。

在农业劳动力问题上,我们虽然迫切需要解决农业剩余劳动力问题,但也决不可因此忽视农业劳动生产率的落后问题。必须看到不努力提高中国的农业劳动生产率,就不能改变大多数人搞饭吃的局面,中国的农产品在国际市场上就没有竞争力,农业现代化也难以实现。因此迅速提高农业劳动生产率是中国农业生产发展的一个根本性问题。

(四)农业劳动生产率的影响因素

影响农业劳动生产率的因素是多方面的。马克思指出"劳动生产率是由多种情况决定的,其中包括:工人的平均熟练程度,科学的发展水平和它在工艺上应用的程度,生产过程的社会结合,生产资料的舰模和效能,以及自然条件"。根据马克思的这一论述,影响农业劳动生产率的因素可归纳为以下几个方面。

1. 自然因素

自然因素包括土地、水利、气候、生物等。这些条件优越,就可以用同样的劳动时间生产更多的农产品,农业劳动生产率就会提高;反之,这些条件恶化,农业劳动生产率就会下降。

2. 经济因素

经济因素包括经济关系、经济形势、生产规模、劳动组织、劳动报酬、劳动态度、劳动者素质及农民收入水平等。通过经济条件的改善,可以极大地调动各方面的积极性。挖掘人的潜力,提高积累水平和农业现代化水平,从而最终提高农业劳动生产率。

3. 技术因素

技术因素主要指科学技术状况、劳动的物质技术装备,以及现代管理手段等。这实际上就是指农业的现代化发展程度,而现代农业比传统农业有更高的劳动生产率。

4. 社会条件

社会条件包括人口的增长速度、农业人口和农业劳动力向非农部门转移的速度,以及非农部门对农业的影响力等。例如,人口增长速度放慢,农业人口和农业劳动力转移速度加快,那么每个劳动力所拥有的耕地面积就会相对增加,农业劳动生产率就会相对提高。

(五)提高农业劳动生产率的途径

根据农业劳动生产率的影响因素,结合中国目前的实际情况,应从以下几个方面来提高中国农业劳动生产率。

1. 采取正确的政策措施,调动农民的劳动积极性

由于农民是农业生产的主体,只有调动农民的劳动积极性,才能不断提高农业劳动生产率,加快农业的发展。因此,必须深化农村经济体制改革,正确贯彻物质利益原则和以劳动所得为主和按生产要素分配相结合的分配原则,不断完善和落实各项农业保护政策,从而进一步调动农民的劳动积极性。

2. 不断改进农业劳动者的物质技术装备

在农业中,采用现代化的机器、设备及化肥、农药、薄膜等现代化生产要素来提高农业劳动者的物质技术装备程度,可以大大节约活劳动和有效地提高土地生产率。当然,由于中国大部分地区存在人多地少、劳动力相对过剩的情况,因此使用机器设备时,必须在地区和作业项目上有所选择,力求物化劳动在机器设备中的劳动量低于它所能替代的活劳动量中的必要劳动部分,并使被替代的劳动力也能得到合理安排。

3. 合理利用和逐步改善自然条件

马克思指出："在农业中，问题不只是劳动的社会生产率，而且还有由劳动的自然条件决定的劳动的自然生产率。"因此，应该认识和利用自然规律，开展农业基本建设，改善生态环境，保待生态平衡，充分而合理地利用各种自热条件，可以通过人的劳动进一步改善自然力，从而使劳动生产率得到提高。

4. 不断提高农业劳动者的科学技术水平和劳动熟练程度

科学技术对提高农业劳动生产率发挥着越来越明显的作用。一切先进的农业科技，只有真正武装了农业劳动者，才能成为现实的生产力。由于中国农民受教育程度低，整体素质不高，因此必须加强农民的智力开发，提高劳动者的文化水平、操作技能和技术熟练程度，从而增加他们运用科技成果的意识和能力。

5. 提高农业的组织化程度

实行农业家庭承包经营虽然有利于充分调动农民的生产积极性，提高农业劳动生产率，但由于家庭经营规模狭小，因此不可避免地同时存在着某些生产要素的不足和闲置，通过公司加农户、合作社加农户等形式，会提高农业的社会化服务程度，使不足的生产要素得到补充，闲置的生产要素得到开发利用，从而有助于提高整个社会的农业劳动生产率。

第二节 土地资源管理

土地资源是农业经营中的重要资源。土地资源管理对农业企业的发展起着至关重要的作用。土地资源的管理包括数量管理和质量管理，土地权属及流转管理，以及土地开发和利用管理等。本节将主要介绍土地的管理原则、土地的权属管理以及土地的合理开发利用问题。

一、土地的特征与管理原则

(一)土地资源的特征

1. 土地资源供给的稀缺性

土地资源供给的稀缺性不仅指土地总量的有限性，还包括不同地区、不同用途土地数量的有限性。由于土地数量有限，因此会出现供求矛盾和一系列的经济问题。

2. 土地利用方式的相对分散性

由于土地位置的固定性，对土地只能就地分别加以利用，因而土地利用的方式是相对分散的。根据这一特征，当人们利用土地时，要进行区位选择，并注意搞好地区间的交通运输联系，以提高土地利用的综合效益。

3. 土地利用方向变更的困难性

土地有多种用途，当土地一经投入某项用途后，要改变其利用方向，通常是比较困难的。

根据这一特性，当人们在确定土地利用方向时，一定要详细勘察，做好周密的规划。

4. 土地报酬递减的可能性

由于“土地报酬递减规律”的存在。因此在既定条件下，土地的使用超过一定的限度，便产生报酬递减的现象。根据这一特性，当人们在对土地增加投入时，必须寻找投入的适合度。

5. 土地利用后果的社会性

由于土地是一个自然综合治理整体，其利用的结果，不仅影响本地区内的自然生态环境和经济效益，而且可能影响到邻近区域甚至整个国家和社会的生态环境和经济效益，产生巨大的社会效果。因此任何人都要以社会身份来管理、利用土地资源。

(二)土地管理的原则

农业企业的土地管理工作应遵循以下原则。

1. 维护社会主义土地公有制

维护社会主义土地公有制，即维护土地的全民所有制和劳动群众集体所有制不受侵犯。在土地所有权或使用权变更时，必须遵循国家法规。国家为了公共利益或建设需要，虽然可以依法对集体所有的土地实行征用，但必须严格按照《土地管理法》，办理征用手续，并给被征地的单位给予适当补偿。而被征地单位应当服从国家需要，不得进行阻挠。国家建设使用国有荒山、荒地，以及其他单位使用国有土地的，应按照国家建设征用土地的程序和审批权限，经批准后才能划拨。土地使用权有偿出让或转让，也应按照有关法规办理。

2. 坚持农业用地优先

土地在企业各生产部门分配和调整时，要把质量最好的土地优先用于农业，优先保证农业生产所需要的土地数量和质量。农业生产与工业不同，土地是农业生产不可缺少的最基本的生产资料，农业生产的发展在很大程度上受土地的数量和质量的制约，发展农业生产要有一定面积质量优良的土地作为基础。特别是在我国，人口多、耕地少，坚持农业优先的原则更有其必要性。

3. 坚持节约用地

由于土地面积有限，我国人地矛盾十分突出，节约用地的原则更有其特殊重要性。为此，国家建设和城乡建设必须节约使用土地，严格遵照国家规定的审批权限和程序履行征地审批手续，严防多征、早征，以免浪费土地。农村居民住宅建设，乡镇村企业建设等也都应严格执行审批手续，制定乡镇建设用地控制指标，严格控制用地面积。

4. 坚持合理用地

合理利用、改良土地是提高土地生产力，改善土地生态环境的关键。从宏观方面说，国家要对土地加强统一规划管理，严禁盲目地毁林毁草和陡坡开荒。同时，要调整工业的不合理布局，综合利用“三废”，进行化害为利的技术治理，做到经济效益、社会效益和生态效益三者的统一。从农业生产单位来说，要采取有效措施，调动农民合理利用、保护、改良土地的积极性，增加对土地的投入，加强对土地的经营管理，避免掠夺式经营，防止土地资源退化。

二、土地权属管理

(一)土地经营权的获得

土地资源是农业企业进行生产经营活动最基本的生产资料,在目前的技术水平条件下是一种不可替代的生产资料。在资本主义制度下,土地资源基本上是私有的,可以作为商品来进行买卖。资本主义农业企业可以根据自己的需要,通过买卖从土地所有者手中取得所有权,通过租佃的形式取得使用权。而在社会主义制度下,则实行土地公有制,即全民所有和劳动群众集体所有,不许任何单位或个人以任何方式买卖土地。在我国农村实行以家庭为主的联产承包责任制后,农业生产经营者可以通过承包、租赁、股份经营或转包等形式,获得对土地资源的经营权,从而实现土地使用权与经营权的分离。

1. 土地承包经营

(1)土地承包经营的形式。

我国现阶段承包土地仍以家庭承包经营为主体,同时存在多种形式的承包经营。主要是:两田制。这是在坚持土地集体所有和家庭承包经营的前提下,将农户承包的土地划分为两部分,一部分为口粮田,另一部分为责任田。口粮田按人口平均分配,体现福利原则。责任田按劳承包或按人承包,要承担一定的承包费。“两田制”虽能调动农民耕作积极性,但不利于农民向耕作能手集中和农业规模化经营发展。

其他形式的土地承包经营有以下三种。

①投标承包。即把竞争机制引进承包,先由集体定出底标,再公开招标、投标,由中标者承包经营。投标承包具体分为两种类型:一是现金投标承包,二是实物投标承包,均按合同规定,年终完成上交集体租金和任务。

②抵押承包。即确定承包期若干年,逐年缴纳抵押金。

③双向承包。在家庭承包经营基础上,实行双向承包责任制,围绕农业生产的各个环节,在县、乡、村、户之间,逐层明确目标责任,签订合同,自上而下承包农业生产资料供应和技术、资金服务,自上而下承包农业产量、定购任务和其他经济指标的完成,并制定奖惩制度,按时兑现。

(2)土地承包合同管理。

土地承包合同管理应主要做好以下几个方面的工作。

一是加强土地承包合同的法制教育,进一步普及合同管理知识。各级承包合同管理部门要认真宣传稳定家庭联产承包责任制和有关合同法等方面的知识。通过举办培训班等形式,使农村干部和群众更好地掌握土地承包合同方面的政策、法规,增强集体经济组织和农户依法签订和执行承包合同的意识。

二是加强土地承包合同的规范化,建立健全合同档案。凡是新签订或重新修订的合同,都必须使用统一印制的标准合同文本。做到条款齐全,目的明确,内容完整,文字清楚。合同签订要一式三份,签约后应将合同送到上级合同管理部门备案,分别建立乡、村两级土地承包合同档案,做到合同管理档案化。

三是加强土地承包合同纠纷的调解和仲裁工作,使承包合同得到法律保障。各乡镇土地

承包合同纠纷的调解和仲裁工作,使承包合同得到法律保障。各乡镇土地承包合同仲裁委员会要及时、主动受理,并积极稳妥地处理合同纠纷案件,不得推托不管,更不可人为扩大事态。凡受理的案件,都要建立档案,使土地承包合同纠纷和仲裁工作逐步走上法制化、规范化的轨道。

四是加强管理队伍建设,强化合同管理职能。各级农村经济管理部门要采取措施,配齐人员,保证经费,强化对土地承包合同管理工作。同时,要加强对合同管理人员的政治、业务培训,不断增强土地承包合同管理队伍的素质,保证土地承包合同管理队伍的素质和管理工作的顺利开展。

2. 土地租赁经营

土地租赁是指按照有偿使用的原则,取得合法土地使用权的经营者将土地出租给承租方经营,由承租方向出租方支付租金。承租方既可以是社区内农户,也可以是社会法人或自然人,承租方缴纳租赁费后,即可取得合法的土地使用权。租赁经营能把土地所有权和使用权分离,使产权关系明晰化。而且租赁经营是以竞争的形式开展的,能够促进耕地与其他生产要素的优化组合。其具体的运作形式有以下两种。

(1)采取招标出租。即集体经济组织将一定规模的土地,实行公开租赁招标,用竞争的方式分配土地资源。具体做法是:将村辖全部土地按照肥沃程度、距离村屯远近、农田设施等条件划分具体地块的等级,每级土地的地租数额,落实到具体地块。群众按照自己的意愿择地投标,按最高额中标。中标者当场与村集体经济组织签订租赁合同,租期一般5～10年或更长,由公证单位公证。中标农户在按期足额缴纳租赁费后,原先承担的定购任务及土地相关的负担均由集体负责。租赁后,经营者有充分的经营自主权,自主安排生产计划。

(2)“四荒”地租赁经营。“四荒”地是指荒山、荒地、荒滩、荒水,大力开发利用“四荒”资源是加快农业和农村经济发展的一项战略措施。由于“四荒”地使用权租赁涉及农民切身利益,因此,必须坚持的原则有:“四荒”地集体所有的原则;因地制宜尊重群众意愿的原则;土地价格适中的原则;经营规模适度的原则;公平竞争的原则。

3. 土地股份经营

股份制是社会化生产和商品经济发展的产物,因而以股份形式明晰土地产权关系,应视为土地制度深入改革的一种趋势。所谓土地股份经营是指以土地入股方式组成由入股者(股东)参加的土地股份有限公司,在不改变土地公有制的前提下,把承包户的土地使用权作为股东投资,由公司委托耕作能手又善于经营者为公司经理,负责土地经营的相关事宜。其运作方式有以下几种。

(1)设立土地股份公司。根据目前农村土地的使用和管理状况,在村一级设立土地股份公司,负责所辖社区土地资源的经营管理,在业务和政策上接受国家土地管理部门的监督管理,它是一种具有法人地位的经济实体。

(2)对地产进行评估,确定公司所属土地的价格。为了防止地产股值过高或过低,这一工作应由国家土地管理部门负责进行。

(3)地产折股,分为公股和私股两部分。为了保证国家调节农村土地使用的权利,公股的比例应占大头,使之体现多年来集体使用土地所增值的地产价格。

(4)股权分配。公股属农村社区“三级所有”,由农村基层政府代管,主要用于社区公共福利和基础设施建设;私股按照现行土地承包方法分配到农户。农户拥有的土地股份可以继承、买卖和转让,但不得退兑。死亡和迁出人口的地产股权永远有效,而新生和迁入人口不再分得土地股份;土地股份公司地产经营的纯收益,一部分用于地产投资,进行农田基本建设;另一部分按股分红,使股东的土地所有权在经济上得以实现。

(二)土地经营权的变更

在我国农村现阶段土地承包经营的情况下,土地经营权的变更主要表现为土地转包。

1. 土地转包的对象

一是长期或经常外出从事非农经济活动,家中无劳动力耕种的农户;二是农村中的一些能工巧匠,虽然他们是各有专长,但不善耕作的农户;三是熟识市场行情,从事商业活动,不愿耕作的农户;四是机关干部和国有企业职工在农村的家属,无时间和能力耕作的农户;五是家中缺乏劳动力、资金、技术,无法耕作的农户。接受承包者大多是转包户的亲戚朋友和耕作能手,有的是重点农户或专业农户,也有经济联合体。

2. 土地转包的管理

(1)明确指导思想。在社会主义市场经济条件下,耕地作为农业企业的基本生产资料,同资金及其他实物形态的生产资料一样,必然要受到经济规律的支配。应按经济规律管理土地的要求,建立耕地的有偿转包制度,允许农民的耕地使用权流通公开化,促进耕地合理流动,逐步实现农业的适度规模经营。

(2)坚持经济补偿原则。土地转包应充分注意经济有偿性,转入户除承担转入耕地的一切负担外,还应向转出户交付一定的耕地补偿费,用补偿金额由双方协商自定。为了促进耕地合理流转,还可跨村转包。

(3)实行合同管理原则。耕地有偿转包必须在自愿的条件下签订合同。农户与农户之间转包,由村集体经济组织见证;超越村范围的,由上一级部门鉴定。农户转出、转入耕地时,村集体经济组织要对地力状况做出评定,作为转入户对转出户补偿的凭据,并将转入耕地的面积、位置、等级和转包期限载入耕地档案。转包合同签订后,任何一方不得擅自更改合同内容。对不履行合同或违反合同规定的一方,由签证单位协调解决。若改变合同,先由双方自愿协商,再经签证单位重新予以认可。

(4)坚持优先转让原则。优先转让必须以具有较强的土地经营能力者为主,村集体经济组织要对转入户的经营能力进行充分审查,对符合条件者加以鼓励,防止和避免耕地的再分割。

三、土地资源的合理利用

(一)土地的数量管理

1. 农用土地分类

在农业企业中,土地按其经济用途可分为以下几种。

(1)农业用地,指直接用于农业生产的土地,包括耕地、园地、林地、牧地、养殖水面和可垦荒地等用地。

(2)工矿用地,指工矿企业占用的土地。

(3)建筑用地,指用于修建固定性建筑设施的用地,包括修建温室、仓库、畜舍的占地,即生产性建筑用地;修建住宅、医院、学校文化娱乐场所的占地,即非生产性建筑用地。

(4)交通用地,包括铁路、公路、农村道路、机场、护林路等用地。

(5)水域,指用于人工养殖的水域,包括河流、湖泊、水库、坑塘、苇地、沟渠、滩涂等。

2. 农用土地登记

土地登记是指农业企业对土地数量、质量、权属状况及其变动所进行的系统记载。

(1)土地档案,是指农业企业在对其所拥有土地进行全面清查、测量的基础上,对土地及土地利用情况进行分类逐块登记归档。主要记载土地状况、作物种植情况、土地改良措施等。

(2)土地台账,是指系统地整理和积累土地资料及其变动的账簿。建立土地台账,是把土地登记和土地档案中,间断的零散资料系统化、条理化,形成完整的统计资料,为土地资源的利用与管理提供可靠的依据。

(二)土地质量管理

1. 土地质量管理的含义

土地质量管理是研究土地质量特征,保护和提高土地质量的各项工作的总称。土地质量具有以下特点。

(1)综合性特点。土地质量是自然特性与经济特性的综合,它既取决于各种自然资源,又涉及人类活动的相关因素。

(2)再生性特点。土地质量会随着自然和人为因素的变动而不断地变化。

2. 土地质量的经济评价

(1)影响因素。土地质量经济评估中应考虑的因素包括:①地理位置。在市场规律的作用下,土地作为提供商品的资源,服从距离递减规律,即土地收益随其位置距市场远近或城市中心的远近,以及交通便利程度而递减;②自然肥力。土地自然肥力愈高,土地的经济价值愈大;反之,则小。土地自然肥力制约着土地的现实与潜在的生产能力;③市场供求。一个农业企业所拥有的土地数量是有限的,位置是固定的,随着企业的发展,对土地的需求量也不断增长,土地的经济价值随之提高。虽然土地自然供给是无弹性的,但土地的经济供给是有弹性的,并受土地价格因素的影响。

(2)评价指标。土地质量的衡量标准,主要是土地生产率。主要指标有以下几个。

①单位土地面积总产值=总产值÷土地利用总面积

②单位土地面积总收入=总收入÷土地利用总面积

③单位土地面积产投比=总产值÷物化劳动消耗

④土地级差收入。指级差收入I,即在面积相等的各种不同土地上投入等量劳动,由于土地的面积、肥沃程度、地理位置不同,所获得的收益差额。它表示全部纯收入与取得这些收入的最低社会必要劳动量之间的差额。计算公式如下:

土地级差收入=全部纯收入-最低社会必要劳动纯收入

(三)土地集约经营

农业企业对土地的利用,有粗放经营和集约经营两种不同的经营方式。粗放经营是对土地资源的广度开发，指在一定土地面积上，投入较少的生产资料和劳动力，实行浅耕粗作、广种薄收的经营。因而它会造成对土地重用轻养，土地肥力下降，生产率低下。集约经营是对土地资源的深度开发，指在一定土地面积上，投入较多的生产资料和劳动力，对土地精耕细作、科学种植的经营。因而集约经营是以不断提高土地肥力来提高土地单位面积产量，增加农产品总量。列宁曾指出："农业的发展主要靠集约化经营，不是靠扩大耕地数量，而是提高耕作质量，增加原有的土地的投资。"

1. 土地集约经营的意义

集约经营的基本标志是高投入、高成本、高产量、高收益，用较少的土地和较高的技术，生产出更多的农产品。对土地实行集约经营是社会经济发展的客观要求，对我国具有更重要的意义。

(1)可以提高土地生产率，弥补耕地的不足，生产出更多的农产品，满足人民生活和国家经济建设的需要，促进社会主义经济的发展。

(2)实行土地集约经营，对土地投入先进的农用机械和农用工业品，可以提高农业抵抗自然灾害的能力，较好地促进生物因素与环境因素的统一，做到高产稳产、增产增收。

(3)实行土地集约经营，提高单位面积产量，可以缓和粮食作物与经济作物，以及多种经营之间相互争地的矛盾，既有利于优化农业生产结构，促进我国农业朝着农、林、牧、渔各业全面发展，农工商综合经营的方向发展，逐步实现农业生产的区域化、专业化、商品化，从而提高社会化水平，又有利于建立环境良好、生产平衡和农业生产相互促进的经济运行体系。

(4)实行土地集约经营，还有利于发挥我国农村劳动力资源优势，继承和发扬精耕细作的传统，克服资金相对不足的劣势，因地制宜地发展农业生产。

2. 土地集约经营的类型

(1)劳动集约型，即在单位面积的土地上投入更多的活劳动，从而获得较高的产量和收入的集约经营形式。劳动集约又可分为积累性劳动集约和流动性劳动集约。

积累性劳动集约主要是将追加到土地中去的活劳动用作农田基本建设，形成农业固定资产而附属于土地上，如兴修农田水利、改良土壤、平整土地、修造梯田、修筑田间道路、打井、修坝、挖塘、建水库等。追加到土地中去的这些活劳动，将长时期地对农业生产发挥作用，劳动价值也将慢慢地、多次地转移到农产品中去。而流动性劳动集约主要是将活劳动追加到日常的农业生产过程中去，作为流动形态的生产力要素在当年生产中消耗掉，如精耕细作、精细管理、增加耕、锄次数等。

(2)技术集约型，即通过采用较多的先进技术，在单位面积土地上获得较高的产量和收入的集约经营形式。根据投入技术的内容不同，技术集约又可分为基础技术集约、应用技术集约和管理技术集约。

基础技术集约，主要是通过加强对农业技术理论的研究、试验，为集约经营创造物质技术条件。例如，遗传工程的研究、杂交水稻制种技术的研制成功，对提高土地生产率起着重要的基础作用。应用技术集约，是在土地经营过程中较多地采用先进的应用技术。例如，在农业生产中引进优良品种、新型肥料，科学施肥和灌溉，采用新型的工具设备、科学的农作方式等。管理技术集约，主要是通过采用先进的生产方式来提高土地经营效益。总之，在土地经营中实行技术集约能获得投工少、成本低、效益显著的效果。

(3)资金集约型,即通过在单位面积土地上投入更多的资金,使用更多的能量、动力、化肥、农药等物化劳动来提高土地生产率的集约经营方式。这种方式要求经营者具有较雄厚的资金和物质基础。它适用于劳动力资源相对缺乏,资金比较充裕的地区和企业。

劳动集约、技术集约和资金集约,三者虽然在投入内容上各有侧重,互相有别,但是它们又是相互联系的,特别是后两者,有时难以截然区分开来,因为新技术的采用一般都伴随着资金投入的增加。

3. 土地集约度指标

(1)单位面积耕地分摊的直接投入。包括农业的各种物资及技术费用。

(2)单位面积耕地分摊的用工费。主要指人工费。

(3)单位面积耕地分摊的占用资金额。包括固定资产额、流动资金额等。

(4)单位面积耕地所获得的产量、产值、净产值、纯收入等。

4. 土地质量的保护与治理

(1)生态治理,即利用生物措施进行土地保护与治理,如植树种草,改造荒山荒地;营造农田防护林带,建设绿色长城;实行秸秆还田,用地养地相结合。

(2)工程治理,即通过工程措施进行,如灌溉工程的治理,针对农业生产排水和灌水进行工程性的治理;造田改土工程治理,防止水土流失,改良土壤等。

(3)技术治理,主要是运用农业技术改良土地。①耕作方法。运用科学的耕作,改良土壤的透水、透气和扎根能力。②轮作种植。采用轮作休闲、粮豆轮作、草粮轮作等合理的轮作种植方式,提高土地生产率。③施肥改土。使土壤内部物质的封闭性循环,变成开放性循环,提高土地质量水平。④科学灌溉。采用如喷灌法、滴灌法、沟灌法、浇灌法等。

第三节　农业企业资金管理

由于资金是市场经济条件下农业企业生产和流通过程中所占用的物质资料和劳动力价值的货币表现。它是企业获取各种生产要素不可缺少的重要手段。因此,要保证企业持续发展,就必须管理好资金、分配好资金,最大限度地发挥资金资源的功效,这是农业企业经营管理中的一个重大问题。

一、农业企业的资金运动

资金是企业资源中的一个重要组成部分。企业的生产经营活动,不仅是物质生产和再生产的过程,同时也是价值生产和价值增值的过程。用马克思关于生产资本循环的公式 G—W…P…W′—G′来表示,从 G 到 G′,一方面表现为物资的不断购进和售出,另一方面则表现为资金的支出和收回。企业的资金运动,始终伴随着企业的生产、经营活动,并影响和制约着企业的生产经营活动。

(一)农业企业经营资金构成

从整个社会来说,资金是指整个社会再生产过程中,生产、交换、分配和消费等环节各项资金的货币表现。就一个企业而言,企业资金是指用于从事企业生产经营活动和其他投资活动的资产的货币表现。一定数额的资金,代表着一定数量的资产价值。

农业企业的经营资金,按不同的标准,可做以下分类。

(1)按资金来源不同,可分为自有资金和借入资金。

(2)按资金存在的形态,可分为货币形态的资金和实物形态的资金。

(3)按资金在再生产过程中所处的阶段,可分为生产领域资金和流通领域资金。

(4)按资金的价值转移方式,可分为固定资金和流动资金。

不同类型的资金在使用和管理上有不同的要求,在企业经营管理中必须区别对待、分类管理。

(二)经营资金的运动过程

企业的资金运动是以企业为主体,利用价值形式管理企业再生产过程中的一种活动,它包括资金的筹集、运用和分配等互相联系的过程。企业组织资金运动,进行资金筹集、资金使用、资金耗费、收入取得及分配等活动,必须发生与有关方面的经济关系,主要包括以下几种。

(1)企业与投资者之间的经济关系。它是企业所有者对企业投入资金并参与企业收益分配的投资与分配关系,主要反映了所有者与经营者之间的产权关系。企业投资者主要有政府、法人机构、个人及外商。

(2)企业与债权人之间的经济关系。它是企业向债权人借入资金,并按照借款合同向债权人还本付息而形成的经济关系,是一种借贷关系,其基础是企业的信誉与偿还能力,体现了企业的债权债务关系。企业的债权人主要有企业债券的持有人、贷款机构、商业信用提供者及其他贷款给企业的机构和个人。

(3)企业与国家之间的经济关系。它反映了国家以政府管理者身份参与企业资金分配的关系,主要通过税收体现。这是指企业按税法规定向国家缴纳税金,以及企业购买国库券等形式的经济关系。

(4)企业与其他单位之间的经济关系。主要包括企业与企业之间相互提供产品或劳务而形成的资金结算关系,以及企业之间由于横向经济联合而形成的合作关系,主要体现在企业之间的分工协作和经济利益关系。

(5)企业内部的经济关系。一是指企业内部各部门、各单位之间的经济关系。企业对不同来源和不同性质的资金,因分别使用和管理,而形成的基本经济活动同企业基本建设、福利事业单位之间,以及各有关部门之间相互提供产品和劳务,进行资金结算而形成的部门之间的经济关系;二是指企业与职工之间的经济关系,主要体现了企业和职工在劳动成果上的分配关系。

然而,现代企业更强调资本运营。资本运营相对于资产经营来说,是一种全新的企业经营理念。它强调将资金、劳动力、土地、技术等一切生产要素,通过市场机制进行优化配置,即将一切资源、生产要素在资金最大化增值的目标下,进行结构优化。资本运营的实现形式是多种多样的,包括实业资本运营、金融资本运营及产权资本运营等。企业在经营过程中,可选用适当的资本运营方式，如并购、租赁等产权重组，盘活沉淀、闲置、利用率低下的资产存量，使资产得到优化组合和有效运用，最大限度地实现资产的价值增值。

企业经营资产管理，具体表现为对固定资产、流动资产、无形资产、递延资产及对外投资的管理上。

二、固定资金管理

（一）固定资金的特点

固定资金，是垫支在主要劳动资料上的资金，其实物形态表现为固定资产。例如，房屋及建筑物、机器设备、运输设备、工具器具等。农业企业生产能力的大小通常是由固定资产的多少，以及它的技术状况和先进程度所决定的。在实际生产经营活动中，作为固定资产的劳动资料，一般应同时具备两个条件，一是使用年限长；二是单位价值在规定的价值以上。凡是不同时具备这两个条件的劳动资料，均作为低值易耗品，列入流动资产，以便进行分类管理。

在生产经营过程中，固定资金的周转具有以下特点。

1. 循环周期长

固定资产在生产经营中能较长时间地使用，逐渐损耗，其价值分次转移到产品成本和费用中去，不改变其实物形态。

2. 一次性投资，分次收回

固定资产的投资是一次性进行的，而在使用过程中损耗的价值以提取折旧的方式分次收回。

3. 价值补偿和实物更新可以分离

固定资产的价值补偿，是通过提取折旧费而逐步完成的；固定资产实物更新，则是在其物质寿命或技术寿命、经济寿命终结时，利用平均积累的资金来实现。

（二）固定资产分类和计价

1. 固定资产的分类

由于固定资产种类较多，因此为了加强管理，必须对固定资产进行合理分类。

(1)按固定资产的经济用途可分为：经营性固定资产；非经营性固定资产。这种分类有助于研究固定资产的构成，确定固定资产的需要量及根据固定资产的性质分别进行管理。

(2)按固定资产的使用情况可分为：使用中的固定资产；未使用的固定资产；不需用的固定资产。这种分类有利于正确计算固定资产的折旧和固定资产占用费，挖掘固定资产的潜力，达到物尽其用。

(3)按产权归属可分为：自有固定资产；接受投资固定资产；租入固定资产。这种分类可以反映和监督固定资产的来源情况，正确计提固定资产折旧。

2. 固定资产的计价

固定资产的计价是指以货币形式，对固定资产进行计量。合理计价是核算固定资产和计提折旧的依据，通常采用三种计价标准。

(1)原始价值(简称原值),指企业在购置或建造某项固定资产时所实际支出的货币总额。它综合反映了企业拥有固定资产的价值总量。具体包括购价或造价、运杂费、安装费、应收费等。按原始价值计价,要力求准确地反映企业固定资产的原始价值。

(2)折余价值(又称净值),指固定资产原值减去固定资产累计折旧后的余额,它反映固定资产的现有价值。通过固定资产的原值和净值的比较,可以考察固定资产的新旧程度。

(3)重置价值,指按当时的生产技术条件和市场情况,重新购进或生产该项固定资产的全部支出。一般是在企业获得无法查明原始价值的固定资产时,采取重置完全价值作为计价标准。

(三)固定资产折旧

固定资产折旧,是指固定资产在使用过程中因磨损而转移到产品成本中去的那部分价值。通过折旧提留的那部分资金称为折旧基金,它是企业自有资金的重要来源。加强固定资产折旧的管理可以正确地计算产品成本、费用和利润,有利于固定资产及时更新;有利于掌握固定资金的增减变化和实际占用情况;有利于企业根据科学技术发展情况,确定适当提高折旧率的时机,以缩短折旧年限,加快企业技术装备的更新速度。

1. 固定资产折旧的计算方法

(1)平均年限法,即直线法,这是按固定资产使用年限平均分摊折旧额的一种折旧提取方法。其计算公式为:

$$\text{固定资产年折旧额}=\frac{\text{原始价值}-(\text{预计残值}-\text{预计清理费用})}{\text{预计使用年限}}$$

(2)工作量法,即按固定资产从投产使用到报废期间预计能完成的工作量计算折旧。其计算公式如下:

单位工作量折旧额=(固定资产原值-预计残值+预计清理费用)÷预计使用期间全部工作量

某项固定资产年折旧额=该项固定资产年工作量×单位工作量折旧额

现行财务制度规定,净残值一般按固定资产原值的3%~5%确定。

(3)加速折旧法,即加速固定资产计提折旧的方法。它包括双倍余额递减法、年数总和法等。采用加速折旧法,可以使固定资产在使用前期多提折旧,在使用后期少提折旧,整个折旧期的折旧费呈逐年递减趋势,从而可以使固定资产的原始成本能在有效使用期内尽早摊入成本。适当地采用加速折旧法是当前经济发展的一种客观需要。

2. 固定资产的无形损耗

固定资产磨损分为物质磨损(有形损耗)和精神磨损(无形损耗)两种。有形损耗是指固定资产在生产过程中,由于使用和自然力的影响而引起的使用价值与价值的损失。减少这种磨损的主要措施是提高固定资产的利用率,有计划地做好固定资产的维修保养工作。

无形损耗是指机械设备等固定资产,由于科学技术进步和社会劳动生产率提高而引起的贬值。具体有两种情况:一是由于社会劳动生产率提高,使性能和结构相同的机器设备的生产费用和价格降低,而引起的原有固定资产发生的贬值:二是由于技术进步出现新的效率更高的技术设备,使原有的机械设备提前退出使用而带来的价值损耗。固定资产的无形损耗是在商品生产条件下,因科学技术的不断进步而发生的一种必然的经济现象。

农业企业的首要问题是建立和健全补偿固定资产有形损耗的折旧制度。同时，为了适应科技日益发展的新趋势，一些技术装备程度较高的乡镇企业等涉农企业，也必须考虑由于新的先进技术装备的应用和推广，而使原有的机器设备提前退出所发生的无形损耗这一因素，适当地提高折旧率，以保证固定资产必要的提前更新。

三、流动资金管理

（一）流动资金的特点与分类

流动资金，是指垫支在劳动对象上的资金和用于支付劳动报酬及其他费用的资金。它只在一个生产周期内发生作用，其价值在生产过程中一次性全部转移到产品成本中去，并随着产品的销售，从销售收入中得到补偿，并可以在一年或超过一年的一个营业期内换成现金或运用的资产。

农业企业的流动资金是由储备资金、生产资金、成品资金、货币资金等组成。储备资金是指为进行生产而储备的各种材料和物质所占有的资金；生产资金是指在生产过程中所占有的资金；成品资金是指已经入库的产品所占用的资金；货币资金是指现有的银行存款和现金。

1. 流动资金的特点

(1)流动性。流动资金在企业生产经营过程中，沿着供应、生产、销售三个阶段的固定次序，不断地由一种形态转化为另一种形态，从一个阶段过渡到另一个阶段，依次继起，循环往复。

(2)并存性。在企业的再生产过程中，流动资金总是同时以各种不同的形态，并列地存在于周转运动的每个阶段。即在时间上是继起的(连续的)，在空间上是并存的。

(3)波动性。企业流动资金在各个时期的占用量都不是固定不变的，它是随着供应、生产、销售三个条件的变化和经营的好坏而波动，时多时少，时高时低。

(4)增值性。流动资金在循环周转中，可以得到自身耗费的补偿，并实现一定的增值。在利润率一定的条件下，资金周转越快，增值就越多。

流动性，表明流动资金周转中的动态规律性；并存性，是从流动资金的动态与静态的联系中，说明资金各组成部分的内在关系；波动性，反映了流动资金在周转过程中占用数量的变化规律；增值性，综合反映了企业供、产、销各活动和各项管理工作的质量和效率。所以，加强流动资金的管理具有重要意义。

2. 流动资金的分类

(1)按其在生产经营过程中变现能力不同，可分为存货资产和速动资产。存货资产，是指企业在生产经营过程中为销售、生产而耗用所储备的资产。其包括：储备的原材料、低值易耗品等；在生产过程中的在产品、半成品及中间产品；待销售的商品、产成品。与这三部分相对应的资金形态，称为储备资金、生产资金和成品资金。

速动资产，是指生产经营过程中能迅速变现的资产。其包括：货币资产如现金、银行存款、银行汇票、银行本票等；各种应收款、预付款和待摊费用等；企业利用闲置资金进行的短期投资，如购买各种能随时变现的有价证券等。与这三部分相对应的资金形态，称为货币资金、结算资金和短期投资。

(2)按其在生产经营过程中所执行的职能,可以分为生产性流动资金和流通性流动资金,如图 4-1 所示。

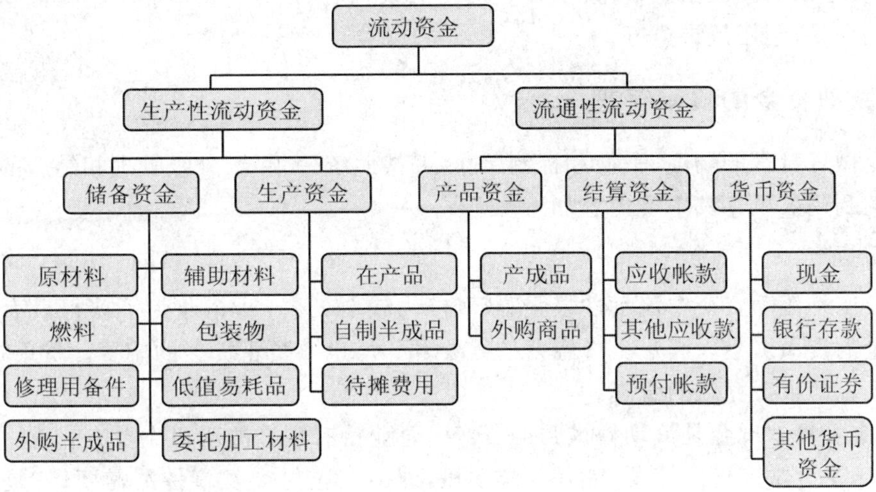

图 4-1 企业流动资金分类

(二)流动资金的循环与周转

农业企业生产经营不断进行的过程,也就是流动资金不断循环与周转的过程。流动资金在生产经营的各个阶段,表现为不同的形态。它先从货币形态开始,通过供应、生产、销售三个阶段,依次转化着自己的形态,最后又回到货币形态,这就是流动资金的循环。流动资金周而复始地不断循环,称为流动资金周转。

农业企业流动资金的循环与周转,如图 4-2 所示。

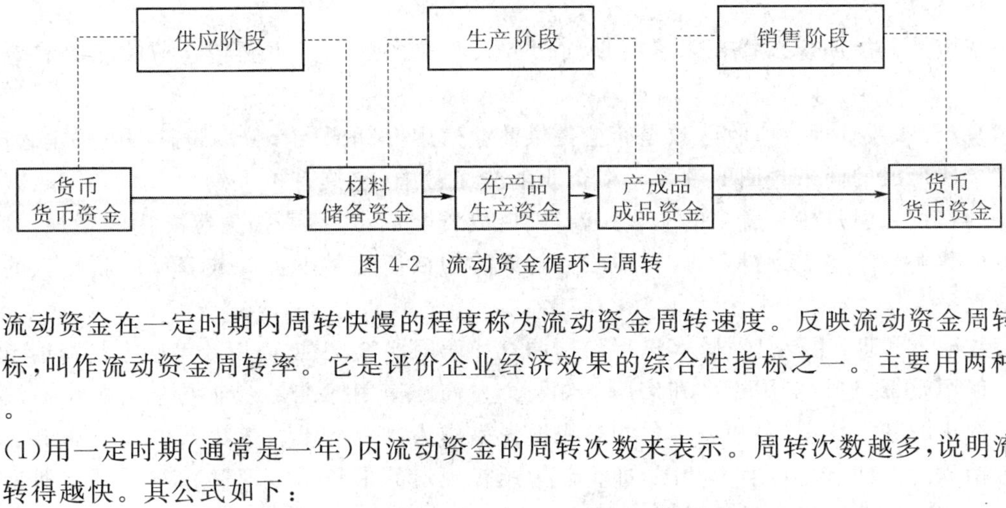

图 4-2 流动资金循环与周转

流动资金在一定时期内周转快慢的程度称为流动资金周转速度。反映流动资金周转速度的指标,叫作流动资金周转率。它是评价企业经济效果的综合性指标之一。主要用两种方法表示。

(1)用一定时期(通常是一年)内流动资金的周转次数来表示。周转次数越多,说明流动资金周转得越快。其公式如下:

$$流动资金周转次数=\frac{销售收入总额}{流动资金平均占用额}$$

(2)用流动资金周转一次所需的天数表示。周转天数越少,说明流动资金周转得越快。其公式如下:

$$流动资金周转天数=\frac{360}{一年周转次数}$$

可见，资金的周转次数愈多，说明资金运动愈快，利用效果愈好；而资金周转天数愈少，说明资金运动愈快，利用效果愈好。

(三)流动资金的日常管理

主要是做好日常的调度、平衡和控制工作，并按照统一领导、分级管理相结合的原则，提高流动资金的利用效果。其主要内容如下。

1. 货币资产

货币资产是流动资产中流动性最强、获利能力较弱的资产，企业为了获得最大利润，必须有相当数量的货币资金以满足生产经营的需要，同时，也要防止资金的闲置。货币资产的管理主要是对现金和银行存款的管理。

(1)现金管理。现金是流动性最强的资产。企业持有现金的动机主要有三点：一是支付动机，即为了满足日常支付的需要；二是预防动机，即为了应付突发事件的需要；三是投机动机，即为了在股票等证券市场从事投机活动以获取收益的需要。企业持有现金过少，会影响企业的支付能力和信誉形象，影响资金周转；而企业持有现金过多，则会增大财务风险，降低企业的收益。现金管理的目的在于保证生产经营所需现金的同时，节约使用资金，并合理地从暂时闲置的现金中获得更多的利息收入。现金管理的基本内容，包括规定现金的使用范围、库存限额和建立严格的内部控制制度。

(2)银行存款管理。主要表现为如何保持银行存款的合理水平，以使企业既能将多余的货币资金投入到有较高回报的其他投资方向，又能在企业急需资金时，获得足够的现金。为此，企业应加速货款回收，严格控制支出，力求做到货币资金的流入与流出同步。

2. 债权资产

债权资产是指债权人将在未来时期向债务人收取的款项。主要包括应收账款和应收票据等。

(1)应收账款管理。应收账款是企业提供商业信用，采取赊销、分期付款等方式销售产品，提供劳务所形成的尚未收回的款项。在企业生产经营中，它具有扩大销售、增加利润、减少产品存货的作用。但是持有过多的应收账款，则造成资金成本、坏账损失等费用的增加。因此，企业对应收账款的垫支或投资，应按照收益与风险的权衡结果来提高或降低应收账款的垫支或投资水平。

应收账款管理，主要是对顾客进行信用调查和信用评价，根据信用政策确定是否给予货款赊欠。信用政策，包括信用标准和信用条件两个方面。信用标准是企业同意向顾客提供商业信用而提出的基本要求，一般以预付的坏账损失率作为判别标准。信用条件即企业要求顾客支付赊销款的条件，包括：信用期限，即企业为顾客规定的最长付款时间；折扣期限，即为顾客规定的可享受现金折扣的付款时间；现金折扣，即顾客付款时给予的优惠。对顾客进行信用评估，常用的方法是，5C 评估法，即重点分析影响信用的 5 个因素，包括品德(Character)、能力(Capacity)、资本(Capital)、抵押品(Collateral)、条件(Condition)，通过这 5 个因素基本上可以判断顾客的信用状况。此外还有信用评分法等。

(2)应收票据管理。应收票据一般包括期票和汇票。期票是指债务人向债权人签发的,在预定日期无条件支付一定金额的债务凭证。汇票是指由债权人签发(或由付款人自己签发),由付款人按约定付款期限,向持票人或第三者无条件支付一定款项的凭证。企业为了弥补无法收回应收账款而发生的坏账损失,应建立和健全“坏账准备金制度”。

3. 存货资产

企业保持一定数量的存货,一方面是为了保证生产经营能够连续正常进行,另一方面也会为此负担一定的成本费用,包括采购成本、定货成本、储存成本,以及缺货成本等。存货资产管理的主要目的,是使存货的效益与成本达到最优化,即以最低的成本提供企业生产经营所需的存货。因此,企业应加强存货的日常管理,健全各项规章制度,如科学地制订存货资金使用计划、实行对存货的归口控制、分级管理等。

(四)流动资金的利用效果

1. 考核流动资金利用效果的指标

考核流动资金的利用效果,除了前面对周转速度分析外,还要将资金占用额与它所完成的总产值、净产值、纯收入或利润等进行比较。通常用以下指标表示。

(1)流动资金周转率。它反映流动资金的周转速度。

(2)流动资金产值率。常用每百元流动资金所提供的产值来表示。其计算公式如下:

$$\text{百元流动资金提供的产值}=\frac{\text{年总产值}}{\text{年流动资金平均占用额}}\times 100\%$$

流动资金产值率反映资金占用同生产成果的关系。流动资金周转越快,每百元流动资金所提供的产值越多,则说明流动资金的利用效果越好。

(3)流动资金利润率。常用每百元流动资金所实现的利润来表示。其计算公式如下:

$$\text{百元流动资金实现的利润}=\frac{\text{年利润总额}}{\text{年流动资金平均占用额}}\times 100\%$$

流动资金利润率具有很强的综合性,流动资金周转越快,每百元流动资金所实现的利润越多,则说明流动资金的利用效果越好。

2. 提高流动资金利用率的途径

(1)合理确定企业生产结构,提高产品的数量和质量,增加收入。

(2)改进生产技术和组织管理,尽可能缩短生产周期。

(3)科学制定各种物资消耗定额,节约生产开支,减少在产品资金占用。

(4)改善生产资料供应和产品销售工作,缩短资金在流通领域的时间。

(5)加强贷款的计划性,合理使用信贷资金,避免资金积压和增加不必要的利息支出。

(6)及时办理结算、收回欠款,降低结算资金占用额等。

第四节 物质资源管理

物质资源管理,是对企业生产过程中物流的管理活动。具体是指,通过对物质资源的决策、计划、供应、利用、控制，充分发挥物质资源的效能，以提高企业经营成果的全部活动和过程。它是企业经营管理的重要组成部分。

一、物质资源管理概述

物质资源有狭义与广义之分。广义的物质资源是物质资料的总称，包括生产资料和生活资料。狭义的物质资源，是指企业在生产经营活动中所利用的生产资料，即在企业的生产经营活动中被当作劳动手段和劳动对象利用的一切物质资料，包括设备、原料、主要材料、辅助材料、燃料、工具、零配件和其他低值易耗品等。本节所讲的物质资源是指狭义的物质资源。

(一)物质资源管理的任务

农业企业的物资运动，是沿着投入→生产→产出的轨道而运行的，相应的表现为物资采购→储存→消耗→再采购的物流循环周转，从而推动企业生产经营活动的运行。其中任何一个环节中断、脱节都会影响生产经营过程的顺利进行。农业生产的季节性，形成了其物资消耗的季节性。因此农业企业的物质资源管理比工业企业，更具有复杂性和特殊性。物质资源管理的主要任务，可归纳为供应、保管、使用这三个方面。

1. 组织物资供应

根据企业生产的实际需要，按品种、规格、质量、期限，合理地组织物资供应，以保证企业生产的正常运转。

2. 加强物资管理

做好物资库存管理，科学地制定物资储备定额，建立和健全物资的入库、保管、出库、盘点和核算管理制度，防止物资损坏、变质，最大限度地减少库存损耗，从而提高物资周转速度。

3. 合理使用物资

做好物资的计划平衡，制定合理的物资消耗定额，搞好物资调度和物资综合利用，降低单位产品的物资消耗，从而提高物资的使用效率。

(二)物质资源的分类

由于农业企业的物质资源种类繁多，各具不同的特点，因而在管理上各有不同的要求。对物质资源进行适当的分类，有利于对物质资源的科学管理。分类是以特定的标志为条件的，农业企业的物质资源，一般根据下列五种标志进行分类。

1. 来源

按来源可分为自产物资和外购物资。自产物资是指本企业自己生产留用的各种物资；外购物资是指企业用货币从市场上购买的物资。这有利于编制物资供应计划，组织好物资的供应，满足企业生产的需要。

2. 自然属性

按自然属性可分为有生命的物资和无生命的物资。有生命的物资是指具有生物性物资，如种子、种苗、种蛋、种畜禽等；无生命的物资是指非生物性物资，如机械、设备、化肥、农药等。这突出了农业生产的特殊性，有利于物质资源的分类管理。

3. 用途

按用途可分为生产用物资和非生产用物资。生产用物资是指企业直接为生产产品进行作业活动而使用的物质资源;非生产用物资是指进行基建、管理、科学研究所使用的物资。这有利于对物资进行专项预算、控制和使用,防止相互挤占。

4. 作用

(1)主要原料,指采掘业、农业所提供的用于生产和加工的初级产品。

(2)主要材料,指经过一定程度加工,并构成产品实体的原料。

(3)辅助材料,指在生产中虽不构成产品实体,但有助于产品形成所必须消耗的材料。

(4)燃料,指用于生产、运输动力和调节温度等方面的油料、煤炭、液化气等。

(5)小型工具,指用于生产过程的小型农具、量具等。

(6)零配件,指机械设备和中小农具修理所需要的各种备品配件。

这有利于企业制定科学的物资消耗定额,计算各种物资的需要量和储备量,并为核定资金定额提供依据。

5. 储备情况

按储备情况可分为正常储备物资和超储积压物资。这有利于库存控制,及时购买储备不足的物资,处理超储积压的物资。

二、物资管理

物资是企业流动资产的主要组成部分,是企业进行生产经营活动的重要条件。加强物资的管理与利用,是降低产品成本、加速资金周转、实行增产节约、提高物质资源利用效果的客观要求。

(一)物资定额管理

1. 物资消耗定额

物资消耗定额是指在一定的生产技术和组织条件下,生产单位产品或者完成单位工作量的物资消耗数量标准。它是编制物资供应计划、组织物资采购、合理使用物资的依据。

(1)影响物资消耗定额的因素。

影响物资消耗定额的因素很多,即使是同一产品、同种设备,在不同的企业和地区,其消耗定额也往往不同。一般有以下几方面:①企业员工素质,指他们的业务技术水平、劳动熟练程度和劳动态度等;②生产技术条件,指生产装备和技术水平等;③自然环境条件,指气候、季节等条件对物资消耗定额的影响等;④物资质量状况,指物资的质量、规格、型号是否与其生产需要相适应等;⑤企业管理水平,指企业管理人员素质、生产工艺流程的划分、作用质量的监控手段等,对物资消耗定额的影响。

(2)制定物资消耗定额的方法。

科学地物资消耗定额,应具有技术上的先进性和经济上的合理性。所谓技术上的先进性,是指物资消耗定额符合产品先进技术规范要求,有利于提高产品的数量和质量;所谓经济上的合理性,是指该定额能够提高物资的利用率和企业经营效益。

制定物资消耗定额的方法通常有以下三种：①经验估计法，是根据长期的生产经验确定物资消耗定额的一种方法；②统计分析法，是根据以往某种物资实际消耗量的记载资料，计算出先进的平均水平，并按照变化了的情况，确定物资消耗定额的一种方法；③技术计算法，是在一定的生产技术和组织条件下，按照农艺、工艺的要求，通过分析、设计、测定和计算，来确定物资消耗定额的一种方法。

以上方法，各有其优缺点，在实际工作中应根据具体情况来选用。

农业企业的物资消耗定额，通常是按主要材料、辅助材料、燃料、动力、工具和零配件等分类制订的。

2. 物资储备定额

物资储备定额，是指在一定的生产技术和组织条件下，为保证生产的正常进行，所必需的、经济合理的物资储备数量标准。物资储备定额既是正确组织物资供应、合理控制物资库存量的基础，也是核定流动资金、确定仓库面积、储存设备的数量和配备仓库管理人员的依据。按其在生产中的作用，可分为经常储备定额、保险储备定额和季节性储备定额。

(1)物资储备定额的制定。

1)经常储备定额的制定。经常储备定额是指两批物资供应间隔期内，为满足正常生产需要而确定的物资储备量。其计算公式为：

经常储备定额＝物资的平均日耗量×供应间隔日数

供应间隔日数＝供应或采购日数＋在途日数＋整理与准备日数

2)保险储备定额的制定。保险储备定额是为了预防物资供应误期、品种规格不符合要求和发生严重的自然灾害等原因，影响正常生产而确定的物资储备量。其计算公式为：

保险储备定额＝保险储备日数×物资的平均日耗量

由于保险储备是在供应过程出现意外时才使用的，事先很难准确核定保险储备日数，因此，一般是通过统计资料，求得平均误期日期和临时订货所需日数等方法，以确定保险储备日数。

3)季节性储备定额的制定。季节性储备定额是适应物资消耗和供应的季节性而确定的物资储备量。其计算公式为：

季节性储备定额＝季节性储备日数×物资的平均日耗量

(2)物资储备量的控制。

每种物资储备定额都有其最高储备量和最低储备量。以上三种储备定额之和或前两种之和，即为物资最高储备量，超过最高储备量的部分就是超储物资，应立即处理，减少积压，避免浪费。保险储备定额是物资储备的最低限额，当物资储备低于此限额时，企业应立即组织采购，以免缺料停产。正常情况下，经常性消耗物资的储备量总是在最高限额和最低限额之间变动。物资储备的控制，如图 4-3 所示。认识物资储备量变化的规律，才能对物资储备量进行有效地控制。

图 4-3 表明，如果是批量进货，陆续消耗的物资，库存量则显锯齿形的变化。当该物资第一批入库时，储备量达最高限度，随着生产的耗用，储备量逐渐下降到最低限度，此时，正该第二批采购物资入库，如此循环往复。

物资储备量控制的目的是掌握物资储备量的变化动态，适时适量地采购物资，既能保证生产的需要，又不产生超储积压。储备量控制的基本方法有两种：一是定量库存控制法；二是定期库存控制法。

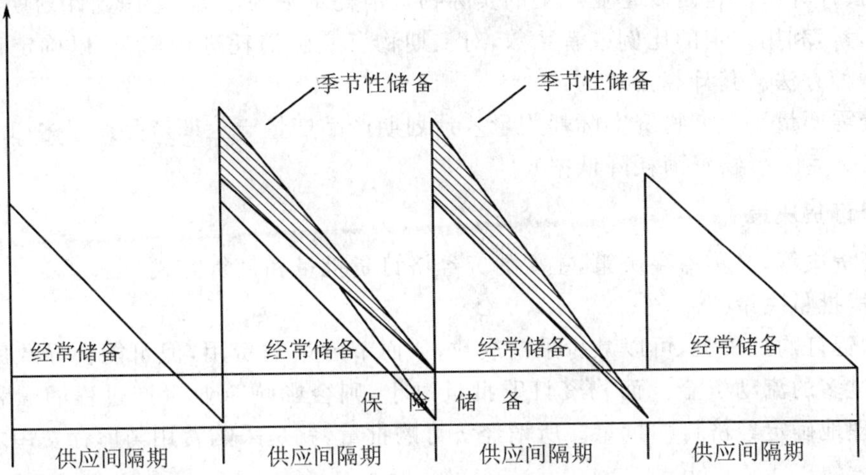

图 4-3 物资储备分类控制

(二)物资供应管理

1. 物资供应计划

物资供应计划,是计划期内企业对各种物资所需数量和供应量,及其平衡的一种安排。通常用“物资平衡表”和“物资采购供应计划表”来反映。具体内容详见表 4-2 和表 4-3。

表 4-2 物资平衡表

序号	物资种类	规格	计量单位	需要量				供应量				平衡量		备注
				生产	基建	期末库存	合计	期初库存	自产	采购	合计	余 +	缺 −	

表 4-3 物资采购供应计划表

序号	物资名称	规格质量	计量单位	数量	单价	金额	各季度需求量				备注
							1	2	3	4	

在物资供应计划所列的各项指标中,最重要的是“需求量”的测算。物资需求量的测算可用以下两种方式。

(1)直接计算法(又称定额计算法)。它是直接根据物资消耗定额和生产任务,计算物资需要量的一种方法。其计算公式为:

某种物资需要量＝计划产量×物资消耗定额×(1＋物资损耗率)

(2)间接计算法。这是以企业历史的实际物资消耗水平为依据，考虑到计划期物资消耗的变动影响因素，利用一定的比例或者系数，对上期物资实际消耗进行修正，以确定计划期物资需要量的一种方法。其计算公式为：

某种物资需要量＝上期物资实际耗用量×计划期产品产量÷上期产品产量×(1－计划期物资消耗降低率)

2. 物资订货决策

物资订货决策，又称库存决策，主要研究经济订货批量和订货方式。

(1)订货批量决策。

虽然物资订购批量大，可以减少采购次数，从而节省采购费用，但可能会导致库存物资的积压，占用过多的流动资金。而物资订购批量过小，则会影响企业生产过程的顺利进行。因此，必须合理地确定经济订购批量。所谓经济订购批量，就是采购费用与库存费用之和最小时的采购批量。

影响经济订购批量的主要因素有三个。①采购费用，是指在采购、订货过程中发生的除物资价款以外的全部费用。包括采购人员的差旅费、通讯费、物资的搬运、验收入库，以及有关跟踪订单系统的成本费用等。采购费用与采购次数成正比，与每次采购数量成反比。②库存费用，是指物资在仓库保管期间所发生的全部费用。包括物资占用资金的机会成本、存储设施的成本、搬运费、保险费、折旧费、仓库管理费、物资储备中的损耗费等。库存费用与每次采购数量成正比，与采购次数成反比。③总费用，即物资的采购费用与库存费用之和。三者的关系，如图 4-4 所示。

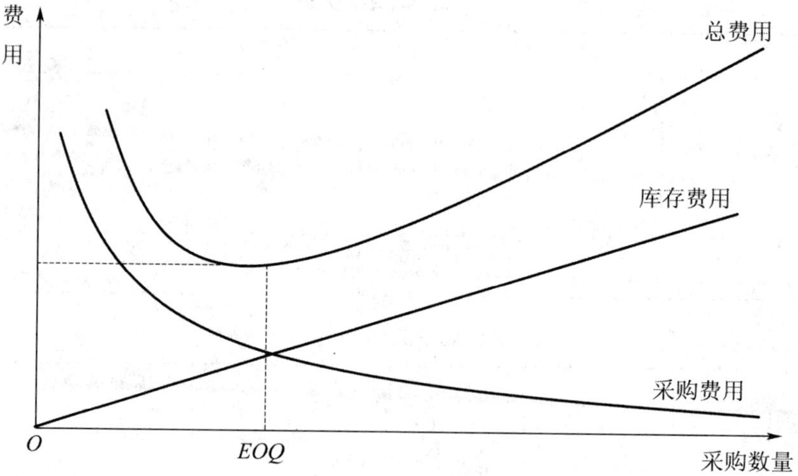

图 4-4　经济采购批量

从图 4-4 中可以看出，采购费用随采购批量的变化成反方向变化，库存费用与采购批量同方向变化。采购费用曲线与库存费用曲线的交点，是购储总费用最小。与这个交点相对的采购批量就是经济采购批量(EOQ)。

经济订购批量模式。主要有以下三种。

1)理想的经济订购批量。即不考虑缺货、数量折扣等问题的经济订购批量。其库存物资的年总费用(TC)＝采购成本＋订货成本＋仓库保管费用，即：

$$TC = DP + \frac{DC}{Q} + \frac{QK}{2}$$

若使 TC 最小，将上式对 Q 求导，令其等于 0，则得到经济订购批量 EOQ 的计算公式为：

$$EOQ = \sqrt{\frac{2CD}{K}} \text{或} \sqrt{\frac{2CD}{PF}}$$

式中：D 表示某物品的年需求量(件/年)；P 表示单位采购成本(元/件)；C 表示单位订货成本(元/次)；Q 表示每次订货批量(件)；K，PF 表示单位库存平均年保管费用(元/件年)；F 表示单件库存保管费用与单件库存采购成本之比。

2)允许缺货的经济订购批量。在实际生产经营活动中，由于订货到达时间或物资日耗量不可能稳定不变，因此有时会出现缺货现象。允许缺货的经济批量是指采购费、保管费和缺货费最小时总费用最小的批量，其计算公式如下：

$$EOQ = \sqrt{\frac{2C_3D}{C_1}} \times \sqrt{\frac{C_1 + C_2}{C_2}}$$

式中：C_1 表示保管费用；C_2 表示缺货费用；C_3 表示采购费；D 表示需求量。

3)有数量折扣的经济订购批量。除了考虑缺货费用以外，还应考虑由于批量不同而带来的在采购价格、运输价格等方面的差异。

考虑采购数量折扣的经济批量。为鼓励买方大批量购买，供应商在订购数量超过一定量时便会提供优惠的价格。在这种情况下，买方就要进行计算，以确定是否要增加订货量来获得折扣。

(2)订货方式决策。

物资采购有定期订货和定量订货两种方式。

1)定量订货法(订货点法)。这是批量固定、日期不同的订货方法。订货点是从提出订货到入库这一期间，所需要的最低限度物资库存量。订货点库存量的计算公式为：

订货点库存量＝保险储备量＋平均日需要量×平均订货所需日数

2)定期订货法(又称定期盘点法)，即每隔一固定的时间即进行订货。订货时间固定，每次订货批量不确定。采用定期订货法，关键是要预先掌握每隔时期内订货点的库存量。其计算公式为：

定期订货量＝经常储备定额＋保险储备定额－实际库存量

上述两种方法各有利弊，企业应根据实际情况加以选用。

(三)物资库存管理

1. ABC 分类法原理

由于农业企业所需的物资品种繁多，各种物资的资金占用比例差异很大，因此采用恰当的方法进行分类，对于搞好企业的物资管理是十分必要的。ABC 分类法，是意大利经济学家帕累托(Pareto)提出的“关键的少数和次要的多数”原理。即根据单价高低、用量大小、资金占用、采购难易等条件，将库存物资划分为 A、B、C 三类，分别采取不同的管理方式，并以 A 类物资为管理重点。举例说明。

某食品加工企业仓库物资共计 2 000 种，其资金占用总额 10 000 元，按 ABC 分类法，划分的结果，如表 4-4 所示。

表 4-4　ABC 物资分类统计表

物资分类	品种数	所占比率/%	累计比率/%	资金占用额/元	所占比率/%	累计比率/%
A	180	9	9	7 500	75	75
B	400	20	29	1 700	17	92
C	1 420	71	100	800	8	100
合计	2 000	100	—	10 000	100	—

根据表 4-4 资料，绘制 ABC 物资分类图。制图要点如下。

(1)以物资累计数量比率为横坐标，累计价值比率为纵坐标。

(2)根据需要量依次计算需要量累计及累计比率。

(3)根据价值量依次计算价值量累计及累计比率。

(4)根据表 4-4 提供的数据，在坐标上确定三点，绘出帕累托曲线，如图 4-5 所示。

2. 各类物资的控制方法

从图 4-5 中可看出：A 类物资，其品种少，资金占用量大，是企业的重点物资，应按品种实施管理，严格控制库存量。一般采用定期订货方式，使库存量尽可能地低，在库时间尽可能的短，以提高资金周转率。

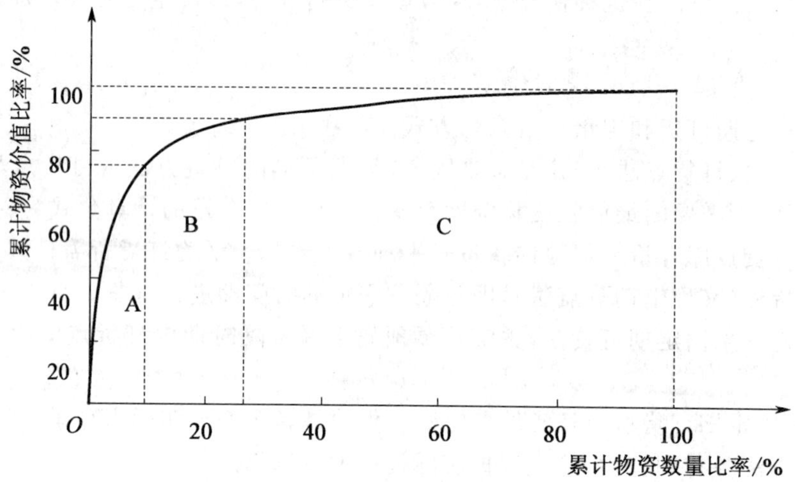

图 4-5　ABC 物资分类帕累托曲线

C 类物资，品种多，资金占用量小，属于价值比较低的一般物资，宜采用定量订货或者金额控制方式。即订购量固定不变，而订货的周期长短是变化的，当库存量下降到一定的数量时，就按最优订购批量订货，以保证生产需要。

B 类物资，介于上述两类物资之间，属于次主要物资，可按类别进行适当控制，采用定期订货和定量订货相结合的方式，定期检查库存量，按订货点的要求订货。

(四)物资利用经济效果考核

物资在生产过程的形态变化及周转过程中所形成的物流，是物资先由流通形态进入生产储备形态，经生产投入进入到在产品形态，形成产成品，再由产品出售，购入新的物资，形成物资周转。提高物资利用经济效果，则需根据物资周转过程的形态、特点，采取有效措施。一是控制生产投入过程，节约物资消耗，提高物资消耗的效果；二是进行物资合理储备，提高物资占用的效果；三是物资合理采购、运输，减少损耗，保证供应，提高物资利用效果。

物资利用经济效果考核，是以物资利用经济效果理论分析为基础，以指标形式表述其效果和评价。物资利用经济效果考核指标具体有：

(1)物资利用率。在正常情况下，物资利用率的高低，能表明计划供应与生产实际相结合的紧密程度。其计算公式为：

$$\text{物资利用率}=\frac{\text{实际消耗的物资}}{\text{实际采购的物资}}\times 100\%$$

(2)物资(资金)周转速度。物资(资金)在一年内周转的次数越多，每周转一次所需要的时间越少，表明物资利用越充分，经济效益越好。其计算公式为：

$$\text{物资(资金)年周转次数}=\frac{\text{全年物资消耗量(金额)}}{\text{年平均库存物资(金额)}}$$

$$\text{物资(资金)周转期(天数)}=\frac{365\text{天}}{\text{物资(资金)年周转次数}}$$

(3)物资损耗率。是反映运输和保管质量的指标。计算公式为：

$$\text{物资运输损耗率}=\frac{\text{托运数量}-\text{实收数量}}{\text{托运数量}}\times 100\%$$

$$\text{物资库存损耗率}=\frac{\text{期初库存量}+\text{入库量}-\text{出库量}-\text{期末库存量}}{\text{期初库存量}+\text{入库量}}\times 100\%$$

对库存损耗的物资要作具体分析，有些存在自然损耗的物资，其损耗不得超过国家规定的标准。

(4)主要原材料占用产量或产值率。是用物资利用形成的最终产品成果来表示物资利用的综合经济效果指标。其计算公式为：

$$\text{主要原材料占用产量或产值率}=\frac{\text{某产品产量(或产值)}}{\text{某原材料库存平均占用额}}\times 100\%$$

思考题

1. 什么是人力资源？如何正确地预测企业人力资源的需求与供给？
2. 你认为企业应如何激励员工，提高员工工作效率？
3. 什么是土地资源？土地资源管理应遵循哪些原则？
4. 什么是土地集约经营？土地集约经营有何意义？
5. 农业企业应如何合理高效利用土地资源？
6. 简述企业资金运动过程。
7. 什么是固定资产折旧？快速折旧有何意义？
8. 什么是流动资金的循环与周转？如何加快农业企业流动资金的周转？
9. 企业如何制订物资储备定额？如何确定经济订购批量？
10. 简述企业库存物资的 ABC 分类管理法。

案例分析 1

资源循环利用,变废为宝

天山网伊宁讯(记者朱凯莉报道)6 月 26 日下午,记者随天山环保行检查组来到伊宁市检查时了解到,部分企业通过采用环保新工艺,不仅实现污染物减排,还为企业带来了良好的经济效益。

伊犁安琪酵母有限公司总经理郑念介绍说,在处理前,这里的工业废水呈酱油一样的深褐色,COD 即化学需氧量的浓度很高。目前,公司采用的是生物发酵行业环保处理技术,利用清水、污水分流处理法,不但能净化污水,还可以变废为宝、生产有机肥料,效益增收率达 21%以上,经过处理 COD 浓度在 100 左右。由于采用了国际先进技术,高浓度的 COD 的污水经过蒸发浓缩、喷粉,提取成有机肥料或饲料,而低浓度的再经过一个 IC 厌氧处理、深度氧化处理,最后排到污水处理厂。

在伊犁安琪酵母有限公司的污水处理终端,记者看到淡黄色的水被排出。伊宁市环保局局长杨波告诉记者,经过这样处理的工业废水已经达到了 COD 浓度 500 以下的三级污水排放标准,再经过污水处理厂的二次净化,就不会对环境造成污染。

除了在污水处理中采用新工艺外,安琪酵母公司的生产方式也体现了综合利用资源、发展循环经济的理念。他们以糖厂难以处理的废糖蜜为原料,通过生物发酵、酵母分离提纯,生产出高附加值的活性干酵母,用作食品加工、生物饲料添加剂等。目前,该公司已具备年产两万吨的酵母及 8 000 吨酵母提取物产品的生产能力,并实施余热、余压热电工程项目及废水中有机物提取的环保改造项目等,实现资源的循环综合利用。2009 年,实现销售收入 4.68 亿元。

问题讨论:

1. 环境脆弱地区如何实现经济效益、生态效益和社会效益的统一?
2. 伊犁安琪酵母伊犁有限公司的经验带给我们的启示是什么?

案例分析 2

米吉提·斯拉木带领乡亲科学种田

米吉提·斯拉木是新疆阿克苏地区新和县新和镇的一位爱国宗教人士,多年来,他坚持科学种田、科学管理,成为远近闻名的种田能手和富裕户。2010 年 5 月 21 日,记者在他套种红枣的棉花地里见到了他。

"我当时抱着试一试的想法去学习科学种田,没想到科学真的很神奇,以前一年一两万元的收入竟然变成了现在的十万多元。"一见面,米吉提·斯拉木就兴奋地对记者说。从 1993 年开始,他就不断刻苦学习各种致富技能。通过不懈努力,他的资金已从 1995 年的 5 万元上涨到 2000 年的 50 万元。

2001 年,米吉提·斯拉木种植了 100 亩棉花,他按照传统方式种植,结果种出的棉花只长"个头",不长棉桃,他百思不得其解。后来,通过参加乡里农技站举办的棉花种植培训班。从此以后,他种植的棉花严格按照科学管理,年年获得丰收。今年,他在棉花地里套种红枣,不仅提高了土地利用率,还可增加收入。到目前为止,他的固定资产已达 120 万元,他种植的 100

亩棉花地也成了科技示范地。

米吉提·斯拉木常说:“自己富不算富,要带领和帮助一批贫困人员脱贫致富,走共同富裕之路。”他深知作为一名宗教人士,自己的言行影响着周围的群众。他利用各种机会,向乡亲们传授科学种田的好处,他还摸索出一套简便易学的农田管理技术,在田间地头向群众推广示范,并得到了大家的响应,为新疆阿克苏社会稳定和经济发展作出了积极贡献。

(资料来源:天山网,2010 年 6 月 12 日)

问题讨论:

1.农业科学技术对提高农业生产要素利用率有何作用?

2.农民技术培训的意义是什么?

第五章　农业经营项目选择

本章导读

农业企业的经营项目选择是农业企业经营管理的重要问题。本章将主要介绍农业项目的概念、特点，农业项目投资的内容，以及农业经营项目的选择与组合等内容。通过本章的学习，重点了解农业项目选择的重要性；理解农业项目选择与组合的原则；掌握农业经营项目选择的方法。

第一节　农业项目选择基础

一、农业项目的概念

在农业扩大再生产过程中，任何投资都应该事先计划并以具体项目的形式来执行。农业投资是指为农业扩大再生产（改善生产条件，提高生产能力）而投入的全部资源，它是在原来基础上的增量投入，包括追加的人力、物力、财力和科技等资源。这种投资有来自农民个人的，也有来自国家和农村集体经济组织的，还有来自国际的投资。除农民个人的投资以外，其他来源的投资规模较大、范围较广、投资量较多，常常以项目投资的形式出现。比如黄淮海黑龙港地区改造盐碱地项目的投资；江西改造丘陵红壤地项目的投资；宁夏西吉营造防护林项目的投资；北方草原和畜牧发展项目的投资；北京郊区开辟和发展淡水养殖项目的投资；中国西南扶贫项目等。

世界银行在其所编《世界银行项目管理》一书中将"项目"一词定义为："所谓项目（Project），一般是指同一性质的投资（如设有发电厂和输电线路的水坝），或同一部门内一系列有关的或相同的投资，或不同部门的一系列投资（如城市项目中市区的住房、交通和供水等）。"这一定义的表述，意旨项目为一种投资的经济行为。

J. P. 吉廷格先生在为世界银行经济发展学院项目管理培训编写的教材《农业项目的经济分析》中，将农业项目定义为企业运用各种资源以获得利润的全部复杂活动。农业项目被看成是一种运用资金以形成固定资产，再由它们在一段时期内提供效益的投资活动。

而我国不少学者对此的定义是：农业项目一般是指农业基本建设项目。它不同于农业的简单再生产，而是指在农业部门中，为扩大农、林、牧、渔业长久性的生产规模，提高其生产能力和生产水平，形成新的固定资产的经济活动。

在经济实践活动中，农业项目的范围远远突破了上述定义的范围和内容。比如一项旨在提高人们科学文化技术水平的人员培训项目，它虽然不形成任何有形的固定资产，但它对提高农业再生产能力，获得更多的利润有很大的作用，是农业项目中的重要内容。

综上所述，可以说农业项目是通过增加人、财、物和科技的投入，改善生产条件，增加生产手段，提高综合生产能力，并在预定的时间和空间范围内实现预期效益的一种扩大再生产的经济行为。

二、农业项目的特点

1. 农业项目的综合性强

与工业项目相比较，农业项目与周围的自然条件、生态环境联系更为紧密。常常是一业为主多种经营，植物、动物、微生物生产相互结合，农林牧副渔同时并举，能取得更好的经济效果。因此，农业企业投资评估中，既要注意一个农业项目的独立性，又要考虑该农业项目与其他方面的关系，注意到它的综合性。

2. 农业项目受资源的限制性比较强

尤其是土地，它是生产中不可代替、不可增量、不可搬移的重要生产资料，有许多项目受此限制。尤其在我国人多地少的情况下，任何一项农业项目的投资评估都要特别重视土地资源的经济有效利用。

3. 农业项目效益具有较大的不稳定性

农业再生产过程是经济再生产与自然再生产相互交织进行的过程，生产主要受自然因素影响，尤其是气候因素变化的影响较大，因此农业项目投资的效果往往带有较大的不稳定性。

4. 农业项目投资时效性差异大

有的农业项目投资见效较慢、时间较长，如大型的水土保持项目投资，就要在一段相当长的时期内才能显出效果，然而它对于农业扩大再生产具有长效的作用，是造福子孙后代的投资行为。也有的农业项目的投资见效较快，如农产品加工项目的投资，可以当年见效。因此在农业项目投资评估中要注意农业项目具有投资长效性和速效性同时并存的特点，不可因某些农业项目投资的回收期长而加以否定。

5. 农业项目投资与千千万万的农民利益紧密相关

许多农业项目的参加者是分散而独立经营的农户，这就增加了农业项目投资的复杂性与重要性。在农业项目投资评估中，既要注意项目投资能给农民带来真正的利益，又要注意项目投资给国民经济带来的效益。

三、农业企业项目选择的依据

农业企业经营项目选择既要考虑企业外部环境，又要分析企业内部条件。

1. 企业外部环境

企业应根据国民经济发展规划、国家产业政策、企业主管部门的指导性计划和企业定购合同确定农业企业项目的范围。当前，国家正在逐步完善农产品质量安全体系和检验检测体系，并出台市场准入制度，发展优质、专用、无公害农产品已成为农业企业适应国内需求变化，提高国际市场竞争和提高企业素质、效益的关键。农业企业应按照国家产业政策的调整，在产业政策调整的大方向范围内结合自身生产条件确定农业企业经营项目范围和领域。

2. 企业内部条件

企业应充分考虑自身拥有的实力状况，重点要结合所具备的人力素质、生产技术能力、财务状况、销售能力、经营管理能力、新产品开发能力、市场占有率、市场覆盖率等情况来确定经营项目。同时，要突出技术创新，加快企业技术进步。企业应根据自身技术发展水平、发展条件和本行业产品技术发展趋势，确定经营项目的升级能力。要结合企业的机器设备和工具状况进行更新改造；按照工艺发展动态有计划、有步骤地进行生产工艺改进；依据生产成本的大小进行能源和原材料的改造，从而推动企业技术进步，为经营项目优化升级提供技术支撑。

3. 企业资源条件

企业应根据所处的自然资源和经济资源优势，确定企业经营项目的市场优势。由于各农业企业在国内各区域之间存在着农业生产所依赖的农业自然资源和社会资源呈现明显的差异性，依据比较利益理论和要素禀赋理论来指导经营项目选择将具有重要意义。企业进行经营项目选择要充分考虑自然、社会、技术资源状况，使资源得到充分利用，才能充分发挥产品的市场竞争优势。自然资源包括大气、土地、水域、生物、农用能源与矿物等。社会资源主要包括农村人口、劳动力资源、经济地理位置与交通运输条件；工业、城镇条件；农业技术资源与技术装备设施；市场经济及经济管理和农业科技等信息资源；农业生产和农村经济原有基础的水平和条件；农业资金条件等。

4. 企业产品市场需求状况

应结合企业发展战略和经营目标，依据产品市场供求状况、产品价格、市场环境和生产要素的来源及流动的可行性，确定经营项目的方向。要高度重视产品市场引力作用，重点考察企业资金利用率，销售增长率，市场容量，产品在国计民生中的重要程度，产品寿命周期，企业竞争实力等要素。在产品市场引力可能达到的情况下，还要考虑其他社会化服务条件，按照市场需求变化及时调整产品生产方向，以确保产品有稳定的市场销路。

第二节　农业主导项目选择

一、农业经营项目的分类

按照各经营项目在农业生产中的地位和作用可分为三类。

1. 主导项目

主导项目是指占用农业生产中的土地、劳动力等生产资料较多，在农业生产销售收入和利润收入中占绝对比重，并主要体现农业生产经营方向的项目。

2. 补充项目

补充项目是指为了保证主导项目的正常进行，充分利用当地的自然和经济资源或主导项目的副产品而设立的经营项目。

3. 辅助项目

辅助项目是指不直接生产产品，只为主导项目和补充项目提供必要的生产经营条件和服务的项目。

二、农业主导项目选择的原则

1. 资源优势原则

农业主导项目选择要从本地区、本单位的实际出发，充分利用本地区自然、经济、技术等方面的潜力和有利条件，注重结合农业生产企业生产规模、市场区位、环境质量，以及本企业拥有的资金、技术、人才等优势，选择和确定技术先进、商品率高、经济效益显著的产品项目，合理调整产品生产结构，以扬长避短，趋利避害，把地区与企业潜在的资源优势转变为企业经济优势，从而提高企业的劳动生产率，降低经营成本、增加收益。

2. 区位优势原则

由于农业生产经营行业不同，所处地域不同，靠近市场的远近不同，获取经济效益的能力不同。因此，农业主导项目要注重依托地理区位优势，发展各具特色的产业、产品，逐步形成特色规模和专业化生产经营，进而开拓产品市场。比如，处于粮棉主产区的农业企业生产基础较好，具有发展粮、棉、油等大宗产品生产的明显优势；处于大城市郊区的农业企业市场区位优势明显，应大力发展集生产、生态、文化、观光、教育等功能于一体的现代化都市农业；处于生态脆弱区的农业企业具备发展特色农产品、草地畜牧业和生态渔业的优势，应加快发展优质棉花、糖料、水果、蔬菜、花卉、中药材、牧草、烟叶、茶叶、蚕桑和水产品等具有传统优势的产品。

3. 科技创新原则

农业生产的根本出路是科技创新。只有通过科技应用，才能提高农业主导项目的质量和安全性，增加产品的花色品种和附加值，降低生产成本，扩大产品的市场占有率。运用新兴实用农业技术改变传统的耕作和种养方式，发展水、地资源节约型和环保型的新型农产品；充分把握住国家良种繁育、产品检验、病虫害防治等技术培训和推广的机遇，搞好农业生产者科技培训，提高科技文化素质，加快推进企业技术进步；积极主动与大专院校、科研机构联系，及时引进最新农业科研成果和项目，提高企业产品科技含量。

4. 市场导向原则

农业主导项目选择必须适应市场供求变化，以市场需求变化为导向，立足市场多样化、优质化的需求，着眼国内外市场，突出区域特色，选择市场前景广阔、生产潜力大的产业和产品，调整产品结构适应市场需求，将产品调整的突破口放在拓展国际市场和提高产品的市场竞争力上。改劣质农产品为优质产品，减少普通产品，增加特色产品，压缩过剩产品发展短缺产品，靠品种、品牌打开国际、国内两个市场；靠科技发展特色、拳头产品，实现产销对接，物畅其流。同时，要按照“以销定产”原则，按照有无销路来确定调整产品种类，按销量的大小确定产品产量，否则将可能造成产品积压，资金周转困难，甚至生产中断。

三、主导项目选择的方法

主导项目应是满足社会市场需求，能有效地利用本企业资源优势，经济效益最佳的项目，并且应尽可能地符合经营风险较小，经营灵活性较大的要求。

下面，将介绍主导项目选择的方法。

(一)资源优势与市场需求耦合法

资源优势分析是选择调整项目的内在依据，只有最有效的利用本单位的资源优势，才能实现产出最优、成本较低。据此画出资源优势产品圈，找出本单位最适于生产的产品有哪些，市场需求产品和资源优势产品两者相重合处就是调整产品的选择空间。资源优势产品而非市场需求产品，或者市场需求产品而非资源优势产品，都不应该成为本单位的主导产品项目，如图5-1所示。

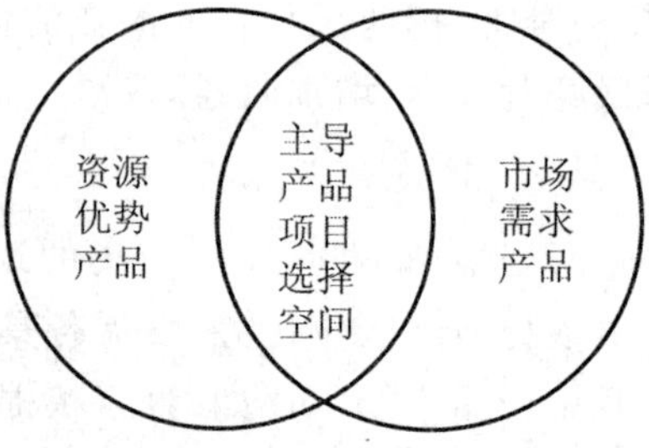

图 5-1　资源优势与市场需求耦合

(二)项目经济效益分析

在界定主导项目选择空间后，还需要运用经济效益分析法加以选优。通常是在估算产品项目投资额、经营成本、经营收益的基础上，计算投资利润率、投资回收期等项指标，选出投资报酬率高、投资回收期短者作为调整的产品项目。对于投资与经营期限较长的产品项目，必须计算资金时间价值，借助净现值，内部收益率等指标进行评价，选出净现值大、内部收益率高的作为主导项目。

1. 投资回收期与投资利润率计算

(1)投资回收期，是指回收初始投资所需要的时间。其计算公式如下：

$$投资回收期(年)=初始投资总额\div每年净现金流量$$

投资回收期越短，投资方案越好。

(2)投资利润率，是指项目的年利润总额与总投资的比率。其计算公式如下：

$$投资利润率=\frac{年利润总额或年平均利润总额}{项目总投资}\times100\%$$

式中：

$$年利润总额=年产品销售收入-年产品销售税金及附加-年总成本费用$$

$$项目总投资=固定资产投资+投资方向调节税+建设期利息+流动资金$$

计算出的投资利润率应与行业的标准投资利润率或行业的平均投资利润率进行比较，若大于(或等于)标准投资利润率或平均投资利润率，则认为此项目是可以考虑接受的，否则不可行。

2. 净现值与内部收益率的计算

(1)净现值是指投资项目投入使用后的净现金流量，按资金成本率或企业要求达到的投资报酬率折算为现值，再减去初始投资总额之后的余额。其计算公式如下：

$$NPV=\sum_{t=0}^{n}\frac{NCF_t}{(1+K)^t}-C$$

式中：NPV 表示净现值；NCF_t 表示第 t 年的净现金流量；K 表示贴现率(资金成本或企业要求的报酬率)；n 表示项目预计使用年数；C 表示初始投资总额。

净现值还有另外一种表述方法，即净现值是从投资开始到项目寿命终结时，所有一切现金流量(包括现金流出和现金流入)按一定贴现率折算成现值之和。其计算公式如下：

$$NPV=\sum_{t=0}^{n}\frac{(CI-CO)_t}{(1+K)^t}$$

式中：CI 表示现金流入量；CO 表示现金流出量；$(CI-CO)_t$ 表示第 t 年的净现金流量。

如果计算的净现值结果为正值，说明该投资方案的投资报酬率大于贴现率，项目有盈余，投资是有利的，可以采纳；如果为负值，则投资计划无盈余，方案有待改进或不可取。在几个投资方案供比较选择时，净现值为正值，且越大，说明项目经济效益越高。

(2)内部收益率，是投资项目以现值为基础计算的投资报酬率。通常是指投资项目在使用期内的净现值等于初始投资额时的贴现率，或者投资项目在建设期和使用期内的净现值(NPV)等于零时的贴现率。其计算公式如下：

$$\sum_{t=0}^{n}\frac{NCF_t}{(1+R)^t}-C=0$$

式中：R 表示内部收益率。其计算方法是通过反复测算，找到净现值由正到负并且接近于零的两个邻近的贴现率，然后用插值法计算出内部收益率。其计算公式如下：

$$R=R_1+[V_1\times(R_2-R_1)]/(V_1-V_2)$$

式中：R 表示内部收益率；R_1 表示净现值为正数时的贴现率；R_2 表示净现值为负数时的贴现率；V_1 表示贴现率为 R_1 时的净现值；V_2 表示贴现率为 R_2 时的净现值。

在投资决策中，如果计算出的内部收益率大于企业的资金成本或预期的投资报酬率，则说明投资有利，方案可以采纳；反之则拒绝。在比较选择几个不同的方案时，应该选择内部收益率超过资金成本或预期投资报酬率最多的投资方案。

(三)项目的风险性分析

由于上述分析尚未考虑不确定性因素带来的风险，因此还必须对备选经营项目进行风险性分析。

一是不确定型或风险型分析，依据决策者掌握信息的程度，对备选经营项目进行不确定型决策或风险型决策。

二是风险强度分析，风险强度是指不确定性因素导致经营盈亏波动的程度，波动度大表示风险强度大。通常用标准离差率来衡量，其计算公式为：

$$标准离差率=标准离差(S)/期望值(E)$$

$$标准离差(S) = \sqrt{\sum_{i=1}^{n}(X_i - E)^2 P_i}$$

$$期望值(E) = \sum_{i=1}^{n} P_i X_i$$

式中：P_i 为第 i 种机遇条件发生的概率；X_i 为某种方案在第 i 种条件下的盈亏值。一般地说，在不同备选方案的期望值相近时，标准离差率小者为最优方案。

(四)项目灵活性分析

项目灵活性是指一种产品经营项目占用的资源转移到另一种经营项目的灵活度。灵活度大意味着占用的资源易于由亏损项目转移到盈利项目，由效益低的项目转移到效益高的项目，实现资源的合理配置，调整产品结构，适应市场变化。

项目灵活性分析的主要内容有以下几点。

一是时间灵活性，它与经营项目生产周期的长度成反比。生产周期长，即资源占用时间长，转移资源的难度大，时间灵活性小。例如，林木、果树的时间灵活性小于农作物；多年生农作物时间灵活性小于一年生农作物；大家畜的时间灵活性小于小家畜。

二是设备灵活性，它与设备专用化程度成反比，专用化程度越高，则移作他用的灵活性越小。某种经营项目占用专用设备多，占用固定资金多，导致固定成本增加，保本点产量增加，不利于依据市场需求下降而缩小生产规模；实行停产、转产时，专用设备因闲置而承担机会成本，占用的资金也难于转移到效益高的经营项目上。

三是产品的灵活性，它与产品收获期弹性，耐藏性成正比。一般来说，鲜活农产品的收获期弹性小，并且不耐储藏，应该及时收获销售，因而在销售价格、时间、空间、渠道等方面选择的灵活性小，容易遭受风险损失；收获期弹性大的产品(如苗木，立木)和耐储藏的产品的灵活性较大，可以在一定限度内调整收获或储藏时间，选择有利于以较高价格销售的产品，以减少市场风险损失。

第三节　农业经营项目的组合

一、生产项目间的关系

在综合化生产的农业内部，按照利用资源的不同方式，项目与项目之间关系分为相依、相辅、相成、相竞四种关系。

1. 相依关系

相依关系是指在生产过程中，项目与项目之间互相以对方的存在为前提的相互依赖关系。一种产品的生产、必须以另一种产品的生产为前提，离开了这种产品的生产，则另一种产品的生产就无法进行。主要表现在项目之间前后相互衔接，即前续项目的生产为后续项目的生产提供原料，而后续项目为前续项目提供产品销路。

2. 相辅关系

相辅关系是指一种项目的生产为另一种项目的生产提供某种生产要素或有利的条件，从而导致后一种产品产量随前一种产品产量的增加而增加。例如，豆科作物和禾本科作物轮作，可以增加土壤中的氮素营养和有机质，从而有效减少病虫害的发生；种植业为畜牧业提供饲料，畜牧业为种植提供厩肥和畜力；林果业为养蜂业提供花粉蜜源。利用项目之间的相辅关系，可以对生产项目进行合理配置和组合，提高企业资源和副产品的利用效率。

3. 相成关系

相成关系是指两种项目所利用的资源不同，或对同一种资源的利用时间不同，从而导致二者产品产量变化没有相互依存关系，减少一种产品的生产不会导致另一种产品生产的减少。例如，平原的种植业与丘陵岗地林果业。项目之间的相成关系，可以最大限度地利用资源，提高资源的利用效率。

4. 相竞关系

相竞关系是指项目之间竞相利用同一种资源，由此所产生的相互排挤现象，即增加一种产品的生产必然会导致另一种产品生产的减少。例如，生长季节相同的农作物（大豆、花生和大米等）之间等。了解项目之间的相竞关系，可促使企业在项目组合时，因地制定，利用比较利益和机会成本原则，妥善处理项目之间争土地、争劳力、争肥料、争机械、争资金的矛盾。

二、经营项目组合的原则

1. 最大最小原则

最大最小原则是指收益最大，成本最小。在相竞关系的项目组合时，企业可运用边际分析原理，如边际平衡原则、边际替代原则、边际均等报酬原则，分别求出一种资源的最佳投入量；两种项目竞用一种资源的最大收益的产量组合；两种或多种项目共用两种或多种资源的最大收益的产量组合，从而使项目组合成本最小，收益最大。

2. 要素平衡原则

要素平衡原则是指企业生产要素供给量既定的条件下，使生产要素在项目之间得到合理的分配。企业生产要素的平衡，有横向平衡和纵向平衡之分。所谓横向平衡，是指同一时间的不同项目，在不同空间，各种生产要素的需求量和供给量之间的数量平衡。例如，生长季节相同的农作物对土地资源的需求量，同一时期种、养、加等不同项目对资金的需求量等。所谓纵向平衡，是指在不同时期内的不同项目，各种生产要素的需求量和供给量之间的平衡。这种平衡主要体现在各种生产要素供需比例关系上。例如，不同农作物在不同时期对土地、劳力、资金、水、肥等的需求量和供给量之间的平衡；种、养、加项目之间的农畜产品及副产品与加工业所需原料之间的平衡等。

3. 加链增值原则

加链增值原则是指通过在生物的食物链或投入产出的生产链上，增加链环，促使物质多次或循环利用，产出新使用价值并实现价值增值。这一原则要求农业企业依据生态经济学原理，运用生态系统的物质循环和能量转化规律组合生产项目，以食物链加链增值和生产链加链增值方式，将生物产量转化为经济产量。

4. 生态平衡原则

这里所讲的生态平衡主要是指有利于人类的生态平衡，而不纯粹是自然界的生态平衡。农业企业生产就是要利用农业生物群体与农业自然环境，以及农业生物种群之间的相互作用，通过技术、经济措施，建立有利于维护生态平衡的项目，以改善农业生产系统的整体功能，同时尽可能地减少或消除环境污染。

三、项目组合选择程序

1. 收集产生的新项目，建立项目集合

项目组合选择的第一个主要内容是识别项目，确定这些项目是否与公司战略方向保持一致，即在进行更为深入分析计算之前，对项目进行初步识别。在建立项目集合时，需要收集常规的项目数据，包括项目的目标效益、费用成本、风险因素等。

2. 个体项目评价阶段

项目组合选择的第二个内容是针对初步建立的项目集合，对项目的各方面数据进行搜集和整理，构建个体项目评价指标体系。个体项目的优选评价及下一阶段项目组合优选模型的构建，是在完整的项目数据基础上进行的。对项目各方面数据进行搜集和整理，其中包括项目的目标效益、费用成本、风险因素、硬件、软件和人员等资源的需求数量，以及量化项目间的相互影响等。然后，列出项目的优先次序清单，终止与企业战略不一致、不满足基本衡量指标的项目。经过淘汰之后的剩余项目就够构成了下一阶段的备选项目集合。

3. 项目组合优选与调整阶段

虽然在个体项目评价阶段得出了项目执行的优先顺序，但是由于在评价过程中没有考虑企业的资源约束，以及项目之间的相似性和相关性，因此建立项目组合选择的数学模型时，要在企业资源能力方面充分考虑项目之间的相互影响，使求解模型得到最优项目组合并与企业战略目标保持一致。

4、项目实施与动态监控

根据项目组合优选模型确定的项目，在资源分配的基础上，启动项目进入实施阶段。由于在多个项目执行中，企业总有新项目投建和原有项目的完成，因此需要对项目及执行中的项目进行重新评价，及时终止对于企业没有意义的项目。项目组合调整就是企业在多项目管理过程中要对项目组合进行动态监测和管理，以保证企业利益价值的最大化。

思考题

1. 简述农业经营项目的概念与特点。
2. 农业企业主导项目的选择方法主要有哪些？
3. 简述农业企业经营项目的组合原则。
4. 请自行设计企业信息，模拟主导项目的选择过程。

5.举例说明农业企业主导项目选择及组合的重要性。

案例分析

农业经营项目选择——以新疆若羌县红枣产业为例

2009年9月20日,一场在新疆若羌县举行的红枣拍卖会创造了新纪录:一公斤金奖灰枣被拍卖到128万元的天价!

在过去,提起若羌,人们总会把它与偏远、贫困、落后联系在一起。长期以来,由于缺水少电、资金不足、交通不便、生态环境脆弱等困难,因此制约着若羌经济社会发展,一直是国家艰苦边远的五类地区。现如今,走进若羌,就像走进了一个"世外桃源",映入人们眼帘的是一片接一片的吐翠溢香的枣林,风摇花枝、枝嬉清风,四野飘香。该县独特的水土光热资源优势造就了其红枣极佳的品质,出产的红枣先后被评为"新疆农业十大名牌产品""中国红枣优质产品一等奖"等诸多荣誉称号。同时,该县也先后被授予"中国红枣产业龙头县""中国红枣之乡"等多项荣誉称号。目前,全县红枣种植规模已达14万亩,红枣收入已占农民人均纯收入的75%以上,红枣产业已成为若羌农村经济的主导产业,红枣树也真正成为了若羌农牧民群众增收致富的"摇钱树"。

若羌县农民过去种植梨、杏、桃、苹果等传统果树,由于管理粗放,产量和品质都不高,无法进行产业化生产。加之若羌县春季常有大风沙尘暴、倒春寒的袭扰,经常造成这些传统果树减产甚至绝收,农民损失惨重。

2001年经过县委、政府的深入细致的调查研究,科学地论证发展红枣可以充分利用若羌得天独厚的区位和光热资源优势,有效避开干旱、风沙灾害严重的劣势,同时也与国家、自治区调整农业产业结构相吻合,是解决若羌农民增收致富问题的最有效途径。

在红枣产业发展之初,由于农民受固守的传统思维束缚,农民群众和少数干部对发展红枣产业心有疑虑、出现了抵触情绪,有的甚至将刚刚种到地里的枣苗拔掉,更有甚者干脆把红枣苗放在院子里干晒后,再种在地里,以此来抵制。2001年4月7日,一场百年不遇的特大沙尘暴袭卷了若羌,一夜之间,传统果树梨花、杏花全部被吹掉,造成绝收,在人们欲哭无泪的时候,大家惊奇地发现,红枣依然在沉睡,没有受到丝毫的伤害,而红枣开花在5月到7月,自然躲过了若羌风灾严重的季节。痛定思痛,人们更加坚定了若羌发展红枣产业的决心。

在红枣产业发展过程中,科技人员以严谨扎实的作风,精心编撰了通俗易懂的《若羌红枣栽培技术规程》等技术资料,并积极指导农民按照农业"四化"要求,认真开展红枣定植、修剪等管护工作,使广大农民看到了希望,种植红枣的积极性不断高涨,红枣产业的发展也由以往农民在田边地角零星种植转变为现在的"好田好地种好枣"的大面积整装栽植的格局。

截至2009年,若羌县各乡镇建设23个四级红枣高产示范园,其中州级示范园1个,县级示范园2个,乡级示范园4个,村级示范园16个和2个优质红枣示范园。示范园总面积达6 975.9亩,其中优质示范园6 126.1亩,四级示范园849.8亩。

在推进红枣产业过程中,若羌县高度重视发展与红枣产业相关联的养蜂产业,积极制定优惠政策,鼓励养蜂人落户若羌,实行枣园放蜂。目前已引进养蜂专业户8家,蜜蜂1000余箱,年产枣花蜜20吨。若羌楼兰枣花蜜口感醇香，绿色无污染，具有较好的食疗保健作用，深受消费者的喜爱。

扎实推进红枣产业发展战略，使若羌面貌发生翻天覆地的变化，枣业富民进程的加快推进，不但有效地解决了“三农”难题，而且极大地促进了全县政治稳定和社会和谐。如今红枣产业已成为了若羌各族农牧民增收致富的“绿色银行”。

问题讨论：

1.新疆若羌县红枣产业发展成功的奥秘是什么？

2.如何选择农业经营项目？

第六章　农业经营预测与决策

本章导读

在企业经营过程中会遇到种种问题，正确的经营预测与决策对农业企业发展至关重要。本章将主要介绍经营预测与决策的重要性、经营预测与决策的程序与方法等内容。通过本章的学习，重点要了解农业企业预测与决策的重要性；理解农业企业经营预测与决策的程序；掌握农业企业经营预测与决策的方法。

第一节　经营预测

一、经营预测的概念

预测就是人们利用已经掌握的信息和手段，预先推知和判断事物未来或未知状况的结果。预测由五个要素组成，人（预测者）、信息（预测依据）、手段（预测方法）、事物未来或未知状况（预测对象）、预先推知和判断（预测结果）。

经营预测是人们利用已经掌握的企业经营活动的历史、现状等有关信息和逻辑推理、模型运算等手段，预先推知和判断企业未来发展的状况和趋势。

二、经营预测的作用

经营预测是企业展望未来、做出决策、编制计划，以及进行经营管理的重要依据。经营预测是否及时、正确，直接关系到一个企业的生存和发展。其主要作用有：

1. 经营预测是做出经营决策的依据

企业经营的成败，各项管理职能作用的发展，在很大程度上取决于决策是否及时、正确。影响企业经营决策的因素有很多，如企业内部的条件，社会经济发展的趋势，市场需求的变化，科学技术发展的动向等。除了企业本身的历史和现状以外，掌握其他因素，都有赖于预测，预测是决策科学化的前提。

2. 经营预测是编制和执行经营计划的重要工具

农业企业的生产经营活动是有计划进行的。经营计划是企业对未来生产经营活动在时间和空间上的安排和部署，而经营预测则从未来，许多未知的不确定因素中研究各种可能性，减少生产经营的盲目性，增加对未来的预见性和适应能力。在编制和执行计划的过程中，利用经营预测，对未来不确定因素作出合理评估，有利于使需要与可能结合起来，使经营计划同市场需求相适应，能正确指导企业的经营活动。

3. 经营预测可以推动企业新产品的开发，增强企业的竞争能力

企业的生产经营活动只有经过产品销售才能完成，而产品的社会需求量和需求结构是不断变化的。企业经常进行经营预测，掌握购买力增长的趋势和消费需求的变化，了解本企业产品所处的寿命周期、竞争能力和新产品的开发方向，就能主动地、适时地组织新产品生产，进行技术和产品的换代更新，增强本企业产品在市场上的竞争能力。

4. 经营预测是企业改善经营管理的手段

"凡事预则立，不预则废"。随着市场经济的发展，企业的服务对象相应增多，企业与外界的联系日益广泛，只有通过经营预测，掌握外部因素的变化和发展趋势，才能提高企业的适应能力，从而提高企业经营管理水平。

三、经营预测的原则

1. 实事求是的原则

要从实际出发调查研究，使预测所依据的数据切实可靠，要按照事物本身发展变化的规律，科学地选择和应用预测方法，反对随心所欲地胡乱猜测。

2. 相关性原则

国民经济是一个有机整体，各个部门和各个企业之间的关系，表现为互为市场、互为条件、互相制约的关系。由于任何一个部门和企业的发展，都要有其他部门和企业的协调配合，同时也制约着其他部门和企业的发展，而且这种关系还表现为一定量的比例关系。因此，预测必须遵循相关性原则，从某一现象的数量变化中推导出与之相联系的另一现象的未来状况，得到合乎实际的结果。

3. 连贯性原则

生产经营活动总是在原有基础上发展起来的。今天企业的规模和状况，是昨天企业的规模和状况的反映。今昔之间尽管有种种差异，但终究有其相通的方面，这就是生产经营活动的连贯性。只有分析、研究企业过去的经营状况与目前的经营状况的关系，才能对企业未来的状况作出比较准确的预测。

四、经营预测的程序

由于预测的目标、对象、期限、精度、成本和技术力量等不同，因此预测所采用的方法、资料数据收集也有所不同。

1. 确定预测目标

明确预测的具体目标，是为了抓住重点，避免盲目性，提高预测工作的效率。例如，预测某种商品的需求量，就是一个具体的预测目标。只有确定了这个目标之后，才能为搜集市场商情资料，选择预测方案，配备技术力量和预算所需费用指明方向。只有根据企业经营活动的需要，制订预测工作计划、编制预算、调配力量、组织实施，才能以较少费用取得满意的预测结果。

2. 搜集资料

资料是预测的依据，有了充分的资料，才能为市场预测提供可靠的数据。搜集有关资料是进行市场预测重要的基础工作，如果某些预测方法所需的资料无法搜集或搜集的成本过高，即便有理想的预测方法也无法应用。广泛收集影响预测对象的一切资料，注意资料的真实性和可靠性，并剔除偶然性因素造成的不正常情况，是定量预测模型的基础条件。

3. 选择预测方法与建立预测模型

虽然经营预测的方法很多，但并不是每个预测方法都适合所有被预测的问题。预测方法选用是否得当，将直接影响预测的精确性和可靠性。根据预测的目的、费用、时间、设备和人员等条件，选择合适的方法是预测成功的关键。对同一个预测目标，一般应同时采用两种以上的预测方法，以比较和鉴别预测结果的可信度。定量预测模型应该在满足预测要求的前提下，尽量简单、方便和实用。

4. 分析预测误差

预测是估计和推测，很难与实际情况百分之百吻合。预测模型又是简化了的数学模型，不可能包罗影响预测对象的所有因素，出现误差是不可避免的。产生误差的原因，一种可能是收集的资料有遗漏和篡改或预测方法本身有缺陷；另一种可能是工作中的处理方法失当，工作人员的偏好影响等。因此，每次预测实施后，要利用数学模型计算的理论预测值，与过去同期实际观察值相比较，计算出预测误差，估计其可信度。同时，还要分析各种数学模型所产生误差的大小，以便对各种预测模型作出改进或取舍。误差分析往往同选择预测方法结合进行。

以上几个预测步骤是相互密切联系的，在先后顺序上有时也可交叉进行。市场调研人员应当根据预测的目的要求和实际工作进程灵活掌握。

5. 编写预测报告

预测报告是对预测工作的总结，也是向预测结果的使用者作出的汇报。预测结果出来之后，要及时编写预测报告。报告的内容除了应列出预测结果外，一般还应包括资料的搜集与处理、选用的预测模型及对预测模型的检验、对预测结果的评价（包括修正预测结果的理由和修正的方法），以及其他需要说明的问题等。预测报告的表述，应尽可能利用统计图表及数据，做到形象直观、准确可靠。

五、经营预测方法——定性预测方法

（一）定性预测方法概述

依靠预测者的专门知识和经验，来分析判断事物未来发展的趋势，称为定性预测。它要求在充分利用已知信息的基础上，发挥预测者的主观判断力。定性预测适合预测那些模糊的、无法计量的社会经济现象，并通常由预测者集体来进行。集体预测是定性预测的重要内容，能集中众人的智慧，从而克服个人的主观片面性。

在实际工作中，由于影响市场发展的因素错综复杂，资料难以数量化，甚至根本不可能用数量指标表示。比如，一定时间内市场形势的发展变化情况，国家某项政策出台对消费倾向、市场前景的影响，我国加入世界贸易组织后对我国企业的利弊影响等。这种情况下的预测，一般只能采用定性预测方法。另外，企业经营活动中的分析经营环境、制定战略规划、技术开发或新产品研制等，往往也只能采用定性预测方法。定性预测要求预测者具有从事预测活动的经验，同时要善于收集信息、积累数据资料，只有尊重客观实际，避免主观臆断，才能取得良好的预测效果。

定性预测方法简便，易于掌握，而且时间快，省费用，因此得到广泛采用。特别是进行多因素综合分析时，采用定性预测方法，效果更加显著。由于定性预测方法缺乏数量分析，主观因素的作用较大，预测的准确度难免会受到影响。因此，在采用定性预测方法时，应尽可能结合定量分析方法，使预测过程更科学，预测结果更准确。

(二)定性预测法的应用

1. 个人判断预测法

个人判断预测法就是凭借预测者个人的经验和智慧进行分析判断的预测方法。首先调查各方面的意见，经过分析利弊，权衡轻重，然后作出预测。虽然这种方法比较简便易行，能够充分利用个人的创造能力，但相应的也易受到个人的知识面、知识深度、占有资料的多少等因素的限制，难免会有片面性。所以，预测者应认真调查学习，对各方面实际情况了解透彻，这样作出的预测才会比较符合实际。

2. 集合意见法

集合意见法，就是邀请与预测对象有关的人员和专家参加会议、共同商讨，从而作出预测的方法。这种方法农业企业很容易做到，且参加者对所要预测的问题都有一定的经验、专业知识和较丰富的第一手资料，通过相互启发，可以弥补个人意见的不足，并可以产生创造性意见。但是，集合意见法也存在不足之处，如易屈服于权威或大多数人的意见，易受劝说性的影响，以及不愿意轻易改变自己已经发表的意见等。

3. 特尔菲法

特尔菲法的应用始于美国兰德公司，在国外颇为流行。它以匿名的方式通过几轮函询征求专家们的预测意见，预测组织者对每一轮意见都进行汇总整理，作为参考资料再寄发给每位专家，供他们分析判断，提出新的预测意见和结果。如此反复几次，专家们的预测意见渐趋一致，预测结论的可靠性就越大。

特尔菲法具有三大特点：①匿名性，专家用书面形式回答预测问题，不必写名字；②反馈性，通过多轮反馈沟通信息；③统计性，即对每次的反馈信息都要进行统计处理。

特尔菲法主要用于技术发展、重大工程项目、重要经济问题、长远规划、产业结构调整等问题的预测研究。预测的组织程序如下。

特尔菲法进行预测的步骤。

(1)做好准备。准备好已搜集到的有关资料，拟定向专家小组提出的问题(问题要提得明确)。

(2)请专家作出初步判断。在做好准备的基础上,邀请有关专家成立专家小组,将书面问题寄发各专家(如有其他资料,也随同寄发),请他们在互不通气的情况下,对所咨询的问题作出自己的初次书面分析判断,按规定期限寄回。

(3)请专家修改初次判断。为使专家集思广益,对收到各专家寄回的第一次书面分析判断意见加以综合后,归纳出几种不同判断,并请身份类似的专家予以文字说明和评论,再以书面形式寄发各专家,请他们以与第一次同样的方式,比较自己与别人的不同意见,修改第一次的判断,作出第二次分析判断,按期寄回。如此反复修改多次,直到各专家对自己的判断意见比较固定,不再修改时为止。在一般情形下,经过三次反馈,即经过初次判断和两次修改,就可以使判断意见趋于稳定。

(4)确定预测值。即在专家小组比较稳定的判断意见的基础上,运用统计方法加以综合,最后作出市场预测结论。

六、经营预测方法——定量预测方法

(一)定量预测方法概述

定量预测,是指在收集充分数据资料的基础上,运用数学方法,有时还要结合计算机技术,对事物未来的发展趋势进行数量方面的估计与推测。定量预测方法有两个明显的特点:一是依靠实际观察数据,重视数据的作用和定量分析;二是建立数学模型作为定量预测的工具。随着统计方法、数学模型和计算机技术日益被更多的人所掌握,定量预测的运用会越来越大。

市场预测中的定量预测方法,是在分析影响市场供求变动因素的基础上,找出相关变量之间的因果关系,建立起数学模型,通过运算来得到预测结果。例如,设某种商品价格稳定,该商品销售额便由销售量决定。这时,销售量是自变量设为 X,销售额是因变量设为 y,它们之间用函数式表示为:$Y=f(X)$。这一函数式描述了这种商品在价格确定的条件下,销售额与销售量之间的相互关系及变化规律。如果变量之间的关系能被确定地描述,则称变量之间存在因果关系;如果变量之间的关系不能被确定地描述,就称变量间为相关关系。不论变量之间存在的是因果关系或是相关关系,都可采用定量分析方法进行预测。

定量预测方法的运用,要求有充分的历史资料;影响预测对象发展变化的因素相对稳定;能在预测对象的某一指标与其他相关指标的联系中找出规律性,并能以此作为依据建立数学模型。在实际工作中,由于社会经济现象错综复杂,不可能把所有变动因素都纳入数学模型;而有些数据难以取得或取得数据成本过高,会使定量预测方法的运用也存在一定的局限性。

(二)定量预测方法应用

1. 时间序列预测法

时间序列预测法是常用的预测方法。它是根据时间数列变动的趋势和程度,通过外延或类推来预测未来,亦称外推法。时词序列用于预测的理论依据是历史将延续到未来,即现象过去随时间而变化的趋势,也是该现象未来随时间而变化的趋势。

(1)移动平均法。

移动平均法是趋势变动分析的一种较简单的常用方法。该方法的基本思想和原理是,通过扩大原时间序列的时间间隔,并按一定的间隔长度逐期移动,分别计算出一系列移动平均数,这些平均数形成的新的时间序列对原时间序列的波动起到一定的修匀作用,削弱了原序列中短期偶然因素的影响,从而呈现出现象发展的变动趋势。该方法可以用来分析预测销售情况、库存、股价或其他趋势。该方法又可分为简单移动平均法和加权移动平均法两种。

1)简单移动平均法。它是直接用简单算术平均数作为移动平均趋势值的一种方法。

设移动间隔长度为 K,则移动平均数序列可以写为:

$$\overline{Y}_i=\frac{Y_i+Y_{i+1}+\cdots+Y_{i+k-1}}{K}$$

式中:$\overline{Y}_i$ 表示移动平均趋势值;K 表示大于 1 小于 n 的正整数。

例 6-1 某农业公司 2009 年前各月的销售额资料见表 6-1,分别计算 3 个月、5 个月的移动平均趋势值,并进行比较。

解:根据简单移动平均公式,当 $k=3$ 时,移动平均趋势值 $Y_1=31$;$k=5$ 时,$Y_1=34.4$,其余各期同理。

结果见表 6-1。

表 6-1 某农业公司 2009 年各月销售额 单位:万元

月份	实际销售额	趋势值($k=3$)	趋势值($k=5$)
1	28	—	—
2	30	31	—
3	35	34	34.4
4	37	38	37.6
5	42	41	41.4
6	44	45	44.0
7	49	47	46.6
8	48	49	48.6
9	50	50	52.4
10	52	55	58.0
11	63	64	—
12	77	—	—

2)加权移动平均预测法。这是在简单移动平均法的基础上给近期数据以较大的权数,给远期的数据以较小的权数,计算加权移动平均数作为下一期的移动平均趋势值的一种方法。公式为:

$$\overline{Y}_i=\frac{Y_i f_i+Y_{i+1}f_{i+1}+\cdots+Y_{i+k-1}f_{i+k-1}}{f_i+f_{i+1}+\cdots+f_{i+k-1}}$$

仍以表 6-1 中的已知数据为例,设 $k=3$,则

$$Y_1=\frac{28\times1+30\times2+35\times3}{6}=32.17$$

其余类推。

(2)指数平滑法。

指数平滑法是用过去时间数列值的加权平均数作为趋势值，它是加权移动平均法的一种特殊情形。其基本形式是根据本期的实际值 Y_t 和本期的趋势值 $\hat{Y}_t$，分别给以不同权数 α 和 $1-\alpha$，计算加权平均数作为下期的趋势值 $\hat{Y}_{t+1}$。基本指数平滑法模型如下：

$$\hat{Y}_{t+1}=\alpha Y_t+(1-\alpha)\hat{Y}_t$$

式中：$\hat{Y}_{t+1}$ 表示时间数列 $t+1$ 期趋势值；Y_t 表示时间数列 t 期的实际值；$\hat{Y}_t$ 表示时间数列 t 期的趋势值；α 为平滑系数（$0<\alpha<1$）。

若利用指数平滑法模型进行预测，从基本模型中可以看出，只需一个 t 期的实际值 Y_t，一个 t 期的趋势值 $\hat{Y}_t$ 和一个 α 值，所用数据量和计算量都很少，这是移动平均法所不能及的。

例 6-2 某公司 2008 年前 8 个月销售额资料见表 6-2，用指数平滑法进行长期趋势分析。已知 1 月份预测值为 150.8 万元，α 分别取 0.2 和 0.8。

表 6-2 某公司 2008 年各月销售额预测表 单位：万元

月份	实际销售额	一次指数平滑预测数	
		$\alpha=0.2$	$\alpha=0.8$
1	154	150.80	150.80
2	148	151.44	153.36
3	142	150.75	149.07
4	151	149.00	143.41
5	145	149.40	149.48
6	154	148.52	145.90
7	157	149.62	152.38
8	151	151.10	156.08
9	—	151.08	152.02

解：一次指数平滑法比较简单，但也有问题，从表 6-2 中也可看出，α 值和初始值的确定是关键，它们直接影响着趋势值误差的大小。通常对于 α 和初始值的确定可按以下方法。

选择 α，一个总的原则是使预测值与实际观察值之间的误差最小。从理论上讲，α 取 0～1 之间的任意数据均可。具体如何选择，要视时间序列的变化趋势而定。

当时间序列呈较稳定的水平趋势时，应取小一些，如 0.1～0.3，以减小修正幅度，同时各期观察值的权数差别不大，预测模型能包含更长时间序列的信息。

当时间序列波动较大时，宜选择居中的 α 值，如 0.4～0.6。

当时间序列波动很大，呈现明显且迅速的上升或下降趋势时，α 应取大些，如 0.7～0.9，以使预测模型灵敏度高些，能迅速跟上数据的变化。

在实际预测中，可取几个 α 值进行试算，比较预测误差，选择误差小的那个 α 值。

2. 因果预测法

经济活动中，任何经济现象的发生都有一定的原因，如施肥量与农作物收获量之间，劳动生产率与产品成本之间，收入与支出之间等，都有一定的相互关联。根据事物变化的原因，预测事物变化的结果，就是因果预测。

把事物变化的原因称为“自变量”，其结果称为“因变量”，而根据自变量来预测因变量的变化方向和程度，就是回归预测。

回归预测法，分为一元线性回归和多元线性回归。下面，仅就一元线性回归预测作简单介绍。

如果因变量(y)与某一个主要影响因素(自变量)之间存在较为密切的线性相关关系，则可用一元线性回归模型来描述它们之间的数量关系：

$$y=a+bx+e$$

一元线性回归方程的参数 a、b 计算公式为：

$$\begin{cases} b = \dfrac{n\sum xy - \sum x \sum y}{n\sum x^2 - (\sum x)^2} \\ a = \bar{y} - b\bar{x} \end{cases}$$

当 a、b 求出后，一元线性回归方程 $y_c=a+bx$ 便可确定了。

相关系数用 r 表示，它的基本公式为：

$$r = \frac{n\sum xy - \sum x \sum y}{\sqrt{n\sum x^2 - (\sum x)^2}\sqrt{n\sum y^2 - (\sum y)^2}}$$

相关系数的值介于 -1 与 $+1$ 之间，即 $-1 \leqslant r \leqslant +1$。其性质如下。

(1)当 $r>0$ 时，表示两变量正相关，$r<0$ 时，两变量为负相关。

(2)当 $|r|=1$ 时，表示两变量为完全线性相关，即为函数关系。

(3)当 $r=0$ 时，表示两变量间无线性相关关系。

(4)当 $0<|r|<1$ 时，表示两变量存在一定程度的线性相关。且 $|r|$ 越接近 1，两变量间线性关系越密切；$|r|$ 越接近于 0，表示两变量的线性相关越弱。

(5)一般可按三级划分：$|r|<0.4$ 为低度线性相关；$0.4 \leqslant |r| < 0.7$ 为显著性相关；$0.7 \leqslant |r| < 1$ 为高度线性相关。

例 6-3 新疆某农业公司 2009 年 1～10 月份产量与制造费用资料见表 6-3。

解：分析制造费用对产量之间的数量关系。设回归方程为 $y=a+bx$，x 为产量，y 为制造费用，计算见表 6-3。

表 6-3 成本回归分析计算表①

月份	产量(件) x	制造费用(元) y	$x^2(10^4)$	$y^2(10^4)$	$xy(10^4)$
1	36 000	52 500	129 600	275 625	189 000
2	40 500	54 300	164 025	294 849	219 915
3	42 700	56 400	182 329	318 096	240 828
4	45 800	61 500	209 764	378 225	281 670
5	46 000	58 500	211 600	342 225	269 100

① 孙文生:《统计学原理》，中国农业出版社。

续表

月份	产量(件) x	制造费用(元) y	$x^2(10^4)$	$y^2(10^4)$	$xy(10^4)$
6	48 500	61 300	235 225	375 769	297 305
7	52 300	63 800	273 529	407 044	333 674
8	54 000	66 000	291 600	435 600	356 400
9	55 800	67 050	311 364	449 570.3	374 139
10	59 000	68 900	348 100	474 721	406 510
合计	480 600	610 250	2 357 136	3 751 724	2 968 541

利用表6-3中数据计算得：

$$a=24\ 821.62,\quad b=0.753\ 171$$

故有制造费用对产量的回归方程 $y=24\ 827.62+0.753\ 171x$。

相关系数为：$r^2=0.97106$，x 与 y 强相关。这说明在 y 值与 $\bar{y}$ 的偏差的平方和中有97.1%可以通过变量 x 来解释。

我们可以用回归方程对给定某一特定 x 值时的 y 值进行预测。

例如，假定11月份产量是60 000件，运用回归方程，我们可以得到：

$$y_c=24\ 827.62+0.753\ 171\times 60\ 000=70\ 017.88(\text{元})$$

因此当产量为60 000件时，制造费用是70 017.88元。

第二节 经营决策

一、经营决策的概念和特征

(一)经营决策的概念

经营决策是指农业企业为了实现一定的经营目标，在对企业的外部环境和内部条件(土地、劳动力、资金、技术状况等)进行综合分析的基础上，设计出多个行动方案和措施，然后运用科学方法在这些备选择方案和措施中选择一个最优最满意的方案的过程。

(二)经营决策的主要特征

1. 决策必须确定正确的目标

由于经营决策是面对未来的，是在行动之前对企业经营应达到的目标和怎样达到目标所作的事先安排和决定。因此，确定正确的决策目标，是科学决策的前提和基础。农业企业能否正确地确定决策目标，关键是对所要解决的问题作出正确地诊断与分析。弄清问题的性质、范围及产生的原因。从而找出问题的症结所在，指出解决问题的途径，据此才能确定正确的决策目标。

2. 经营决策的实质是选优

决策的目的是为了指导企业经营活动。为了使农业企业决策结果能够实现确定的经营目标并取得理想的效果,必须有两个以上可供选择的行动方案。通过经营决策,对农业企业未来经营活动的目标和通向目标的多种途径,作出符合客观规律的合理选择,并寻求能够获得更大经济效益的行动方案。

3. 经营决策是一个条理化的工作过程

经营决策作为农业企业的一种经营管理活动,不只是对行动方案作出判断和选择,而是包括提出问题、收集资料、确定目标,拟定方案、分析评价、对比择优、组织实施和反馈调节等一系列的工作过程。

二、经营决策的作用

人们的行动离不开决策,没有正确的经营决策,就不能有效地组织农业企业的生产经营活动,也就得不到预期的经营效果。经营决策的主要作用是:

1. 经管决策是企业经营成败的关键

经营决策关系企业发展方向、经营方针、资源配置利用等重大问题。这些问题解决得正确与否,对农业企业的兴衰成败关系重大。如果决策正确,方向对头,再加高效率的管理,那么就能取得满意的经营效果;如果决策失误,就会导致严重损失。

2. 经营决策是企业经营管理的核心和基础

决策贯穿于管理过程的始终和管理工作的各个方面。管理可以从纵横两方面看。纵向方面是指预测、决策、计划、组织、指挥、控制、核算和协调等管理程序,其中预测是服务于决策的,计划、组织、指挥等程序都要受决策的支配,离开了正确的决策就不能有正确的计划、组织、指挥;横向方面则是指供销、生产、财务、成本等各项管理工作。由于农业企业的任何一项管理工作都涉及资源配置利用,因此也就有了决策问题。

3. 经营决策是企业管理人员的主要工作

企业管理工作千头万绪,而管理人员的首要工作应当是决策。在社会化生产中,农业企业已经改变了小农经济的封闭状态,它的社会联系日益复杂,生产日益走向专业化和社会化,使影响生产经营因素越来越多,决策在企业管理中越来越重要。所以,管理人员必须重视决策,掌握决策的理论方法。

三、经营决策的基本原则

经营决策是企业经营管理的核心和基础,决策的正确与否直接关系到企业的生存与发展。因此,决策要尽量避免失误,防止出现"棋错一着,全盘皆输"的情况。农业企业经营决策必须遵守以下基本原则。

1. 可行性原则

农业企业经营决策既要考虑企业的发展目标,又要考虑企业的现实条件;既要考虑企业自身的利益,又要考虑社会利益。决策时,要对各方面的因素综合分析,根据需要和可能作出决策，使决策方案做到切实可行。

2. 科学性原则

决策事关重大，因而要有科学的态度，实事求是的作风。农业企业经营管理人员对决策有关的问题，必须坚持广泛的调查研究和科学的比较分析，认真对待决策过程中每一个环节的工作。

3. 经济性原则

农业企业经营决策必须讲求经济合理，效率高，收益大。经营决策的结果要尽可能做到花费较小的代价，取得较好的经济效益。

4. 时效性原则

农业企业的生产经营，受市场影响，而市场环境总是不断地发生变化。企业决策者必须善于在千变万化的市场环境中，及时地捕捉时机，迅速地作出反应。

5. 灵活性原则

农业企业生产经营过程常有许多不确定因素，如市场需求状况，竞争对手的发展变化，自然气候条件的变化等。同时，由于任何事物都处于不停的变动状态，因而企业的经营决策必须留有调节的余地，保持足够的弹性，以便适应变化多端的市场环境，并应付可能出现的失误。

四、经营决策的程序

企业经营决策应按照一定的程序和步骤进行，一般分为以下四个步骤。

1. 确定决策目标

决策目标体现了决策的预期效果，而且也是拟定和选择可行性方案的依据，因此，它是决策程序中关键性的一步。一旦决策目标有误，将导致一系列的不良后果。

决策是为了解决问题，因而确定目标之前应通过调查研究发现问题，找出预期状况与现实状况之间的差距，才能针对问题确定决策目标。确定的决策目标必须符合以下要求。(1)目标概念必须是唯一的，不应有多义的解释。比如，笼统地讲"提高经济效益"，就可以理解为纯利润增加、资金利润率提高、劳动生产率提高等多种概念，就不符合要求。②目标应是可以计量的。决策目标的数量化，不仅是评价决策方案的需要，而且便于采用数学模型、电子计算机来解决决策问题。③目标具有明确的期限。④目标必须具备约束条件，如在一定产品品种和价格的约束条件下，确定企业产品的市场占有率。

2. 拟定可行性方案

这是决策的基础工作。没有两种以上可供选择的方案，就没有决策，多谋是善断的前提。为了寻找达到决策目标的有效途径，就必须制订多种可供选择的方案。拟定可行性方案，一要大胆设想，即创新，寻找切合实际而又与众不同的新方案；二要精心设计，即对方案细节进行仔细推敲，对方案后果作出科学估算。

3. 选择方案

选择方案，即分析比较各种备选方案。考虑方案是否技术先进、经济合理、切实可行。在此基础上，从中选出满意的方案。选择方案一般有三种方法，即经验判断法、数学分析法和试验法。选择方案时，一要充分比较各方案的差异；二要预计未来形势的变化。

4. 执行方案与反馈

决策方案一经确定，就要立即组织实施。在实施过程中，要跟踪调查，通过信息反馈，掌握决策实施情况，纠正偏差，以保证决策方案的顺利执行。

五、经营决策的主要方法

(一)确定型决策

未来事件发生的条件(状态)为已知情况下的决策称为确定型决策。这种决策不仅表现为未来发生的状态条件是确定的，而且选出的最优方案也是确定的。确定型决策的方法很多，通常采用的是盈亏平衡点分析法和线性规划法等，下面对两种方法举例说明。

1. 盈亏平衡分析

对生产经营进行盈亏分析，就是根据产品的销售量、成本和利润三者之间的关系，分析各种方案对企业盈亏的影响，从中选择出最佳的经营方案。

盈亏分析，指的是产品生产总成本和销售收入随着产量呈线性变化时的盈亏分析。企业从事生产经营活动投入的人力、物力等的货币表现就是成本，将生产出的产品销售出去的所得就是销售收入。

设：Q 为产量；R 为销售收入：C 为总成本；F 为固定成本；V 为变动成本；P 为产品单价；Q_b 为盈亏平衡点产量。

当销售收入等于总成本时，即 $R=C$ 时，企业既不盈利也不亏损，这时的产量称为盈亏平衡产量，也叫作临界产量 Q_b。表现在盈亏平衡图上，就是收入 $R=PQ$ 和成本 $C=F+VQ$ 两直线的交点，如图 6-1 所示。

则 $Q_b=F/(P-V)$。

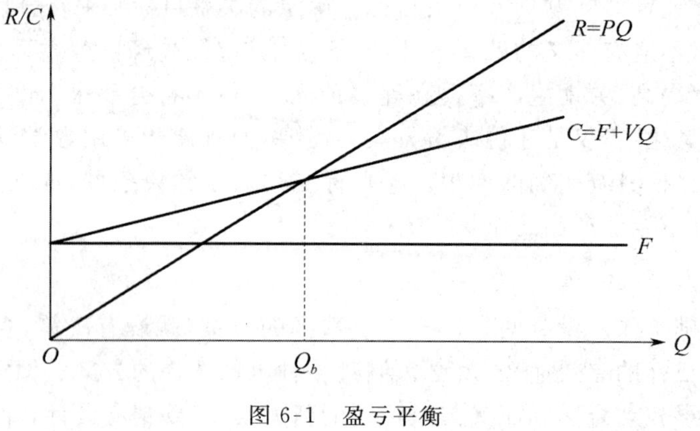

图 6-1 盈亏平衡

由图 6-1 可以看出，当产量 $Q>Q_b$ 时，企业可以盈利；而当 $Q<Q_b$ 时企业则亏损。所以企业要想获得盈利，就必须使产量大于盈亏平衡点 Q_b。但是，产量究竟应当多大才能保证企业达到目标利润。

要解决这个问题，需设目标利润为 P_f，则：

$$P_f=R-C=PQ-F-QV$$

解这个方程所得 Q 值，我们设其为 Q_f，则 $Q_f=(P_f+F)/(P-V)$，即当目标利润为 P_f 时，生产量应大于或等于$(P_f+F)/(P-V)$。

例 6-4 在某产品制造过程中，固定成本为 10 000 元，每件产品的可变成本为 0.4 元，售价为 0.6 元。求①盈亏平衡点产量；②若目标利润为 10 000 元，应生产多少？

解：已知：

$$F=10\ 000\text{元},\quad V=0.4\text{元/件},\quad P=0.6\text{元/件},\quad P_f=10\ 000\text{元}$$

则：

$$Q_b=F/(P-V)=10\ 000/(0.6-0.4)=50\ 000(\text{件})$$

$$Q_f=(P_f+F)/(P-V)=(10\ 000+10\ 000)/(0.6-0.4)=100\ 000(\text{件})$$

2. 线性规划法

线性规划是当代用途最广泛的运筹学方法之一，它的主要特点是将一个问题分解为变量、目标和约束条件三要素，并在约束条件下对变量求解，以求得所需的决策方案，它具有以下特征。

(1)用一组变量$(x_1,x_2,\cdots,x_n)$表示某一方案，这组变量的值就代表一个具体方案，一般这些变量是非负的。

(2)线性规划模型中的约束条件可以用一组线性等式或不等式来表示。

(3)有一个要达到的目标，它可用变量的线性函数(目标函数)来表示。按问题的不同，要求目标函数最大化或最小化。

满足以上 3 个条件的数学模型称为线性规划的数学模型，其一般形式如下：

目标函数：

$$\text{Max}(\min)f(x)=c_1x_1+c_2x_2+\cdots+c_nx_n$$

满足约束条件：

$$\begin{aligned}
&a_{11}x_1+a_{12}x_2+\cdots+a_{1n}x_n\leqslant(=,\geqslant)b_1\\
&a_{21}x_1+a_{21}x_2+\cdots+a_{2n}x_n\leqslant(=,\geqslant)b_2\\
&\quad\vdots\qquad\quad\vdots\qquad\quad\vdots\qquad\quad\vdots\\
&a_{m1}x_1+a_{m2}x_2+\cdots+a_{mn}x_n\leqslant(=,\geqslant)b_m
\end{aligned}$$

$$x_j\geqslant 0(j=1,2,3,\cdots,n)$$

简记为：

$$\text{Max}(\min)\ f(x)=\sum_{j=1}^{n}c_jx_j$$

$$\text{S. t.}\sum_{j=1}^{n}a_{ij}x_j\leqslant(=,\geqslant)b_i(i=1,2,\cdots,m)$$

因此，如果可以将一个生产中的问题分解为线性规划模型中的三要素，并将其用以上的数学模型表达出来，就可对这个问题用线性规划求解，由此获得所期望的目标。

例 6-5 某农业企业有耕地面积 33.333 公顷(1 公顷＝10 000 平方米)，可供灌水量 63 000 立方米，在生产忙季可供工作日 2 800 个，用于种植玉米、棉花和花生三种作物。预计三种作物每公顷在用水忙季用工日数、灌水量和利润见表 6-4，在完成 16.5 万千克玉米生产任务的前提下，如何安排三种作物的种植面积，以获得最大的利润。

表 6-4 每公顷种植面积的限制性资源需求量、产量与利润①

作物类别	忙季需工作日数	灌水需要量/立方米	产量/千克	利润/元
玉米	60	2 250	8 250	1 500
棉花	105	2 250	750	1 800
花生	45	750	1 500	1 650

解：玉米、棉花、花生的种植面积分别为 X_1, X_2, X_3 公顷，依题意列出线性规划模型。

目标函数：　$S=1\ 500X_1+1\ 800X_2+1\ 650X_3$——极大值

约束条件：　$X_1+X_2+X_3 \leqslant 33.333$

$60X_1+105X_2+45X_3 \leqslant 2\ 800$

$2\ 250X_1+2\ 250X_2+750X_3 \leqslant 63\ 000$

$8\ 250X_1 \leqslant 165\ 000$

$X_1, X_2, X_3 \geqslant 0$

采用单纯形法求出决策变量值：

$X_1=20$ 公顷　$X_2=5.333$ 公顷　$X_3=8$ 公顷

如表 6-5 所示，在生产出 16.5 万千克玉米的前提下，将获得 5.28 万元的利润，在农忙季节劳动力资源尚剩余 680 个工日可用于其他产品生产。

表 6-5 决策方案评价

作物类别	占用耕地面积（公顷）	忙季耗用工日数	灌水用量（立方米）	总产量（千克）	利润量（元）
玉米	20	1 200	45 000	165 000	30 000
棉花	5.333	560	12 000	40 000	9 600
花生	8	360	6 000	120 000	13 200
合计	33.333	2 120	63 000	32 500	52 800
资源供给量	33.333	2 800	63 000		
资源余缺量	0	680	0		

由于运用线性规划法，有这些前提条件，使其在农业企业决策中的运用受到了一定限制。农业企业在运用线性规划时，注意力应主要集中在设计线性规划模型上。而模型设计的重心一定要同企业实际情况结合起来。

(二)不确定型决策

不确定型决策是指未来事件的条件（状态）发生概率不确定情况下的决策。这种决策是决策者凭借自己的态度和判断能力，按照一定的法则去选择方案，不同决策者可能选出不同的最佳方案，并得到不同的结果。不确定型决策方案的选择方法常用的有以下几种。现举例说明。

① 杨名远：《农业企业经营管理学》，中国农业出版社。

例 6-6 假设某场办工厂准备生产一种新产品，但是对市场需求量的预测只能大致估计为较高、一般、较低、很低四种情况，而对每一种情况出现的概率无法估计。工厂为生产这种产品设计了四个方案，并计划生产五年，根据计算，各个方案五年损益值见表 6-6。

从表 6-6 中可以看出，丙方案在任何自然状态下，其收益值都小于丁方案，显然可以淘汰。对这样一个不确定型决策问题，目前使用较多的分析方法有以下三种。

表 6-6 四个方案的损益值①

损益值 方案 / 自然状态	甲	乙	丙	丁
需求量较高	600	800	350	400
需求量一般	400	350	220	250
需求量较低	−150	−350	50	90
需求量很低	−350	−700	−100	−50

(1)最大最小收益值法(小中取大法)。按照这种方法首先找出各种方案的最小收益值，然后进行比较，选择最小收益值最大的方案作为最优决策方案。

表 6-6 中各方案的最小收益值分别为：甲方案−350，乙方案−700，丁方案−50，其中最大的是−50，因此选择丁方案为最优方案。

这种分析方法的评价标准是最小收益值，也就是说，重点放在收益不低于一定限度(或损失不超过一定额度)，因此是一种比较保守、稳妥的决策方法。

(2)最大平均收益值法。在上例中，各个方案的平均收益值如下：

$$甲方案平均收益值=(600+400-150-350)/4=125$$

$$乙方案平均收益值=(800+350-300-700)/4=37.5$$

$$丁方案平均收益值=(400+250+90-50)/4=172.5$$

由于丁方案的平均收益值最大，故丁方案为最优方案。

(3)最小最大后悔值法。当某种自然状态出现时，就可以明确哪一个方案最优，即收益值最大。如果决策者未采纳这个最优方案，就会后悔。通常在某一自然状态下，最大收益值(最优方案)与所采纳方案之差作为后悔值，然后找出各个方案的最大后悔值，在最大后悔值中选择最小的那个方案，即为最优方案。

在自然状态下，不同方案的最大收益值与后悔值列表，见表 6-7。

从表 6-7 可知，甲方案最大后悔值为 300，乙方案最大后悔值为 650，丁方案最大后悔值为 400，其中最小是 300，因此，甲方案为最优方案。

从上例可以看出，采用的评选标准不同，使用的方法不同，选择出的最优方案也不同，用最大最小收益值法和最大平均收益值法选择，丁方案最优；而用最小最大后悔值法选择，则甲方案最优，对非确定型决策问题，理论上还不能证明以哪种标准评选最合理。因此，在实际工作中，采用哪种方法，带有很大的主观意向，并往往取决于决策者的风格和素质。

---

① 王钊、邓宗兵：《农业企业经营管理学》，中国农业出版社。

表 6-7 不同方案的收益值和后悔值

方案 / 数值 / 自然状态	甲		乙		丁	
	收益值	后悔值	收益值	后悔值	收益值	后悔值
需要量较高	600	200	800	0	400	400
需要量一般	400	0	350	50	250	150
需要量较低	−150	240	−300	390	90	0
需要量很低	−350	300	−700	650	−50	0

(三)风险型决策

风险型决策是指未来事件的状态条件虽不能肯定,但已知其发生概率情况下的决策。由于这种决策的目标能否实现是有风险的,故称为风险型决策。其方法是:根据已知概率计算出各种方案的期望值,从中取期望值最大者为最佳方案。

例 6-7 设某企业计划创建精制茶厂,开始有两个方案,方案一是建成年加工能力为 800 担的小厂;方案二是建成年加工能力为 2 000 担的大厂。两个厂的使用期均为 10 年,大厂投资 25 万元,小厂投资 10 万元。产品销路没有问题,原料来源有两种可能(两种状态条件):一种为 800 担,另一种为 2 000 担。两个方案每年损益及两种自然状态的概率估计值见表 6-8。

表 6-8 两种方案的年度收益值

状态条件	概率	建大厂(投资 25 万元)	建小厂(投资 10 万元)
原料 800 担	0.8	13.5	15.0
原料 2 000 担	0.2	25.5	15.0

我们用决策树法解决这一问题,决策树法的一般程序是:

(1)画出决策树图形。决策树指的是对某个决策问题未来发展情况的可能性和可能结果所做的估计在图纸上的描绘(见图 6-2)。

决策的简单图形

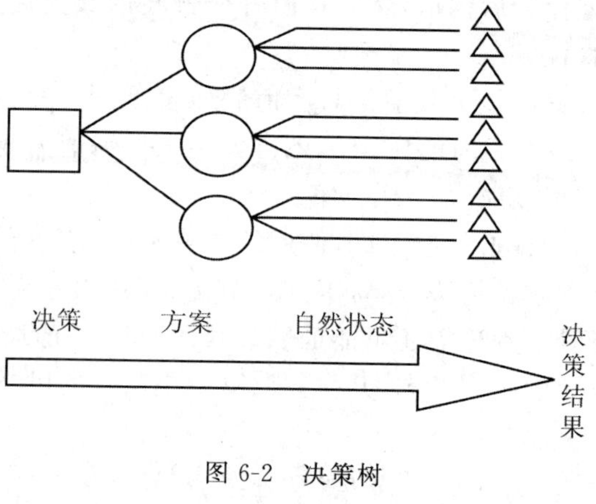

图 6-2 决策树

□表示决策点,从它引出的分支叫方案枝。分支的数目,反映可能的行动方案数。

○表示方案节点，其上方的数字表示该方案的收益期望值，从它引出的分支叫概率枝，每条分支上面写明状态条件及出现的概率，分支的数目，反映可能的状态条件数。

△表示结果点，它反映每一个行动方案在相应的状态条件下，可能得到的效益，它旁边的所记的数字，是每一行动方案在相应状态条件下的收益值。

(2)计算效益期望值。

行动方案 A1(建大厂)的效益期望值：

13.5×0.8×10(年)+25.5×0.2×10(年)−25(工厂投资)=134 万元

行动方案 A2(建小厂)的效益期望值：

15×0.8×10(年)+15×0.2×10(年)−10(工厂投资)=140 万元

(3)将效益期望值填入决策树图。首先在每个结果点后面填上相应的效益期望值；其次在每个方案节点上填上相应的期望值；最后将期望值小的决策分支剪掉。只留下期望值最大的决策分支，并将此数值填入决策点上面，至此决策方案也就相应选出(见图 6-3)。

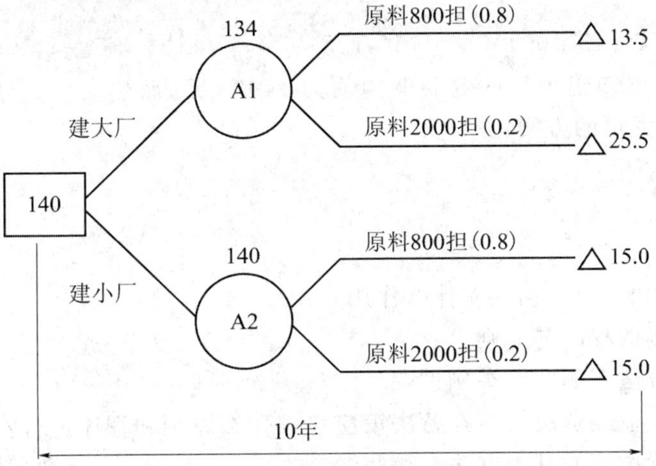

图 6-3 某企业建设茶厂的决策树

从图 6-3 的结果表明：建小厂的方案在经济上是比较合理的。

还可以引深一步，随着茶叶生产的发展，三年后的原料供应可望增加，两个行动方案每年损益及两种状态条件的概率估计如表 6-9 所示。

表 6-9 三年后两种收益估计值

单位：万元

状态条件	概率	建大厂	建小厂
原料 1 200 担	0.6	21.5	15.0
原料 3 000 担	0.4	29.5	15.0

仍用决策树进行分析，其结果如下(见图 6-4)。

各点效益值计算过程是：

点 2：13.5×0.8×3+172.9×0.8+25.5×0.2×3+206.5×0.2−25(投资)=202.3(万元)

点 3：15×0.8×3+105×0.8+15×0.2×3+105×0.2−10(投资)=140(万元)

点 4：21.5×0.6×7 年+29.5×0.4×7 年=172.9(万元)

点 5：29.5×1.0×7=206.5(万元)

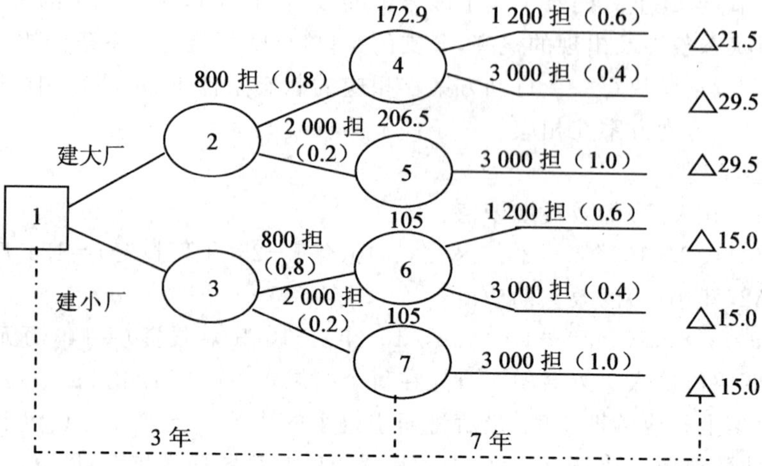

图 6-4　某企业建设茶厂的决策树

点 6：15×0.6×7＋15×0.4×7＝105(万元)

通过以上计算，可知建小厂的效益期望值为 140 万元，而建大厂的效益期望值为 202.3 万元，所以应选择建大厂的方案。

思 考 题

1. 什么是经营预测，经营预测有什么作用？
2. 简述经营预测的程序与原则。
3. 经营预测的方法有哪些？举例说明。
4. 什么是农业企业经营决策？经营决策应该按什么原则和程序进行？
5. 农业企业经营决策的基本方法有哪些？
6. 简述经营决策的重要性。

案例分析

新农乳业决策案例

新农乳业有限责任公司成立于 2002 年 10 月，是由全国农业产业化重点龙头企业、新疆南疆首家上市公司新农开发股份公司及新疆金牛生物股份公司、兵团农一师五团三家企业法人共同出资组建的一家以良种乳牛养殖、乳制品研发生产及销售为一体的股份制现代化企业。公司现注册资本 1.2 亿元，其中新农开发出资 9 000 万元，占据控股地位。

新农乳业公司是一家混合多种所有制经济成分的股份制企业，从开始设立就坚持高起点、高标准、快速度地建设，经过两年多的快速发展，目前公司总资产已达 2 亿元，其中投资 1 亿多元建设了三座设施齐全的现代化千头种牛场，从澳大利亚引进纯种荷斯坦奶牛 3 000 头，初步建立起了稳固的自有奶源。牛场挤奶全部采用瑞典利拉伐公司进口的自动化挤奶设备机器挤奶，有效避免了人工挤奶带来的污染。为了加大奶源基地建设力度，公司还与周边县乡团场合作建设奶牛养殖小区，由新农乳业公司投资建立定点挤奶站，购买挤奶设备，收购所有合格鲜奶。目前公司的奶源基地覆盖农一师所有团场及阿克苏地区周边县市，初步形成了“公司＋小区＋农户”的产业化经营格局，为公司日后的长远发展打下了坚实的基础。

2004 年，新农乳业公司投资 4 800 万元建设了一座日处理 300 吨鲜奶的乳制品加工厂，全套鲜奶加工及处理设备均为从瑞典利乐公司引进的目前国际先进的全自动化设备；整个生产过程采用微电脑终端控制，极大地提高了生产效率及产品的质量安全。新农乳业公司在生产中严格按照现代企业制度进行规范运作与管理，于 2004 年顺利通过了 ISO9001 国际质量管理体系认证；优质的奶源、先进的设备、严格的管理为新农乳业公司的发展奠定了坚实的基础。公司开发生产的“新农”牌系列乳制品自投放市场以来以其纯正的口味、浓郁的奶香赢得了广大消费者的好评，在 2004 年第十三届乌洽会上被兵团交易团评为“新产品开发奖”，并被自治区奶协评为全疆首批“鲜奶标识”允许使用单位，“新农”牛奶的销售网络目前已遍布天山南北全疆各主要地方，并计划向内地进军。

新农乳业公司在不断发展的过程中始终崇尚科技、尊重人才，使企业得以迅速做大做强，目前已成为南疆地区最大的综合性乳品加工企业，公司主持的“优质高产奶牛规模化养殖技术集成与示范”项目被科技部列为 2004 年国家级“星火计划”项目在全国进行推广应用。

新农乳业公司从源头抓起，近几年，为了有利于奶牛品种的持续改良，每头奶牛的喂养情况及饲料的变更均有记录和统计资料，在产品加工生产过程中，全程监控，严把质量关，公司饲草料检验室对各类饲草料的营养成分及质量进行全面检测，对不符合标准、有污染的饲草料不得进场。在精饲料的配置过程中，不添加任何违禁的药品和添加剂，正是这种科学的饲养，既保证了牛群的健康，也保证了牛奶的品质和质量。

问题讨论：

新农乳业发展对我们有什么启示？

第七章　农产品供求平衡管理

本章导读

农产品供求平衡是农业市场化的基本作用机制，有利于合理配置农业资源，优化农业与农村经济结构，深化农村经济体制改革，促进农业与农村经济乃至整个国民经济持续、健康发展。需求及平衡理论是学习农业经济与管理的基本要求。本章的主要内容包括：一是农产品的供给。其主要包括农产品供给的概念、农产品供给原理、农产品供给弹性等知识点。重点要掌握的是农产品供给原理。二是农产品的需求。其主要包括农产品需求的概念、农产品需求原理、农产品需求弹性、恩格尔系数等知识点。其中农产品需求原理、农产品需求弹性是本节的重点。三是农产品供求平衡。其主要包括农产品供求平衡形成、蛛网模型、如何保障农产品长期供求平衡等知识点。其中蛛网模型、如何保障农产品长期供求平衡是重点。

第一节　农产品供给

一、农产品供给的概念

从经济学角度，供给是指生产者在某一特定时期内，在每一价格水平下愿意且能够提供的商品的数量。有效的供给是供给愿望与供给能力的统一，缺一不可。因此，农产品的供给是指在一定时期内，在每一价格水平下农产品生产经营者愿意并能够提供出售的农产品的数量。其形成也必须同时满足两个条件：一是农产品生产经营者有出售产品的愿望；二是农产品生产经营者有供给的能力。缺少任何一个条件，都不能形成农产品的有效供给。

农产品供给源自生产，但供给量不等于生产量，一般情况下，供给量要小于生产量，主要原因是生产出来的农产品可以用于自己消费或是暂时储存。当然农产品的供给量除了本期生产的产品之外，还应包括过去的存货和加工品。

二、农产品供给原理

1. 影响农产品市场供给的因素

影响农产品供给的因素主要体现在以下几个方面。

(1)农产品自身价格。一般情况下,农产品价格直接影响农民的收入,从而影响农民生产的积极性,使农民增加或减少农产品供给。即农产品价格下降,农户就减少生产,减少农产品供给;若价格上升,则农民生产积极性提升,增加农产品供给。值得注意的是,由于农产品生产具有较强的季节性,所以农产品生产对价格波动的反映相对滞后,这种滞后使农产品供给产生一定的波动性。

(2)其他相关商品的价格。一般而言,商品之间存在三种关系,即互补商品、替代商品与无关商品。具体到农产品,则商品的关系主要表现为竞争关系和连带关系,若两种商品是竞争性(替代)商品,当其中一种商品的价格不变,另一种商品价格发生变化时,则前一种商品的供给量发生相反方向的变化。若两种商品是连带关系时,如果一种商品价格不变,另外一种商品价格发生变化,那么就会使前一种商品的供给量发生相同方向的变化。例如,牛肉与牛皮是连带商品,一般情况下,当牛肉价格上升时,农户就会多养牛,增加牛肉的供给量,自然牛皮的供给量也会相应增加。

(3)农业劳动力情况。农业劳动力数量与农产品供给量呈同方向变化关系。在其他条件不变的情况下,农产品生产者越多,农产品供给量就越大;反之,则农产品供给量越少。农业劳动力数量对农产品供给量的影响,不仅表现在农产品供给的绝对数量上,还表现在农产品供给的相对结构上。

(4)农产品生产要素的价格。当农产品生产要素价格上升时,意味着生产成本增加,在农产品价格不变的情况下,利润减少,供给量减少;若农产品生产要素的价格下降时,则表明农产品生产成本降低,在农产品价格不变的条件下,利润增加,供给量增加。因此,如何降低农产品生产要素价格是农户必须考虑的重要问题之一。

(5)农产品经营者对未来价格的预期。农户不同的预期,将直接影响到农产品供给的数量。一般来说,若预期未来的价格上涨,农户就会减少本期农产品的供给量以备价格提高后出售,赚取更多的利润。如果预期未来的价格下降,那么农户一般会增加现期的供给,减少储存。

(6)自然资源条件与农业科技水平。农业资源从基础条件上决定了农产品生产的可能性,自然资源条件的优劣决定了农产品生产的多与少。如果要增加农产品供给,可以通过劳动集约或土地集约等来实现,若要进一步增加农产品数量,则需要依靠科技力量。科技含量越高,产量和质量就会随之提高。当前的趋势是通过增加农产品的科技含量,来提高农产品的质量,从而提高农产品的价格。

农产品供给除了以上几种因素外,还包括经营管理水平和经济政策,交通和社会经济环境等,需要我们综合考虑。

2. 农产品供给定理

(1)农产品供给函数。农产品供给函数是指,如果把影响农产品供给的因素作为自变量,把供给量作为因变量,则可以用函数来表示他们之间的关系,这种关系称为供给函数。这里我

们用 S 表示供给，用 X 表示影响供给量的因素，则供给函数为：

$$S=F(X)$$

如果我们只考虑农产品本身价格这一因素，用 P 表示价格，其他影响因素不考虑，则供给函数可以表示为：

$$S=F(P)$$

依据经济学原理与以上影响因素分析，可知，一般情况下，农产品价格(P)越高，农产品供给量(S)就越多，反之，也成立。这种关系可以概括为农产品供给定理。

(2)农产品供给定理。又称农产品供给规律，即在其他条件不变的情况下，某种农产品的供给量与其价格呈同方向的变化。在一般情况下，农产品供给量随其价格的上升而增加，随其价格的下降而减少。

农产品供给数量与价格之间之所以呈同方向变化，主要由以下原因引起的：当农产品价格上升时，将带来新的生产者，即在原来价格水平不能盈利的生产者变得可以盈利，从而变成实际的生产者，生产者人数增多，使生产和出售的农产品数量增加。当农产品价格上升时，可使原来的生产者增加产量，提高农产品的供给量。

农产品市场价格与农产品供给数量之间的这种同方向变化规律，为农产品市场开发提供了一个基本的理论指导，即提高农产品的价格，有利于增加农产品的生产量和供给量，扩大农产品的供给能力。因此，保持一个适当的农产品价格水平，对于调动农业生产者的生产积极性，增加农产品供给，满足社会对农产品的需求是非常重要的。

当然农产品供给定理也有例外的情况。当农产品的价格上升时，其供给量反而减少，当价格降低时，供给量却增加，如吉芬商品。产生此类现象的原因主要有以下几点。一是农业资源的专用性较强，生产用途范围狭窄，不能顺利实现转移和流动。当生产者所生产的农产品价格下跌后，生产者为了维持正常的收入水平，反而会努力增加产量，形成现实供给。二是由于农业生产者对商品性农产品价格预期的不确定性，当预计未来某种农产品价格上升时，为了将来获得高额收益，即使当前价格较高，也会减少农产品的供给量；相反，在价格下跌时，若预计未来某种农产品价格会继续下跌，则会把库存农产品全部抛出，从而增加现时的供给量。

3. 农产品供给的特殊性

农产品供给的特殊性主要表现在以下几个方面。

(1)土地对农产品生产具有不可替代的作用，土地本身的供给是有限的。在一定区域和技术条件下，农产品供给的总量也是有限的，不会因为价格的不断上涨而出现无限增长的趋势。

(2)农产品供给受自然环境影响比较大。主要是因为，一是农产品生产周期比一般商品的生产周期长；二是农产品生产是有生命的动植物的再生产过程，与之相关的因素有许多，如土地、温度、光照、降水量等都直接影响到农产品的再生产过程，使得农产品生产具有更大的风险性与不确定性。这对农业生产尤其是现代农业生产提出更高的要求。

(3)农产品供给受政府的调控程度较大。农业是基础性产业，农产品生产对一个国家或地区的影响很大。由于农民是弱势群体，因此大部分国家政府对农产品调控比较多，确保农户有比较稳定的收益，使农业能够可持续发展。

三、农产品供给价格弹性

1. 农产品供给价格弹性的概念

农产品供给价格弹性，是指某种农产品的市场供给量对其价格变动的反应程度，即农产品供给量变动的比率对价格变动率的反应，可以用供给弹性系数表示。其计算公式为：

$$Es=(\Delta Q/Q)/(\Delta P/P)$$

式中：Es 表示供给弹性系数；Q 表示农产品供给量；ΔQ 表示农产品供给变化量；P 表示农产品价格；ΔP 表示农产品价格变化量。

2. 农产品供给弹性的性质与种类

价格弹性一般属于无量纲的量，农产品价格弹性也是如此，具有广泛的可比性。同时，农产品价格弹性一般为正值。由农产品供给定理可知，农产品供给量与其价格是同方向变化，因此其弹性系数一般也是正值。当然也有例外，如某些易腐而不易保存的农产品，像新疆的蟠桃等在一个农业周期内，随着价格上升而供给量却减少，则供给价格弹性可能为负值。一般而言，农产品供给的价格弹性与农产品品种关系密切，随着生产周期的延长而减少。

根据农产品价格弹性系数的大小，可以将供给弹性分成以下几种情况。

(1) $Es=0$ 时，说明供给无弹性，表明价格无论如何变化，供给量始终不变。

(2) $Es\to\infty$ 时，称为完全有弹性，当价格既定时，供给量是无限的。

(3) $Es=1$ 时，称为单位弹性，表明农产品供给量变动幅度正好等于价格变动的幅度。此种情况下，农产品生产经营者提价或降价对其收益都没有任何意义。

(4) $Es>1$ 时，称供给富有弹性，表明供给量的变动幅度大于价格变动幅度。

(5) $0<Es<1$ 时，表明农产品供给缺乏弹性，供给量的变动幅度小于价格变动幅度。

3. 影响农产品价格弹性的因素

(1)农产品生产周期的长短。一般情况下，生产周期越长，供给弹性越小，反之则越大。

(2)农产品生产规模变化的难易度。一般情况下，农产品的生产规模越容易改变，弹性越大，反之则越小。例如，资金密集型或技术密集型农产品相比劳动密集型农产品而言，其供给弹性小是因为前者生产规模不易发生变化。

(3)农产品价格变动影响期的长短。如果农产品价格变动的影响期长，生产者能及时做出生产调整，改变供给量，则供给弹性大；若价格变动的影响期短，生产者来不及对生产做出调整，则供给弹性小。对于某些鲜活易腐农产品来说，其供给弹性几乎为零。

(4)随着农产品产量的增加，其成本增加的程度。如果农产品增加的幅度大于成本增加的幅度，则供给弹性大；反之，则供给弹性小。一般来说，由于土地报酬递减规律的存在，随着农业生产规模的扩大，生产成本增加得较快，因此与工业产品相比，农产品供给弹性较小。

总之，农产品的供给受自然条件的影响较大，生产周期一般比较长，而且多为鲜活产品，不易储存，加之受土地面积的限制和农业生产成本本身特点的约束，不可能迅速或无限扩大生产，形成有效供给，因此农产品供给弹性一般较小。

第二节　农产品需求

一、农产品需求的概念

从经济学的角度看，需求是指消费者在某一特定时期内，在每一种价格水平上愿意而且能够购买的商品量。在这里需求与需要是不一样的，需要是人们的一种心理感觉，是指人们对某种物品的欲望和要求，而需求则是一种具有支付能力的欲望和要求。消费者只有同时具有购买的欲望与购买的能力，才能构成有效需求。

对农产品需求按照不同的标准进行分类，可以得到不同的结果，如农产品需求可以分为个别消费者需求与社会市场总需求；生活消费需求和生产消费需求等。研究农产品需求，必须考虑到以上不同种类的需求，我们在开发农产品市场时，必须要研究农产品的购买能力。

二、农产品需求原理

1. 影响农产品需求的因素

(1)消费者的收入水平。一般情况下，个人收入愈高，消费者对一定价格下的某种商品的需求量就愈大；相反，收入愈低，需求量就愈小。低档商品除外。

(2)中间需求的变化。农产品中间需求是指农业、工业，以及相关产业，将农产品用作生产资料的市场需求。用作饲料、食品、纺织、化工、商业等农产品需求将日益增加。

(3)商品农产品本身的价格。一般情况下，农产品的价格越低，对其需求量就越大；反之，农产品的价格越高，对其需求量就越小。

(4)相关商品的价格。主要包括两种情况：一是替代品的价格，如果两种农产品是替代关系，其中一种商品的价格不变，而另外一种商品的价格上升或下降，就会使前一种农产品的需求量与后一种农产品的价格作同方向的变化。例如，牛肉与羊肉之间是可以替代的，如果羊肉的价格上涨，而牛肉的价格保持不变，那么消费者对牛肉的需求量将增加。若两种农产品是互补关系，其中一种农产品的价格不变，而另外一种农产品的价格上涨或下降，则会使前一种农产品的需求量与后一种农产品的价格作反方向的变化。例如，香烟与烟叶等，若烟叶的价格上涨，则对香烟的需求量将会下降。

(5)消费者对农产品的未来价格预期。一般情况下，如果消费者对农产品的价格预期在未来将涨价，会增加现实需求；若认为未来价格下降，则会减少现实需求。

(6)人口的数量与结构。人口数量的多少直接关系到农产品的需求，二者之间是正比关系。此外，人口结构也影响农产品的需求量，人口结构主要体现在人口的职业结构、年龄结构、性别结构等，如女人与男人之间对化妆品与香烟的需求就有很大的区别。

(7)消费者的偏好。例如，有的喜爱吃肉，而不喜欢奶制品或鸡蛋；有的喜爱吃素菜，而不喜欢吃荤菜；有的喜爱吃瘦肉，而不喜爱吃肥肉，等等。在经济学中，一般用无差异曲线来描述消费者偏好。对某种农产品的偏好性越强，则对其需求量越大，如有些女生喜欢吃西红柿，因此不管价格如何变化，她的购买量都偏大，而有些人不喜欢西红柿的味道，因此就很少购买。

(8)文化习俗与地域差异。不同地区、不同民族有着不同的文化与习俗。例如，南方人习惯吃大米，而北方人则面食较多；南方多米酒，而北方多烈酒。再如，我国回族居民(主要分布在宁夏回族自治区、甘肃、陕西、贵州、青海)以面粉为主食，喜欢饮茶，辅以玉米、豌豆等杂粮，爱吃蔬菜，喜欢吃牛、羊、鸡，鸭和带鱼鳞的鱼类，但不食马、驴、狗的肉，尤其忌食猪肉。这与不同地域的习俗与文化有密切的关系。因此，我们必须考虑消费者的文化习俗与地域差异。

另外，还有政府的消费政策等因素也会影响农产品的需求，通常是在几种因素共同作用下决定农产品的需求量。

2. 农产品需求定理

(1)农产品需求函数。农产品需求函数是指，如果把影响农产品供给的因素作自变量，把供给量作为因变量，则可以用函数来表示它们之间的关系，这种关系称为需求函数。这里我们用 D 表示供给，用 X 表示影响需求量的因素，则需求函数为：

$$D=F(X)$$

如果我们只考虑农产品本身价格这一因素，用 P 表示价格，其他影响因素不考虑，则需求函数可以表示为：

$$D=F(P)$$

依据经济学原理与以上影响因素分析可知，在一般情况下，农产品价格(P)越高，农产品需求量(D)就越大，反之，也成立。这种关系可以概括为农产品需求定理。

(2)农产品需求定理。又称农产品需求规律，在其他条件不变的情况下，某种农产品的需求量与其价格呈反方向变化。在一般情况下，农产品需求量随其价格的上升而减少，随其价格的下降而增加。在理解需求定理时需要注意这样几点：一是其他条件不变是指影响需求的其他因素不变，没有这一前提，需求定理就无法成立。例如，如果收入增加，商品本身的价格与需求量就不一定呈反方向变动。二是需求定理指的是一般商品的规律，但也有例外，如炫耀性商品与吉芬商品。三是需求定理反应了商品价格与其需求量之间的反方向变动关系，这种变动关系是由收入效应和替代效应共同作用形成的。

(3)替代效应与收入效应。需求量与价格反方向变动可以用替代效应和收入效应来解释。

替代效应是指一种商品的名义价格(nominal price)发生变化后，将同时对商品的需求量产生两种影响：一种是因该种商品名义价格变化，而导致的消费者所购买的商品组合中，该商品与其他商品之间的替代，称为替代效应(substitution effect)。就农产品而言，替代效应是指农产品消费者在实际收入不变的情况下，某种农产品价格的变化对需求量的影响。即某种农产品价格上涨了，而效用相同的其他农产品的价格未变，那么，其他农产品价格就相对下降了，消费者就会用其他农产品来替代这种农产品，从而减少对这种农产品的需求量。例如，某消费者要购买大米与面粉两种产品，若大米的价格上涨了，对于消费者而言，虽然面粉的价格并没有发生变化，但面粉相对大米变得更便宜了，人们就会增加对面粉的购买数量，而减少对大米的购买量。这种由于某种农产品价格变动所引起的其他农产品价格的相对变动，进而引起的农产品需求量的变动就是农产品替代效应。

收入效应指由商品的价格变动所引起的实际收入水平变动，进而由实际收入水平变动所引起的商品需求量的变动。它表示消费者的效用水平发生变化。具体来说是，当你在购买一种商品时，如果该种商品的价格下降了，虽然你的名义货币收入是固定不变的，但是价格下降后，你的实际购买力增强了，你就可以获得更多的该种商品。这种实际货币收入的提高，会改变消费者对商品的购买量，从而达到更高的效用水平，这就是收入效应。农产品的收入效应是指农产品消费者在货币收入不变的情况下，由于农产品价格下降使消费者实际收入水平提高，从而改变了农产品的购买量，实现更高的效用水平。仍以大米与面粉为例，某消费者要购买大米与面粉两种产品，若大米的价格下降了，对于消费者而言，虽然货币收入没有发生变化，但现实购买力却增强了，说明消费者的实际收入水平提高了。由于实际收入水平的提高，使得消费者可以购买到更多数量的这种农产品，从而达到更高的效用水平，这就是收入效应。在这里，要注意的是名义收入与实际收入。当商品价格下降，虽然消费者的名义收入没有发生变化，但实际收入却在增加。同样的道理，若农产品价格上涨了，名义收入虽然并没有减少，但其实际购买力却下降了。

综上所述，我们在研究农产品需求定理的时候，要考虑价格变动所带来的综合性的反应，需求量与价格之所以呈反方向变动，本质上是替代效应与收入效应共同作用的结果。

三、农产品需求价格弹性

1. 农产品需求价格弹性的概念

农产品需求价格弹性是指，农产品价格的值每变动百分之一而引起农产品需求量变化的百分率。通常，用农产品价格变动的百分率引起农产品需求量变化的百分率来表示。这两个百分率的比值，称为弹性系数，记为 E_P，其计算公式为：

$$E_p=(\Delta Q/Q)/(\Delta P/P)$$

式中：E_p 表示需求弹性系数；Q 表示农产品需求量；ΔQ 表示需求变化量；P 表示价格；ΔP 表示价格变化量。

2. 农产品供给弹性的性质与种类

(1) E_P 的数值，不随选用的计量单位而变化。

(2) E_P 的数值，可能为正数、负数、等于 0 或等于 1。依赖于有关两个变量是同方向变化，还是反方向变化。E_P 为正或是为负，所表示的仅仅是有关变量变化的方向性关系，而 E_P 的绝对值的大小则表示了变化程度的大小。有时，为了便于比较弹性值的大小，一般会在等式右端添加一个负号，使其成为正值。通常用绝对值的大小来表示价格变动对需求量变动的影响程度。当我们说，某产品的需求价格弹性大，即指它的绝对值大。

(3) E_P 的数值，随商品的不同而不同。即使在同一种商品的一条既定的需求曲线上，也随价格不同而不同。

关于农产品需求弹性的种类主要有：

(1) $E_P=1$，是单位需求价格弹性。说明需求量变动幅度与价格变动幅度相同，即价格每提高 1%，需求量相应地降低 1%。反之，则相反。需求曲线特点是等轴双曲线或正双曲线。

(2) $1<E_P<\infty$，是需求富有弹性。说明需求量变动幅度大于价格变动幅度，即价格每变动 1%，需求量变动大于 1%。需求曲线特点是比较平坦。

(3) $0<E_P<1$，是需求缺乏弹性。说明需求量变动幅度小于价格变动幅度，即价格每变动 1%，需求量变动的百分率将小于 1%。需求曲线特点是较陡。

(4) $E_P\to 0$，是需求完全无弹性。此时，意味着 $\Delta Q/Q=0$。在这种情况下，需求状况的特点是：需求量不随价格的变动而变动。需求函数的形式为：$Q=K$（任意既定常数）。在二维空间图上，需求曲线是一条垂直于横坐标的直线，在横坐标上截距等于 $K(Q_0)$。这表示不管价格怎样变动，需求量总是固定不变。即不管 ΔP 的数值如何，ΔQ 的值总是为零。

(5)$E_P \to \infty$，是需求完全有弹性。此时，$\Delta P/P \to 0$。在这种情况下，需求状况的特点是：在既定价格的条件下，需求量可以任意变动。需求函数的形式为：$P=K$（常数）。在现实生活中，自由市场上某些同质的产品，由于竞争的结果，都会按同一价格出售，基本属于这类需求曲线的例子。

3. 农产品需求价格弹性的应用

"谷贱伤农"是经济学的一个经典问题。农民粮食收割后到底能卖多少钱取决于两个因素：产量和粮价，是二者的乘积。但这两个变量并不是独立的，而是相互关联的，其关联性由一条向下倾斜的需求线来决定。也就是说，价格越低，需求量越大；价格越高，需求量越小。另外值得注意的是，粮食需求线缺少弹性，粮食需求量对价格的变化不是很敏感。当粮价下跌时，虽然粮食的需求量会增加，但增加得不是很多。其基本的道理在于，粮食是一种必需品，对粮食的需求最主要的是由粮食的生理需求决定的。此外，对于大部分人来说，粮食方面的花费在全部花费中所占比例已变得很小了，并且还会越来越小，这也导致人们对粮价的变化反应不是很敏感。

当粮食大幅增产后，农民为了卖掉手中的粮食，只能竞相降价。但是由于粮食需求缺少弹性，只有在农民大幅降低粮价后才能将手中的粮食卖出，这就意味着，在粮食丰收时往往粮价要大幅下跌。如果出现粮价下跌的百分比超过粮食增产的百分比，就出现增产不增收甚至减收的状况，这就是"谷贱伤农"。

由于粮食是最基本的生活资料，绝大多数国家重视本国粮食生产，尤其是具有一定人口规模的国家，采取了各种保证粮食安全、保护农民利益的干预粮食市场的支农政策，如美国就是这样。但总的说来，效果并不是很理想。一是费用很高，要维持粮价，政府就要按保护价收购在市场上卖不掉的粮食，为此纳税人要支付相当大的粮食库存费用。二是由于对农民的补贴是按产量来进行的，因此大农场主得到的补贴最多，但他们并不是农村中的穷人，而真正需要补贴的小农场主因产量低反而得到的补贴少。最严重的是，减缓了农业生产的调整，使得投入到农业的劳动力和其他生产要素没有及时按价格信号转移到其他部门。

4. 影响农产品价格弹性的因素

(1)消费者对某种农产品的购买欲望。如果购买欲望强，意味着该农产品对消费者满足程度高，这类农产品需求弹性大；反之，购买欲望弱，意味着该农产品对消费者满足程度低，这类农产品需求弹性小。

(2)某种农产品的可替代程度。若一种农产品商品的替代品数目越多、替代品之间越相近，则该农产品的需求弹性大；反之，若一种农产品的替代品数目少，替代品差别大，则该农产品需求弹性小。

(3)某种农产品用途的广泛性。若一种农产品用途较广，则需求弹性较大；反之，若一种农产品用途较少时，则需求弹性小。因为该农产品降价后也不可能有其他用途，需求量不会增长很多。

(4)农产品在消费者预算中所占比重的大小。如果某种农产品在消费者预算中的比例越大,则需求弹性越大;若所占的比重很小,则需求弹性较小。

总之,农产品需求弹性的大小由上述因素共同决定,不能只考虑某一个因素。

第三节　农产品供求平衡

一、农产品供求平衡的形成

由于研究农产品供求平衡,会涉及经济学中有关供给与需求的知识,因此在学习农产品供求平衡理论之前,有必要了解经济学中的供求定理。

1. 供求定理

(1)当供给不变时,需求增加使需求曲线向右上方移动,均衡价格上升,均衡数量增加;需求减少使需求曲线向左下方移动,均衡价格下降,均衡数量减少。

(2)当需求不变时,供给增加使供给曲线向右下方移动,均衡价格下降,均衡数量增加;供给减少使供给曲线向左上方移动,均衡价格上升,均衡数量减少。

可以归纳为,需求的变动引起均衡价格与均衡数量同方向变动;供给的变动引起均衡价格反方向变动,均衡数量同方向变动。值得注意的是,供求定理并不是供给定理和需求定理的加总。

供求定理表明的是供求变动对均衡的影响;而供给定理和需求定理表示商品价格变化对其供给量和需求量的影响。

2. 农产品供求平衡的含义

农产品供求平衡是指在某种价格条件下,市场上某种农产品的供给量和需求量恰好相等。这个价格,一般称作均衡价格,而这时的交易量称作均衡交易量,如图 7-1 所示。

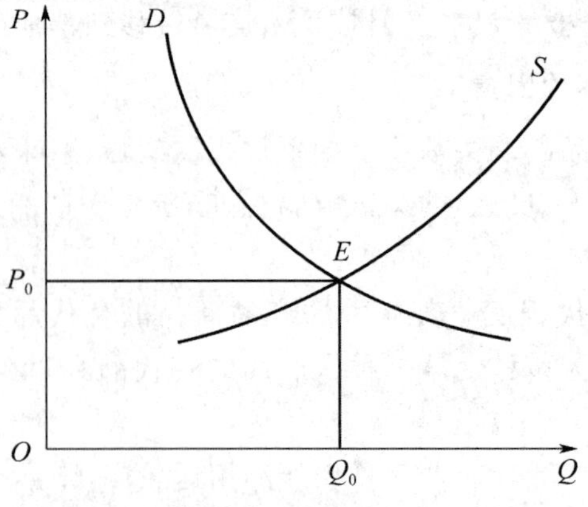

图 7-1　农产品供求平衡

图 7-1 中的横轴表示农产品的数量 Q，纵轴表示农产品价格 P；D 曲线表示农产品需求曲线；S 曲线表示农产品供给曲线；供需两条曲线的相交点为 E，即为平衡点，此时所对应的 P_0 为均衡价格；Q_0 为均衡数量。

3. 农产品均衡价格的形成

在市场经济条件下，农产品的供求平衡主要是受价格机制作用的结果，是由供给与需求之间的相互作用实现的。在图 7-1 中，当农产品的市场价格高于 P_0 时，其价格较高，农产品生产者有利可图，就会开始大量生产，从而使农产品供大于求，导致农产品过剩。此时，会有部分农产品生产者开始退出该农产品的生产，使得该农产品的供给量下降，并一直降到图 7-1 中 Q_0 水平，使得供给与需求基本上达到均衡的状态。

4. 农产品供求平衡的变动

供求平衡理论的前提是假定其他条件不变的情况下，农产品本身的价格发生变动而引起的供求的变化，并达到价格平衡和供求平衡。如果其他条件发生变化，那么整个供求曲线也将随之发生移动，形成新的平衡价格，达到新的平衡，如图 7-2 所示。

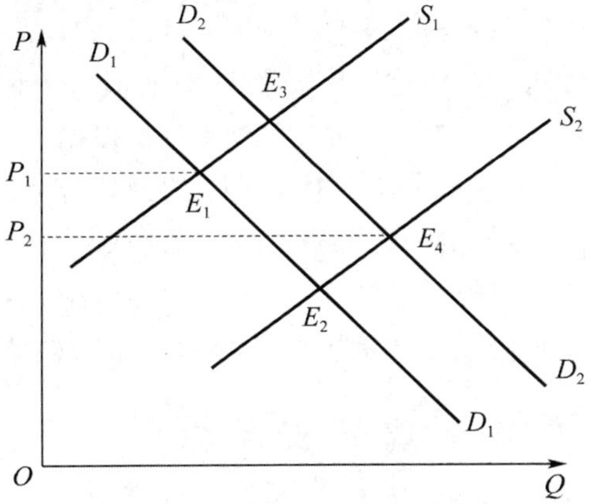

图 7-2 农产品供求的变动

在图 7-2 中，若供给曲线 S_1 发生变动，向右下方移动到 S_2，需求曲线 D_1 不发生变动，则形成新的均衡价格 E_2；比较 E_1 和 E_2，我们发现，虽然均衡价格下降了，均衡数量却上升了。若供给曲线 S_1 不变，需求曲线由 D_1 移动到 D_2 处，则 S_1 和 D_2 有新的交点 E_3，与 E_1 相比较，均衡价格和均衡数量都增加了。若 S_1 和 D_1 都发生了变动，S_2 和 D_2 相交于新的均衡点 E_4；发现均衡价格下降，而均衡数量增加。

二、蛛网模型

蛛网理论是指随着市场价格的变化，农产品的供给量和需求量围绕均衡点呈蛛网状波动的理论，是在考虑时间因素与动态条件下，研究农产品价格、农产品供给、农产品需求的循环变动，以及由此产生的均衡变动的理论。这是 1934 年由英国经济学家 N. 卡尔多命名的。

蛛网理论说明了在市场经济条件下，农产品价格与产量发生周期性波动的原因。如果要运用市场机制来克服这种波动，那么就要利用期货市场来确定未来价格，以指导生产，减少波动。

蛛网模型的基本假定是：商品的本期产量 Q_t^S 决定前一期的价格 P_{t-1}，即供给函数为 $Q_t^s = f(P_{t-1})$；本期商品的需求量 Q_t^d 决定本期的价格 P_t，即需求函数为 $Q_t^d = f(P_t)$。根据以上的假设条件，蛛网模型可以用以下三个联立的方程式来表示：

$$Q_t^d = \alpha - \beta \times P_t$$

$$Q_t^S = -\delta + \gamma P_{t-1}$$

$$Q_t^d = Q_t^S$$

式中：α、β、δ 和 γ 均为常数且均大于零。

蛛网模型有三种类型：包括收敛型蛛网、发散型蛛网、稳定型蛛网。它们适用的分析对象是有生产周期的农产品。

收敛型蛛网的条件是供给弹性小于需求弹性，或供给曲线斜率大于需求曲线斜率。因为需求弹性大，表明价格变化相对较小，而由价格引起的供给变化小，进而由供给引起的价格变化则更小。发散型蛛网的条件是供给弹性大于需求弹性，或供给曲线斜率小于需求曲线斜率；稳定型蛛网的条件是供给弹性等于需求弹性，或供给曲线斜率等于需求曲线斜率。

西方经济学家认为，蛛网模型解释了某些生产周期较长的商品的产量和价格的波动情况，是一个有意义的动态分析模型。但是，这个模型还是一个很简单而又有缺陷的模型。根据该模型分析，造成产量和价格波动的主要原因是：生产者总是根据上一期的价格来决定下一期的产量，这样，上一期的价格同时也就是生产者对下一期的预期价格。而事实上，在每一期，生产者只能按照本期的市场价格来出售由预期价格所决定的产量。这种实际价格和预期价格的不吻合，造成了产量和价格的波动。但是，生产者从自己的经验中，会逐步修正自己的预期价格，使预期价格接近实际价格，从而使实际产量接近市场的实际需求量。

三、如何保障农产品长期供求平衡

如何保障农产品长期供求平衡，是当前我们必须关注的问题，有不少专家对此提出了自己的看法。综合各种意见，主要有以下几个方面。

一要实行更严格的耕地保护制度，否则 18 亿亩耕地的红线就难保不被突破。建议加快改革征地和农村集体建设用地制度，形成集约、节约用地的新机制。

二要尽快明确重要农产品的核心产区和后备产区，加快研究相应的扶植政策。完善农产品主产区的利益补偿机制，包括中央财政对主产区的奖补制度，产销区的购销衔接，以及相关的产业政策倾斜和粮食库存的合理布局。

三要加大对农业水利设施建设和改造中低产田的投入力度，以资金投入替代自然资源。尤其对中小型农田水利建设，要尽快采取措施，明确中央与地方的责任、形成多渠道筹集建设资金的途径。

四要加快农业科技进步，在良种培育、适用技术推广、重大病虫害防治等三个环节实现新突破，以科技进步促进农业发展。当前的关键是对农业科研、技术推广和农民培训的性质要加快明确定位。

五要积极实施农业走出去战略。进口农产品等于进口土地和水资源，因此在不危及国家经济安全的情况下，适当增加农产品进口，对我国经济有利。要统筹利用国内国外两种农业资源、两个农产品市场，通过多种途径建立互利、稳定的农产品出口国货源基地，努力把握好农产品进口渠道和定价权。

思考题

1. 影响农产品需求的因素主要有哪些？
2. 解释“谷贱伤农”的经济学含义。
3. 如何实现农产品供需的长期有效平衡？
4. 解释蛛网模型的经济学含义。

案例分析

保证农产品有效供给 促进农民持续增收

中央农村工作会议在北京举行。会议讨论了《中共中央、国务院关于2009年促进农业稳定发展农民持续增收的若干意见(讨论稿)》。对此，我们认为有两个核心问题需要大家关注：保证我国主要农产品有效供给《意见》中用了两个“千方百计”说明本次会议的两个核心问题，一是保证我国主要农产品供给；二是促进农民收入增长。尽管我国农业连续5年增收，但我国也曾经历过从1999年以后连续4年粮食产量下降的历史。因此国家十分重视粮食安全，特别指出：“强化农业基础，稳定农业生产。要毫不放松抓好粮食生产，决不能因某些品种和局部地区供求关系的变化而出现认识上的反复，决不能因年度的丰歉而出现工作上的摇摆。”表达了在粮食种植方面一贯的态度。同时，会议还指出：“要进一步落实各地区的粮食安全责任，调动主产区和种粮农民积极性，加强粮食战略工程建设。积极推进农业结构战略性调整，推动大宗作物区域化布局，启动长江流域和黄淮海地区棉花生产基地建设，重点支持东北地区优质大豆、长江流域‘双低’油菜、适宜地区木本油料生产，扶持优势产区发展糖料、马铃薯、天然橡胶等生产。推动园艺产品集约化生产，推动畜牧水产规模化养殖，推动农业产业化经营。”再次表达了因地制宜和规模化生产的指导思想。

促进农民持续增收。农民的收入增长不仅关系到农村社会的稳定和农村消费市场的启动，也关系到粮食有效供给和国家粮食安全。目前，农民农业生产的比较收益仍然处于低水平。2009年国家将从两个方面提高农业种植方面的收益，一是继续提高粮食最低收购价格，增加主要农产品储备等。国家发改委10月份公布2009年生产的小麦最低收购价水平为每50公斤白小麦(三等，下同)、红小麦、混合麦最低收购价格分别提高到87元、83元、83元，比2008年分别提高10元、11元、11元，稻谷的收购价格也将提高。二是加大农业补贴力度，粮食直补、良种补贴、农机具购置补贴、农资综合补贴都要继续增加，并逐步完善补贴办法。经过初步测算，我国每亩的平均补贴在2004年大约10元，到2008年预计可达到47元，未来还将进一步提高。这些措施将有助于保护农民生产积极性。会议还对目前的农民工返乡问题给与了高度重视，指出要“扩大农业产业链、农村基础设施建设以及农村二、三产业的就业容量。”除此以外，会议指出要“发展公共事业，改善农村民生”。就土地承包和流转而言，会议指出要严格执行土地承包经营权流转的各项要求，尊重农民的主体地位，建立和健全土地承包经营权流转市场。抓紧制定落实最严格的耕地保护制度和最严格的节约用地制度的具体办法，从严控制城乡建设用地总规模，坚决守住18亿亩耕地红线。

问题讨论：

1. 2009年中央农村工作会议中关于保证农产品有效供给，是如何实现的？

2. 中央农村工作会议提出关于农民增收的议题，对于农产品供销平衡有何意义？

第八章　农产品营销

本章导读

农产品营销是提升农副产品价值的重要手段。有效的建立农产品品牌，打造农产品的名牌，提高农产品的附加值，不仅有利于农业经济发展、农村产业链的延伸和农民增收，更有利于推动农业的可持续发展。本章内容主要包括：一是市场环境分析。主要介绍农产品市场、市场环境、宏观市场环境、微观市场环境等。二是目标市场选择。主要介绍农产品市场细分、农产品目标市场确定等。三是农产品市场营销策略。主要包括：产品、定价和分销渠道等。四是农产品品牌。主要包括品牌与作用、农产品品牌建设等内容。

第一节　农产品市场划分及市场环境分析

一、农产品市场

1. 农产品市场的概念与形成

(1)农产品市场的概念。市场的概念有狭义和广义之分，狭义的市场是指从事物品买卖的交易场所或接洽点；广义的市场是指物品买卖双方相互作用并决定其交易价格和交易数量的一种组织形式或制度安排，包括有形的市场与无形的市场。市场的概念无论对工业品市场或农产品市场都是适用的，但区别是农产品市场是指农产品交易的场所或农产品商品交易活动的总和。由于农产品生产的自然特性与经济特点决定了其产品在流通中的特点，因此决定了农产品市场与工业品市场的差别。

(2)农产品市场的特点。农产品市场作为一个国家统一市场的重要组成部分，与工业品市场相比，具有以下特征：

第一，农产品市场是多种商业形式并存的市场。我国农产品市场包括国有商业、集体商业、个体商业、各种联营商业、农民自销、中外合资商业等多种商业形式并存的市场，参加交易的主体有国有企业、集体企业、各种联合企业、城镇居民和农民等，参加交易的商品主要由农民和各类农业企业生产和提供。交易的目的是为了满足各种消费或生产的需要，从而获得相应的利润，它体现了国家、集体、个人之间的经济联系。农产品市场也存在许多矛盾，因为农产品市场是农产品商品交换关系的总和，既反映多方面的关系，也存在多方面的矛盾。

第二，农村市场是最广阔的农产品市场。农业是国民经济的基础，农村市场是国内农产品市场的主体。几十年来农村的改革，不仅使农业生产由传统农业向现代农业转变，而且使农民的生活也开始从温饱进入小康水平，农业商品的快速发展，使农产品市场日益扩大，满足了城乡居民的各种需求。

第三，农产品市场是一个独立但又开放的市场。相对于工业品而言，农产品市场相对独立，区域性更强，主要是因为农产品具有易腐性，不易保存，要求就地尽快消费。但随着经济的发展与国内外经济联系增强，农产品市场具有越来越开放的特点，主要因为各地之间的交通基础设施、地区互补性增强等一系列因素，使农产品市场越来越开放。

2. 农产品市场的分类

基于不同的角度，可以把农产品划分为不同类型的市场，比较常见的主要有。

(1)按农产品的流通环节划分。

1)零售市场。所谓零售市场是指从批发商或生产商那里购进商品，直接满足人民需要的商品交易场所。从经营的商品可以分为粮食、肉类、副食、水产品、蔬菜等商店；从服务方式来看，有些是固定的商业网点，有些却是流动的商业网点。

2)批发市场。所谓批发商业市场就是指向再销售者、产业和事业用户销售商品和服务的商业市场。所谓再销售者是指二次及其以下的批发商和零售商，是一种专门从事批发贸易而位于生产者和生产者之间、生产者和零售商之间的中间商，其职能在于通过买卖，把商品从生产者手中收购进来，然后再将其转卖给其他生产者或零售商。所谓产业用户是指从事生产和服务的营利性组织，即第一、二、三次产业的企业用户。所谓事业用户是指不以再销售为目的，而是为了业务或事业上的需要购买设备和材料的非营利性组织。

3)采购市场。由于农产品的生产是分散进行的，所以一般要把农副产品先集中在农村产地采购市场，然后批发、调拨供应集中市场。

(2)按农产品的使用价值划分。

1)生活消费市场，是指满足居民个人消费及家庭所需要的生活资料为对象的市场。

2)生产消费市场，是指满足生产单位或个人进行再生产所需要的生产资料为对象的市场。

由于有些农产品既可以做生产资料，也可以做生活资料。因此，它既可以进入生活消费市场，也可以进入生产消费市场，如棉花、油料、粮食等农产品，如果要严格区分它，则主要是看其经济用途。

(3)依据农业的多功能性划分。

1)基本农产品市场。基本农产品市场又可按基本属性划分为粮食市场、畜产品市场及水产品市场、蔬菜水果等园艺品市场、油料市场、纤维品市场等。

2)景观农产品市场。是近几年随着居民生活水平的提高，厌倦了喧嚣繁华的都市生活的人群转向渴求宁静自然的农家生活，从而兴起的一种休闲旅游观光市场。

(4)按农产品的加工程度划分。

1)初级农产品市场。初级农产品市场是以生鲜食品等为主要营销对象，流通要求时效性强，且一般要求具备冷链设备等。

2)加工农产品市场。加工农产品市场是以农产品为原材料，通过加工增加其附加值，具有延长产业链条的特性，是现代农业发展的趋势之一。

3. 农产品市场的特性

农产品市场的特性来源于农产品的特性。从农产品买者的角度考虑，农产品市场的特性主要包括以下内容。

(1)农产品市场是关系到国计民生最重要的市场。这一属性决定了企业面临的农产品市场是受到国家政策密切关注的市场之一，"米袋子"与"菜篮子"由省长和市长直接负责。因此农产品运输者及从事农产品营销的企业可以得到一些优惠政策。

(2)景观农产品市场是与旅游服务业相联系的新的农产品市场。农业的多功能性正在受到各国政府的广泛认可，这一背景之下，景观农业的发展无疑为从事农产品营销者提供许多新的市场机会。从潜在城市消费者群体的偏好来考虑，景观农产品市场是一种独特的旅游市场定位。

(3)初级农产品市场中生鲜农产品市场具有广阔的市场前景。生鲜食品中的水果、蔬菜和肉蛋等在我国居民生活中占据越来越重要的地位。尤其是在生鲜食品基本要求得到满足的情况下，随着生活水平的提高，人们对生鲜食品的档次和质量的要求越来越高，较高质量的生鲜食品具有潜在的市场需求。自从我国加入 WTO 融入世界农产品市场后，生鲜食品的安全问题正在成为备受关注的焦点，这关系到中国生鲜农产品市场的国际竞争力。

4. 农产品消费市场的特性

如何更好的满足消费者需求是市场营销学的核心问题。为此，从消费者的角度研究农产品市场的特性，是农产品市场营销的出发点，也是制订营销计划和营销策略的基石。

农产品消费市场中的买者主要是个人和家庭，购买的目的是满足生活消费，是最终市场的购买。农产品消费市场的特征主要表现在以下几个方面。

(1)多样性。消费者众多，地域辽阔，社会文化背景各异，构成了衣食需求的多样性。

(2)动态性。随着经济发展，人均收入水平的不断提高，居民食物支出在消费支出中所占的比例越来越低，同时在质量与结构上呈现出不断提升的趋势。同时收入的提高衍生出农产品市场中作为精神需求的景观农产品的需求。

(3)弹性。从整体上来说，农产品需求收入弹性不断降低。但基本农产品需求价格弹性较小，无论收入水平怎样变化，衣食都是消费者的第一需要。正是由于农产品需求价格弹性较小，在收入一定的条件下，农产品价格变化对其他消费品需求量的影响比对其自身的影响更大。无论是基本农产品还是景观农产品，与其他产业部门的商品相比较，都具有较小的弹性。

(4)可诱导性。由于农产品的替代性小，需求弹性小，与其他产品相比较，农产品消费者具有较小的可诱导性。而农产品消费者又属于非专家型购买者，对农产品的质量安全信息的了解少于卖者，因此在一定程度上会受到广告、品牌及农产品特性介绍等卖方营销策略的影响。

(5)季节性。农产品生产的季节性决定了消费的季节性。同时也产生了卖方错季、反季供给的市场空间。

5. 农产品产业市场的特性

产业市场又称生产者市场，是组织市场中最重要的部分。农产品产业市场是以农产品为原料的加工业、制造业和以景观农产品作为服务产品的服务业组成的。农产品产业市场具有以下特点。

(1)购买者数量少。农产品不仅可以作为生活资料直接用于消费，也可以作为生产资料为轻工业生产提供原料。轻工业生产者只是整个社会产业体系中的其中一部分，从购买者数量上讲远少于把农产品作为消费资料的消费者。

(2)购买量大。产业市场是规模化市场，只有具有一定规模才能实现营利目标。在农产品加工与制造业中，作为中间购买者的农产品产业市场，因其规模化的特点对农产品的购买都是批量购买，虽然购买者少，但购买量大。作为农业产业链中的重要环节受到政策的鼓励与支持。

(3)地域性强。是由农产品生产的地域性衍生出的特性。以利润最大化为目标的农产品产业市场主体分布于农产品主产区或主销区，不同地域特殊的自然资源特征，使不同地域形成了不同农产品的主产区。通过农产品主产区的产业带动，形成了具有地域性特征的农产品产业市场。

(4)派生需求。农产品产业市场需求是由消费者对农产品的最终需求派生而来。消费者的需求变化通过产业链条传导至农产品产业市场。卖方不仅要准确判断作为直接顾客的产业市场的发展趋势，更重要的还要正确判断消费者需求的发展，充分了解市场竞争中相互作用的各种力量派生的需求。

(5)需求缺乏弹性。与消费者对基本农产品的需求缺乏弹性不同，农产品产业市场需求缺乏弹性主要源于农产品的特性与派生需求。一些农产品产业市场是农业次级产品市场，如畜产品产业市场，以初级农产品作为饲料。这时的农产品产业市场中的产品是具有特定生产周期的生物有机体，饲料费用在产品生产成本中可占70%左右，而饲料价格上涨时，受消费者需求及各种市场竞争力量的制约，产品价格往往并不能同比例增长，对作为生产资料的饲料的需求在一个生产周期中就很难减少。

二、市场环境

市场环境是企业职能外部不可控制的因素和力量，这些因素和力量是与企业营销活动有关的影响企业生存和发展的外部条件。

1. 两类营销环境

(1)宏观环境。指影响微观环境的一系列巨大的社会力量。包括人口、政治法律、经济、社会文化、技术等。在某些特定情况下，它也能对企业的营销活动生产直接的影响。

(2)微观环境。指与企业紧密相联，直接影响企业营销能力的各种参与者。包括顾客、供应商、竞争者和社会公众等。

2. 分析市场环境的目的

农户和农业企业面临的市场营销环境并不是固定不变的，而是经常处于变化的过程中。

(1)通过对市场环境的分析研究，了解和把握市场发展变化的趋势。外部环境如消费者的需求在变，消费者的购买行为在变，行业的竞争状况在变化，宏观经济、政治、人文和技术条件在变化。这些变化都将会给市场营销活动带来不同的影响。

(2)有利于从市场环境变化中发掘新的市场机会，抓住市场机遇。环境变化对企业的第一个影响就是机遇因素。所谓机遇因素就是环境中能够给企业发展带来正面影响的因素。机遇具有偶然性和时效性，如果不能及时把握，机遇便会稍纵即逝。同时，机遇又具有意识性，必须经过人的主观认识后才能真正转化成现实中有利的因素。

(3)有利于及时发现环境给企业带来的威胁,采取积极的措施,减轻可能带来的损失。环境变化带来的第二个影响就是威胁因素。由于环境威胁对企业的营销活动带来很大的负面影响,因此必须予以重视。

三、宏观环境分析

1. 政治与法律环境

政治与法律环境的变化会影响企业的经营行为和利益。所谓政治与法律环境主要是指法津、政府机构的政策法规,以及各种政治团体对企业活动所采取的态度和行动,还包括其他一些重大的政治事件。一个国家或地区的政治与社会稳定是大多数企业顺利进行营销活动的基本前提,而内战、频繁的罢工或与外部的武装冲突往往会使企业经受萧条和倒闭的痛苦,除非是靠战争发财的军火商人或是靠战乱投机的贩毒集团。一个国家和地区内发生的一些重大活动和事件也总是直接或间接地影响企业的经营计划和策略。例如,在我国"文化大革命"时期,企业就不可能专心从事市场调查、预测、分析、计划和控制工作。而在实行市场经济体制以后,伴随着激烈的国内外市场竞争,企业则必须做好上述工作才能得以生存和发展。此外,法律的变化可能直接鼓励和限制某些商品的生产和销售。例如,我国对爆竹、雷管和炸药等危险品实行定点生产,同时,禁止多数企业生产枪支、弹药和安乐死药片等。目前,世界上很多国家都对企业的商务活动做了大量立法,而这些法律对企业的影响和制约也一直在不断增强。

2. 人口环境

人口环境是指人口的数量、分布、年龄和性别结构等情况。人口环境既是企业生产经营活动必要的人力资源条件,又是企业的产品和劳务的市场条件,还是企业生产经营的重要外部环境。人口环境又包括人口数量、人口结构、人口分布、家庭组成、教育和职业等内容。

3. 经济环境

经济环境主要是指一个国家或地区的社会经济制度、经济发展水平、产业结构、劳动力结构、物质资源状况、消费水平、消费结构及国际经济发展动态等。一般通过通货膨胀率、汇率、银行利率、各国政府货币、财政政策、税率、失业率等来进行描述。

4. 自然环境

任何企业的生产活动都与自然环境息息相关。随着工农业生产活动范围的扩大,同时也由于一直以来我们对环境保护的忽视,因此我国的自然环境在几十年中已遭受不可弥补的破坏。具体表现在:①土地超载和耕地锐减;②森林赤字;③淡水资源紧缺;④不可再生的资源短缺;⑤污染严重。

四、微观环境分析

微观环境又称直接营销环境(作业环境),指与企业紧密相连,直接影响企业营销能力的各种参与者,具体包括:企业本身、市场营销渠道、顾客、竞争者及社会公众。微观环境体现了宏观环境因素在某一领域中的综合运用,对企业当前和今后的经营活动产生直接的影响。

微观环境虽然与宏观环境一样,都是企业的外部环境因素,都存在着一定的不可控性,但它比宏观环境对企业市场营销的影响更为直接,且微观环境中的一些因素,企业经过努力可以不同程度地加以控制。一般而言，微观营销环境的因素主要包括：供应商、企业内部门、营销中介、顾客、社会公众、竞争者。

1. 供应商分析

(1)供应商分析的必要性。

供应商是指对企业进行生产所需而提供特定的原材料、辅助材料、设备、能源、劳务、资金等资源的供货单位。这些资源的变化直接影响到企业产品的产量、质量及利润，从而影响企业营销计划和营销目标的完成。

(2)供应商对企业营销的影响。

一是供应的及时性和稳定性。保证原材料、零部件、能源及机器设备等货源，是企业营销活动顺利进行的前提。例如，棉纺厂不仅需要棉花等原料来进行加工，还需要设备、能源作为生产手段与要素，任何一个环节在供应上出现了问题，都会导致企业的整个生产活动无法正常开展。为此，企业为了在时间上和连续性上保证得到货源供应，就必须和供应商保持良好的关系，必须及时了解和掌握供应商的情况，分析其状况和变化。

二是供应的货物价格变化。供应的货物价格变动会直接影响企业产品的成本。如果供应商提高原材料价格，必然会带来企业的产品成本上升，生产企业如提高产品价格，会影响市场销路；可以使价格不变，但会减少企业的利润。为此，企业必须密切关注和分析供应商的货物价格变动趋势，使企业早作准备，积极应对。

三是供货的质量保证。供应商能否供应质量有保证的生产资料，会直接影响企业产品的质量，进而影响销售量、利润及企业信誉。例如，劣质葡萄难以生产质优葡萄酒，劣质建筑材料难以保证建筑物屹立不倒。为此，企业必须了解供应商的产品，分析其产品的质量标准，从而保证自己的产品质量，以赢得市场。

2. 企业内部分析

企业开展营销活动要充分考虑到企业内部的环境力量和因素。企业是组织生产和经营的经济单位，是一个系统组织。企业内部一般设立计划、技术、采购、生产、营销、质检、财务、后勤等部门。企业内部各职能部门的工作及其相互之间的协调关系，直接影响企业的整个营销活动。企业销售部门与其他部门之间既有多方面的合作，也会经常与生产、技术、财务等部门发生矛盾。由于各部门各自的工作重点不同，有些矛盾往往难以协调。例如，生产部门关注的是长期生产的定型产品，要求品种规格少、批量大、标准订单、较稳定的质量管理，而营销部门注重的是能适应市场变化、满足目标消费者需求的“短、平、快”产品，则要求多品种规格、少批量、个性化订单、特殊的质量管理。所以，企业在制订营销计划，开展营销活动时，必须协调和处理好各部门之间的矛盾和关系。这就要求进行有效沟通、协调、处理好各部门的关系，营造良好的企业内部环境，以更好地实现营销目标。

3. 营销中介分析

(1)营销中介分析的必要性。

营销中介是指为企业营销活动提供各种服务的企业或部门的总称。营销中介对企业营销产生直接的、重大的影响，只有通过有关营销中介所提供的服务，企业才能把产品顺利地送到目标消费者手中。营销中介的主要功能是帮助企业推广和分销产品。所以，企业有必要对营销中介进行分析。

(2)营销中介分析的主要对象。

1)中间商。指产品从生产商流向消费者的中间环节或渠道,它主要包括批发商和零售商两大类。中间商对企业营销具有极其重要的影响,它能帮助企业寻找目标顾客,为产品打开销路,为顾客创造地点效用、时间效用和持有效用。一般企业都需要与中间商合作,来完成企业营销目标。为此,企业需要选择适合自己营销的合格中间商,必须与中间商建立良好的合作关系,必须了解和分析其经营活动,并采取一些激励性措施来推动其业务活动的开展。

2)营销服务机构。指企业营销中提供专业服务的机构,包括广告公司、广告媒介经营公司、市场调研公司、营销咨询公司、财务公司等,这些机构对企业的营销活动会产生直接影响。它们的主要任务是协助企业确立市场定位,并进行市场推广。虽然一些大企业或公司往往有自己的广告和市场调研部门,但大多数企业则以合同方式委托这些专业公司来办理有关事务。为此,企业需要关注、分析这些服务机构,选择最能为本企业提供有效服务的机构。

3)物资分销机构。指帮助企业进行保管、储存、运输的物流机构,包括仓储公司、运输公司等。物资分销机构主要任务是协助企业将产品实体运往销售目的地,完成产品空间位置的移动。当抵达目的地之后,还有一段待售时间,还要协助保管和储存。这些物流机构是否安全、便利、经济,将会直接影响企业营销效果。因此,在企业营销活动中,必须了解和研究物资分销机构及业务变化动态。

4)金融机构。指企业营销活动中进行资金融通的机构,包括银行、信托公司、保险公司等。金融机构的主要功能是为企业营销活动提供融资及保险服务。在现代社会中,任何企业都要通过金融机构开展经营业务往来。金融机构业务活动的变化还会影响企业的营销活动,如银行贷款利率上升,会使企业融资成本增加,信贷资金来源受到限制。为此,企业应与这些公司保持良好的关系,以保证融资及信贷业务的稳定和渠道的畅通。

4. 顾客分析

(1)顾客分析的必要性。顾客是指使用进入消费领域的最终产品或劳务的消费者和生产者,也是企业营销活动的最终目标市场。由于顾客是市场的主体,任何企业的产品和服务,只有得到了顾客的认可,才能赢得这个市场,顾客对企业营销的影响程度远远超过前述的环境因素。因此,现代营销强调把满足顾客需要作为企业营销管理的核心。

(2)顾客分析的市场类型。①消费者市场。指为满足个人或家庭消费需求购买产品或服务的个人和家庭。②生产者市场。指为生产其他产品或服务,以赚取利润而购买产品或服务的组织。③中间商市场。指购买产品或服务以转售,从中赢利的组织。④政府市场。指购买产品或服务,以提供公共服务或把这些产品及服务转让给其他需要的人的政府机构。⑤国际市场。指国外购买产品或服务的个人及组织,包括外国消费者、生产商、中间商及政府。

(3)顾客分析的要求。上述五类市场的顾客需求各不相同,要求企业以不同的方式提供产品或服务,它们的需求、欲望和偏好直接影响企业实现其营销目标。为此,企业要注重对顾客进行研究,分析顾客的需求规模、需求结构、需求心理及购买特点,这是企业营销活动的起点和前提。

5. 社会公众分析

社会公众是企业营销活动中与企业营销活动发生关系的各种群体的总称。公众对企业的态度,会对营销活动产生巨大的影响,它既有助于企业树立良好的形象,也可能破坏企业的形象。所以企业必须处理好与主要公众的关系，争取公众的支持和偏爱，为自己营造和谐、宽松的社会环境。社会公众分析的对象主要包括以下六类。

(1)金融公众。主要包括银行、投资公司、证券公司、股东等，他们对企业的融资能力有重要的影响。

(2)媒介公众。主要包括报纸、杂志、电台、电视台等传播媒介，他们掌握传媒工具，有着广泛的社会联系，能直接影响社会舆论对企业的认识和评价。

(3)政府公众。主要指与企业营销活动有关的各级政府机构和部门，他们所制定的方针、政策、对企业营销活动既是限制，又是机遇。

(4)社团公众。主要指与企业营销活动有关的非政府机构，如消费者组织、环境保护组织，以及其他群众团体。企业营销活动涉及社会各方面的利益，来自这些社团公众的意见、建议，往往对企业营销决策有着十分重要的影响。

(5)社区公众。主要指企业所在地附近的居民和社区团体。社区是企业的邻里，企业保持与社区的良好关系，为社区的发展作一定的贡献，会受到社区居民的好评，他们的口碑能帮助企业在社会上树立良好形象。

(6)内部公众。主要指企业内部的管理人员及一般员工，企业的营销活动离不开内部公众的支持。应该处理好与广大员工的关系，调动他们开展市场营销活动的积极性和创造性。

6. 竞争者分析

竞争是商品经济的必然现象。在商品经济条件下，任何企业在目标市场进行营销活动时，都不可避免地会遇到竞争对手的挑战。即使在某个市场上只有一个企业在提供产品或服务，没有现实存在的对手，也很难断定在这个市场上没有其他潜在的竞争企业。企业竞争对手的状况将直接影响企业营销活动。例如，竞争对手的营销策略及营销活动的变化就会直接影响企业的营销，最为明显的是竞争对手的产品价格、广告宣传、促销手段的变化，以及产品的开发、销售服务的加强都将直接对企业造成威胁。为此，企业在制定营销策略前必须先弄清竞争对手，特别是同行业竞争对手的生产经营状况，只有做到知己知彼，才能有效地开展营销活动。

竞争者分析的内容主要包括：①竞争企业的数量；②竞争企业的规模和能力；③竞争企业对竞争产品的依赖程度；④竞争企业所采取的营销策略及对其他企业策略的反映程度；⑤竞争企业能够获取优势的特殊材料来源及供应渠道。

第二节　目标市场选择

一、农产品市场细分

1. 农产品市场细分的依据

按照市场细分原理，农产品市场细分就是以农产品消费者需要与欲望的差异性及其影响因素为依据，将整体农产品市场划分为两个或两个以上消费者群体的过程。需要与欲望相同的消费者群体就是一个细分市场。总体来看，由于农产品的特性就是满足人们的基本生存需要，且同一功能不同品种的农产品间的替代弹性较大；与其他市场相比，农产品市场的同质性强，差异化程度低。因此，可细分的程度较低。

(1)农产品消费者市场细分的依据。与其他消费者细分市场的主要因素一样，农产品市场细分影响因素可归纳为地理环境因素、人口统计因素、消费心理因素、购买行为因素四种。

1)地理细分。是按照消费者所处的地理位置、自然环境所作的细分。具体变量包括：不同的国家、地区、城市、乡村、城市规模、人口密度、不同的气候带、不同的地形地貌等。

2)人口细分。按照人口统计因素所做的市场细分。具体的变量包括：年龄、性别、职业、教育、收入、民族、宗教等。人口变量是农产品市场细分的主要变量。在农产品加工市场中，所有的人口变量都存在，可按照年龄、性别等的不同来细分市场。在农产品初级市场中，年龄与性别变量影响较小。收入与教育水平等其他许多变量对消费者农产品购买行为产生较为明显的差异性影响。在其他条件不变的情况下，收入与教育水平越高，消费者越注重营养、农产品质量与安全，可据此构成质量与价格相匹配的差异性的细分市场。例如，“有机农产品”“生态农产品”适宜于收入高并偏好与产品优质的消费者群体，但由于生产成本高，产量低，往往价格高，细分市场规模小，通常会采用会员制的市场销售方式。

3)心理细分。按照消费者心理特征所作的细分。消费者心理因素很复杂，一般心理变量包括：生活方式、个性、购买动机、对产品供求趋势及销售方式的感应程度等。一般而言，因为消费者需求具有可诱导性的特点，心理变量中影响较大的购买动机和销售方式，在既定的宏观和微观营销环境之中，存在着不同的刺激因素，可以激发人们的购买动机，而最强烈的购买动机就产生相应的购买行为。

4)行为细分。是根据消费者不同消费行为所做的细分。具体变量有：消费者进入市场的程度、购买或使用产品的时机、消费者的数量规模、对品牌的忠诚程度等。行为细分变量中对农产品消费者影响最大的就是品牌。

(2)农产品产业市场细分依据。一般而言，由于产业市场的特点不同于消费市场，产业市场细分在用户规模和用户地点两个方面不同于消费市场细分。尽管如此，农产品产业市场仍然可以依据用户规模与地理位置两个变量进行一定程度的细分。由于农产品本身可以作为生产资料，如种子、种苗、种畜等。可针对消费者的派生需求及农产品产业市场的购买需求，按农产品生产规模与位置进行细分。

二、农产品目标市场的确定

任何一个地区的农产品销售都会遇到一个问题，那就是在产品好卖的时候，产品显得很少，产品不够卖，让人着急；在产品不好卖的时候，又显得产品很多、难卖，让人心烦。由于土地和水域等自然条件的农产品，会受到资源限制，任何一个经营单位的数量都是有限的。因此，选择目标市场的目的就是为“有一定产量极限”的农产品，在市场上选择与产能相当的营销范围和对象，做到“保时、保量和优价”销售，这就是农业产业的“哑铃结构”，也是农业产业与一般工业企业的不同之处。

(一)选择目标市场的主要任务

1. 选择营销区域

产品和人一样，都有适合它的地方，找到了这个地方，就可以兴旺发达；找错了地方，就会诸事不利。营销区域是认识和选择出来的，营销区域的选择是一个定量的调查与分析的过程，必须有一个比较清晰的描述，如区域面积、人口总量、购买能力、交通条件、主要媒体及当地文化风俗等。

2. 选择营销对象

营销学对市场的描述是人口＋需求＋购买能力。在任何一个市场中，都有最适合某类产品消费的人群，这个人群就是"目标消费者"。因为对某类商品存在显在或潜在的需求，同时具有购买支付能力，所以被定位为"目标消费者群体"，产品能否找到这个群体，对于销售来讲是至关重要的。这个群体找到后，要根据调查，进行定性的描述，主要内容是：群体阶层、性别阶层、性别与数量、文化与价值观、购买场所与环境、信息渠道与爱好、基本收入与定向支出等。有了准确的描述，开展销售终端的宣传活动才会准确有效。

3. 竞争分析

有了营销区域和目标群体之后，就要对竞争情况进行分析，既要清楚同业、同质产品的竞争情况，也要知道同类需求的满足情况。同业、同质产品竞争的判定通常是以各种品种在总体销售额中所占的比例为核算基础的。而同类需求的竞争，是以消费者现在和潜在的需求满足程度为基数进行分析的。对同类需求者的竞争分析，可以帮助生产者获得更多和更新的营销机会；而对同业和同质产品的竞争分析，可以让生产者知道自己的品牌在市场中的地位。竞争分析，如图 8-1 所示。

同样一个市场对谁都有价值，能否获得价值需要看企业的竞争能力。例如，蒙牛和伊利这些大品牌，关心的只是全国市场和主要城市的市场，而一些中小城市则可能会让一些中小型乳产企业得以安身。

从图 8-1 中，我们可以作出如下的判断：如果你是该行业中的领先者，那么你就在 3 类区域中全力开发、收获。如果你与竞争者不相上下，那么就选择先占领 9 类和 6 类区域后，再在 3 类区域内展开竞争。假如，你是行业中最弱小的，那你只能先定位在 9 类区域内先求得生存，而后随着壮大再占领其他市场。所以，选择产业与市场的理念应该是：选择做正确的事情，而不要急于把事情做正确。

图 8-1　农产品市场竞争力分析矩阵

(二)目标市场的选择模式

农产品目标市场是农产品生产者营销活动所需要满足的市场，是农产品生产者为实现预期目标所要进入的市场。根据目标市场选择的基本原理，先要对各个细分市场做出评价，以发现一个或几个值得进入的目标市场。有以下两种目标市场的选择模式。

1.产品与市场组合模式

(1)单一市场集中化。以一种产品满足一个细分市场需求,称为单一市场集中化。农产品生产者采取这种模式多依据自身资源优势及预期投资收益来确定,这种模式是农产品经营中普遍采用的目标市场选择模式。

(2)选择性专业化。同时进入几个相互没有联系的细分市场,称为选择性专业化。选择性专业化是一种多元化发展策略,既需要足够的资金用于投资,也需要全面的技术、生产资料和生产设备用于不同的专业领域。由于农产品市场整体上就是一个产品间相互联系的专业化市场,因此具备选择这种模式的先决条件。

(3)产品专业化。同时向几个细分市场销售一种产品,即为产品专业化。产品专业化可以集中发挥生产者优势,在一种或少数产品市场上建立商誉。根据农业和农产品生产的特点,农产品生产者可选择这种模式。

(4)市场专业化。以多种产品集中满足一个顾客群体的需要,称为市场专业化。农产品生产者可以根据农业生产的特点和自身生产条件,集中生产相互联系的产品来满足一个细分市场需求。

2.营销组合与目标市场匹配模式

(1)无差异化营销。主要是指面对细分市场,企业看重各自市场之间在需求方面的共性而不注重它们的个性,并不是把一个或若干个子市场作为目标市场,而是把各子市场重新集合成一个整体市场,并把它作为自己的主要目标市场。企业向整体市场提供标准化的产品,采取单一的营销组合,并通过强有力的促销吸引尽可能多的购买者,这样不仅可以增强消费者对产品的印象,也会使管理工作变得简单有效。

无差异化营销的优点是低成本。单一产品线可以产生相对的规模经营效益,存储和运输也都相对方便快捷,广告宣传、物流配送等资源配置都集中在一种产品上,有利于强化品牌形象。无差异化营销的最大优点是成本的经济性,就像制造上的"大量生产"与"标准化"一样,单一产品线可减少生产、存货和运输成本;无差异的广告计划能使企业因大量使用广告而获得媒体的价格折扣;而不必进行市场细分所需的营销研究与规划,以降低营销研究的成本与管理费用。但这种策略可能引起激烈的竞争,实行无差异营销的直销商一般针对整体市场,当同行中有许多人如法炮制之后,可能发生在大市场内竞争过度,而小市场却无人问津的情况。

(2)差异化营销。是指面对已经细分的市场,企业选择两个或者两个以上的子市场作为目标市场,分别对每个子市场提供针对性的产品和服务,以及相应的销售措施。企业根据子市场的特点,分别制订产品策略、价格策略、渠道策略及促销策略并予以实施。差异化营销,核心思想是"细分市场,针对目标消费群进行定位,导入品牌,树立形象"。是在市场细分的基础上,针对目标市场的个性化需求,通过品牌定位与传播,赋予品牌独特的价值,树立鲜明的形象,建立品牌的差异化和个性化核心竞争优势。差异化营销的关键是积极寻找市场空白点,选择目标市场,挖掘消费者尚未满足的个性化需求,开发产品的新功能,赋予品牌新的价值。差异化营销的依据,是市场消费需求的多样化特性。不同的消费者具有不同的爱好、不同的个性、不同的价值取向、不同的收入水平和不同的消费理念,从而决定了他们对产品品牌有不同的需求侧重,这就是实施差异化营销的原因。差异化营销不是某个营销层面、某种营销手段的创新,而是产品、概念、价值、形象、推广手段、促销方法等多方位、系统性的营销创新，并在创新的基础上实现品牌在细分市场上的目标聚焦，取得战略性的领先优势。

差异化营销的优点和缺点。其优点主要表现在，企业采用差异化营销策略，既可以使顾客的不同需求得到更好的满足，也可以使每个子市场的销售潜力得到最大限度的挖掘，从而扩大企业的市场占有率。同时也极大降低了经营风险，一个子市场的失败，不会导致整个企业陷入困境。差异化营销策略会极大提高企业的竞争能力，企业树立的产品品牌，可以大大提高消费者对企业产品的信赖感和购买率。例如，多样化的广告，多渠道的分销，多种市场调研费用，管理费用等，都是限制小企业进入的壁垒。所以，对于财力雄厚、技术强大、拥有高质量的产品的企业来说，差异化营销无疑是最好的选择。

差异化也有一定的局限性，其最大的缺点就是营销成本过高，生产一般为小批量，使单位产品的成本相对上升，不具规模经济性。另外，如市场调研、销售分析、促销计划、渠道建立、广告宣传、物流配送等许多方面的成本都无疑会大幅度的增加。这也是为什么很多企业做差异化营销，市场占有率扩大了，销量增加了，利润却降低了的原因所在。

(3)集中营销 (Concentrated Marketing)，亦称聚焦营销，是指企业既不是面向整体市场，也不是把力量分散使用于若干个细分市场，而只选择一个或少数几个细分市场作为目标市场。资源有限的中小企业多采用这一策略。这种策略的优点是适应了本企业资源有限这一特点，可以集中力量迅速进入和占领某一特定细分市场。生产和营销的集中性，使企业经营成本降低，但该策略风险较大。如果目标市场突然变化，如价格猛跌或突然出现强有力的竞争者，企业就有可能陷入困境。

集中营销市场应具备的条件：一是该市场的需求与企业的特长及目标相吻合，以便企业在未来的竞争角逐中能处于优势地位；二是该市场应具有一定的规模和发展潜力，给企业的入驻留有一定的上升空间；三是该市场的现有市场结构具备长期的内在吸引力，为企业赢利提供充分的前提条件；四是目标市场能进一步促进企业新老产品的更替，实现企业扩大销售量和提高市场占有率的目的。

第三节　农产品市场营销策略

一、产品

1. 市场营销学中农产品的概念

市场营销学中的农产品概念是从产品整体角度考虑的。农产品是农业生产者提供给市场、用于消费者多层次的食物营养与独特的精神文化需求，以及农产品产业市场的相关产品与原材料需求的农业产出物。它包括三个层次。一是核心产品，指顾客所追求的农产品基本效用与利益。农产品作为食物，提供人体所需要的能量与各种营养物质；作为初级产品形式的原料，可提供产业市场中加工业和制造业所需的相应的生产资料和原料；作为景观农产品，可以满足人们独特的精神文化情趣的需要，是核心产品抽象了产品的概念。二是有形产品，指农产品的实体外观，包括农产品的具体形态、质量、特征、品牌和包装等，是核心产品所展示的全部外部特征。三是附加服务与利益，如农产品买方信贷、送货、保证等。

2. 农产品开发的含义

农产品开发包括新发明的农产品、改进与改型的农产品、农产品新品牌与新的产品线、产品线延伸与新定位产品等。狭义的农产品是指对原有农产品的改良、换代及创新，旨在满足市场需求变化，提高农产品竞争力。主要包括：①创新农产品，指新物种发现后成功市场化的农产品；②改良农产品，对原有的农产品进行改良与换代。通过育种等手段可改变农作物性状，进而改变农产品品质，如新疆彩棉、转基因大豆等；③仿制农产品，引种、引进利用他人创新或改良的农产品，如中国从国外引进的樱桃番茄等。

农产品开发是产品策略的重要组成部分，农产品开发在一定程度上拓展了农产品的基本效用与利益，更大程度上则是对农产品的更新和改进，以吸引顾客、拓展市场为最终目的。农产品开发策略主要分为个别农产品策略和农产品组合策略两个方面。

3. 个别农产品开发与品牌化策略

个别农产品开发与营销策略包括：规定产品属性、建立品牌、确定包装与标签、提供产品服务等几个方面。

(1)规定产品属性。指规定产品所能提供的利益。这些利益可以通过三个属性提供给顾客，即产品质量、产品特色、产品设计。

(2)建立品牌。农产品品牌策略主要包括品牌化策略和品牌归属策略。品牌化策略就是是否使用品牌。一般而言，由于农产品的基本效用与利益具有同质性强的特点，因此农产品的品牌策略运用少于其他产品。随着经济发展，人均收入提高，安全、健康意识不断深化，农产品更新换代日益迅速，差别化产品不断涌现，这些都为农产品品牌化提供了市场机会。强化品牌意识，是标志农产品属性的有效方式。中国的农产品品种繁多，有不少名优特产品，使用品牌后可以吸引顾客，保护自身利益，便于订货与市场管理等。品牌归属策略，即品牌归谁所有，由谁负责。农业生产者既可以拥有自己的品牌，也可以使用中间商的品牌，还可以两者兼用。

(3)确定包装与标签。农产品包装可以保护产品、便于运输、美化产品和促进销售。农产品包装可以分为运输包装盒和销售包装，前者便于装卸和运输，而后者便于消费。

(4)提供扶持产品的服务。产品服务属于产品概念的最外层，是营销观念发展到 20 世纪 50 年代才出现的。农产品生产的特点决定了农产品市场营销观的产生晚于其他产品，扶持产品的服务在农产品市场中目前还比较少见。

4. 农产品分级标准和安全卫生标准

无论是以食用为主的农产品，还是以工业原料为主的农产品，其分级标准和安全卫生标准是个别产品开发的重要内容。农产品分级标准与安全卫生标准是农业标准的重要组成部分；目前农业标准包括：基础标准、品种标准、产品标准、质量标准、分级标准、包装标准、试验标准、方法标准、安全标准、卫生标准等。

(1)农产品分级标准。农产品分级标准是衡量农产品品质的尺度，包括实用品质、商业价值等，采用具体的质量指标来衡量农产品的等级。质量指标包括感观指标、理化指标、生化指标及安全指标等。中国现已制定了种植业、畜牧业、水产业、林业等产业，还包括粮、棉、油、菜、茶、肉、蛋奶等众多农产品的分级标准。农产品分级标准可以客观和统一的说明农产品的品质，便于买卖，提高市场交易和定价效率，优质优价，对农产品生产者进行激励。

(2)农产品安全卫生标准。农产品安全卫生事关消费者身心健康，受到消费者、企业、政府、国际组织等高度重视，各国政府和有关国际组织制定了有关管理标准和法律条文。我国相继颁布了无公害农产品生产标准与绿色食品生产标准。无公害农产品生产对产地环境、生产过程和产品质量等作出了分门别类的要求，产品标准、环境标准和生产资料使用准则为国家或行业强制性标准，而生产操作过程为推荐性行业标准。

5. 产品组合策略

农产品组合是指农产品的各种花色品种的组合，包括农产品大类以及农产品项目。农产品组合决策涉及广度、深度与关联性的调整、增减。增加农产品大类数量可以开辟新的财源，增加农产品大类中的农产品项目数量可以较为牢固地占有市场，增加农产品准则的关联性可以降低营销费用或生产成本。

二、定价

1. 农产品价格

农产品价格形成与运行的基础是农产品价值；货币的价值、市场供求关系、市场竞争、国家政治与经济政策、人们的消费偏好等是农产品价格形成与运动的重要条件。

在我国，农产品价格按管理形式划分，可分为国家定价、国家指导价和市场调节价。按流转过程的环节划分，可分为农产品收购价格、农产品批发价格、农产品调拨价格、农产品零售价格等。

农产品的价格同一切商品一样，由生产中消耗的生产资料的价值、劳动者的必要劳动所创造的价值和劳动者的剩余劳动所创造的价值三个部分构成。但农业中由于优等地和中等地的有限性，不得不将劣等地也纳入生产，农产品的社会价格是由生产资料和劳动报酬费用较高的劣等地的农产品价值决定的。同时，农产品价格还受供求关系的影响。农产品价格是否合理，不仅影响农业生产的发展，农产品的流通、消费和农民的收入水平，而且影响工业品的成本和价格，还影响国家同农民之间、城乡居民之间及农民内部的物质利益关系，对整个社会经济生活的安定也关系重大。

在不少国家，政府对重要农产品价格的管理着重于保护农业生产者的利益。例如，有的在农产品市场供过于求时由政府收购和组织储备，或对减少种植面积的农户给予奖励，以减少农产品的数量，使价格不致下降过多；有的对农产品出口实行价格补贴政策，以利市场竞争；有的运用关税手段抵制其他国家低价农产品的倾销等。在农产品不足的国家，政府还通过多种手段，如释放储备、由国家统一收购后以较低价格供应市场，或从国外进口农产品等，以防止农产品价格上涨过快，从而维护消费者的利益，并维持社会安定。

政府对农产品价格的管理不论在资本主义或社会主义国家，都受客观的价值规律的制约，许多措施一般都需由国家财政提供资金。

中国自20世纪50年代初期以后，对属于统购、派购范围的重要农产品实行由国家统一规定或由国家指导规定的计划价格。1985年改革统购、派购制度为合同定购与市场收购制度后，实行计划价格的只限于粮食、棉花和油料等少数重要农产品。实行合同定购制度的农产品，可由政府与农民协商定价；或由国家定价，与农民协商定购数量。

2.比价与差价

为了使农产品的价格大体上反映其价值，需要正确处理不同农产品的比价、工农产品的比价以及同种农产品的各种差价关系。

(1)比价。比价是指同一时间同一地区不同商品价格之间的比例关系。由于粮食在我国农产品中占据特殊而重要的地位，因此各种农产品的比价大多以粮食价格为中心来确定，如粮棉比价、粮油比价、粮肉比价等。农产品比价的合理调整，不仅可以扩大或限制某种农产品的生产，而且是形成合理的农业生产结构的重要手段。关于工业品和农产品的比价，在工业劳动生产率高于农业的条件下，出现工业品价格高于价值，而农产品价格低于价值的情况，在发展中国家由于农业劳动生产率的提高仍慢于工业等原因，因此在一定历史时期内仍不可能完全消除。

(2)差价。同一商品由于生产成本、流通费用、包括储存及商品质量不同等原因而形成的价格差额。主要有以下几种：

1)农产品购销差价。指同一种农产品在同一地区的收购价格与销售价格之间的差额。适当的购销差价除能补偿农产品运销各环节上的流通费用以外，还有助于调节农产品的市场供求关系。反之，购销差价不合理，则会挫伤农民生产、出售农产品或商业部门经营农产品的积极性，并影响消费。中国对于粮食等关系广大人民生活的主要农产品，自 1978 年年底实行经济体制改革以来，为了鼓励生产又不致增加消费者的经济负担，国家不断提高收购价格，同时用财政手段对商业部门实行补贴，以保持销售价格不变。现正向相应提高销售价格，同时对消费者实行补贴过渡。而过多的价格补贴将会增加国家的财政负担，对整个国民经济的发展产生不利影响。

2)农产品地区差价。指同一时间、同一商品的收购价格在不同地区之间的差额。地区差价的形成，主要是由于不同地区的自然、经济条件存在差别，因而产生同一种农产品在不同地区消耗的劳动量不同，成本不一。合理的地区差价有利于发挥各地区资源优势，促进条件较差的地区发展农业生产，又不致影响条件较好地区的积极性。

3)农产品季节差价。指同一商品在同一地区的收购价格或销售价格在不同季节之间的差额。季节差价存在是由于某些农产品的季节性生产同常年的消费需求之间存在矛盾，因此从生产到消费的时间差中，增加了储存、保管、自然损耗和利息等费用。此外，同种农产品在不同季节生产，产量和费用的差别也很大，如蔬菜温室生产费用高，提早上市产量低。实行季节差价以补偿由于上述原因而增加的生产、流通费用，还有利于平衡淡旺季的农产品供应。

4)农产品质量差价。指同一商品因质量不同而形成的价格差额。优质优价、劣质低价，拉开品质差价的档次，有利于促进农产品品质的提高和保护生产者、消费者双方的利益。

3.农产品定价方法

(1)当前利润最大化目标与定价方法。当前利润最大化是农产品卖者欲求生产周期的利润最大。相关的定价方法主要有目标利润定价法和成本加成定价法。

(2)生存目标与定价方法。是卖者面临激烈的市场竞争或生产能力过剩、试图改变消费者需求或等待市场时机时所形成的目标。一般用于短期定价决策。

(3)产品质量最优化目标与定价方法。卖方的定价目标是在市场上获取质量领先地位，欲以高价格弥补高质量和研究与开发成本时所采取的定价方法。这种定价方法要结合顾客需求取向来定价。因为卖者的质量最优最终要得到顾客认可，才能有一定的市场占有率，如绿色农产品的定价方法、特色农产品的定价方法、有机农产品的定价方法。

(4)市场占有率最大化目标与定价方法。卖方的定价目标是在市场上占有优势份额，使未来享有最低的成本和最高的长期利润。这时，通常制定尽可能低的价格以追求市场占有率领先地位，如中国液态奶几大名牌的定价方法和由此引发的彼此间的价格竞争。

(5)稳定市场份额与定价方法。最常采用的方法是随行就市法。很多农产品是同质性很强的产品，并无明显的可区别于其他竞争行为的差异化特征；很多卖者，尤其是农户生产者规模雷同，亦无明显的突出于其他农户的优势，所以采用此方法较多。

4. 农产品定价策略

可分为新产品定价策略、产品组合定价策略、折扣与让价策略、心理定价策略等。在定价策略上，农产品定价与其他产品并没有明显的区别，此处不再赘述。

三、分销渠道

1. 农产品分销渠道的基本类型

从农产品市场购买者的角度分类，农产品分销渠道可分为消费者市场分销渠道和产业市场分销渠道。

中国农产品分销渠道中的零售商主要有农贸市场和超市两种形态。农产品市场中的零售商又可以分为农产品生产者直销形式的零售商和摊贩。从这种意义上说，从生产者到消费者的农产品直销渠道，不包括农产品生产者到农贸市场的零售行为。

农业经纪人是中国农产品销售中不可或缺的中间商形式。大部分的中国农户生产规模小，一家一户直接与大市场衔接的收益不足以抵消成本，更重要的是难以发现市场。农业经纪人能起到发现市场并集结农户产品形成相对规模的作用。中国农产品的批发商主要以农产品批发市场为主，以分散小规模的批发商经营为特征。特别是生鲜农产品批发市场，大多采取面对面的交易方式，而缺乏现代化基础设施和交易手段。

2. 农产品分销渠道的影响因素与分销渠道选择

农产品分销渠道的影响因素制约着农产品分销渠道设计，影响着农产品分销渠道的管理。可归纳为以下因素：

(1)产品特性。农产品鲜活不易储的特性要求分销渠道短而快捷，要求有相应的冷藏设备。粮食产品的体积大，具有收获的季节性与储存的周期性特征，产业市场中相应层次的代理商就应具备特定的仓储设施和技术。因此，对不同分销层次上的中间商进入分销渠道提出了最基本的要求。

(2)市场需求特性。尽管农产品鲜活不易储的特性要求分销渠道短而快捷；但另一方面，农产品大都是每日生活必需品，消费者数量众多且比较分散，所需品种繁多而且复杂，购买的频率和次数多，流通量大。一般而言，小规模零售商不宜采用生产者—零售商—消费者组成的分销渠道，否则会因为提高经销成本而提高产品价格。这时采用经由批发商的分销渠道更有利。而就规模大的零售商来说，因为相对于每一种农产品可以形成一定的采购规模，就可以利用较稳定的生产者作为供应商，以减少分销渠道的层次，节约采购费用，并保证较低的农产品价格。

(3)环境特性。从微观角度来看,生产差异性大的农产品的生产者在选择分销渠道时具有较大的余地,进入同一分销渠道可与竞争者形成比较,突出自己的产品特色,也具备了进入不同分销渠道的竞争实力。从宏观角度来看,农产品作为关系国计民生的重要产品,不同经济形势下受到国家政策法规的约束,分销渠道的选择也要符合国家的政策要求。

(4)生产者的状况。作为卖者的生产者与中间商的实力对比是决定生产者在分销渠道中掌握多大自主权的根本依据。一般小规模的农户在分销渠道选择中不具有主动权。特别是在农产品现代零售业态超市的发展中,从供应链管理的角度来看,与消费者直接联系的超市在供应链中具有主动权,是供应链管理的核心企业,小规模的农户若不组织起来形成相对规模,只能处于被分销商选择的被动地位。

第四节 农产品品牌的创建

一、品牌及作用

1. 品牌

品牌是一个名称、名词、符号或设计,或者是它们的组合,其目的是识别某个销售者或某群销售者的产品或劳务,并使之同竞争对手的产品和劳务区别开来。一般认为,品牌是由术语、标记、符号、图案和颜色等要素组合构成,用作产品标志,与同类产品相区别,其实质就是卖者对买者的产品特征、利益和服务的一贯性承诺。

品牌包括品牌名称、品牌标志和商标等内容。品牌名称是指商品中可以用语言称谓的部分。例如,王老吉、健力宝等都是品牌名称。品牌标志是指品牌中不能用语言表达的部分,如符号、图案、设计、或颜色,如绿色食品的标志即是一种品牌标志。商标是一种法律名词,是指已获得专用权并受到法律保护的品牌或者品牌的一个部分,具有排他性。

2. 品牌的特征

(1)品牌是专有的。品牌是用以识别生产或销售者的产品或服务的。品牌拥有者经过法律程序的认定,享有品牌的专有权,有权要求其他企业或个人不能仿冒、伪造。这一点也是指品牌的排他性,然而我们国家的企业在国际竞争中没有很好的利用法律武器,没有发挥品牌的专有权。近些年来我们不断看到国内的金字招牌在国际市场上遭遇的尴尬局面,如“红塔山”在菲律宾被抢注,100 多个品牌被日本抢注,180 多个品牌在澳大利亚被抢注等,面对这些事情人们应该及时反省,充分利用品牌的专有权。

(2)品牌是企业的无形资源。由于品牌拥有者可以凭借品牌的优势不断获取利益,可以利用品牌的市场开拓力、形象扩张力,资本内蓄力不断发展,因此我们可以看到品牌的价值。虽然这种价值我们并不能像物质资产那样用实物的形式表述,但它能使企业的无形资产迅速增大,并且可以作为商品在市场上进行交易。品牌作为无形资产其价值可以有形量化,同时品牌可作为商品交易。

(3)品牌转化具有一定的风险及不确定性。品牌创立后,在其成长的过程中,由于市场不断变化,企业的品牌资本既可能壮大,也可能缩小,甚至某一品牌可能会在竞争中退出市场。品牌的成长由此存在一定风险,对其评估也存在难度。有时由于企业的产品质量出现意外,有时由于服务不过关,有时由于品牌资本盲目扩张,运作不佳,这些都给企业品牌的维护带来难度,对企业品牌效益的评估也出现不确定性。

(4)品牌的表象性。品牌是企业的无形资产,虽然不具有独立的实体,不占有空间,但它最初的目的就是让人们通过一个比较容易记忆的形式来记住某一产品或企业,因此,品牌必须有物质载体,需要通过一系列的物质载体来表现自己,使品牌有形化。品牌的直接载体主要是文字、图案和符号;而间接载体主要有产品的质量,产品服务、知名度、美誉度、市场占有率。没有物质载体,品牌就无法表现出来,更不可能达到品牌的整体传播效果。优秀的品牌在载体方面表现较为突出,如"可口可乐"的文字,使人们联想到其饮料的饮后效果,其红色图案及相应包装对宣传能起到独特的作用。

(5)品牌的扩张性。品牌具有识别功能,代表一种产品、一个企业,企业可以利用这一优点展示品牌对市场的开拓能力,还可以帮助企业利用品牌资本进行扩张。

3. 品牌的作用

(1)品牌——产品或企业核心价值的体现。品牌——消费者或用户记忆商品的工具,不仅要将商品销售给目标消费者或用户,而且要使消费者或用户通过使用对商品产生好感,形成品牌忠诚,使消费者或用户重复购买。消费者或用户通过对品牌产品的使用,就会围绕品牌形成消费经验,存储在记忆中,为将来的消费决策形成依据。一些企业更为自己的品牌树立了良好的形象,赋予了美好的情感,或代表了一定的文化,使品牌及品牌产品在消费者或用户心目中形成了美好的记忆。比如"麦当劳",人们对于这个品牌会感到一种美国文化、快餐文化,会联想到一种质量、标准和卫生,也能由"麦当劳"品牌引起儿童在麦当劳餐厅里尽情欢乐的回忆。

(2)品牌——识别商品的分辨器。品牌的建立是由于竞争的需要,是用来识别某个销售者的产品或服务的。品牌设计应具有独特性,有鲜明的个性特征,品牌的图案、文字等与竞争对手的区别代表了本企业的特点。同时,互不相同的品牌各自代表着不同的形式,不同质量,不同服务的产品,可为消费者或用户购买、使用产品提供借鉴。通过品牌人们可以认知产品,并依据品牌选择购买。例如,人们购买汽车时有这样几种品牌:奔驰、沃尔沃、桑塔纳、奥迪、英格尔。每种品牌汽车代表了不同的产品特性、不同的文化背景、不同的设计理念、不同的心理目标,消费者和用户便可根据自身的需要,依据产品特性进行选择。

(3)品牌——质量和信誉的保证。品牌代表企业,从长远发展的角度企业必须从产品质量上下功夫,特别是名牌产品、名牌企业、知名品牌就代表了一类产品的质量档次,代表了企业的信誉。比如"海尔",作为家电品牌人们提到"海尔"就会联想到"海尔"家电的高质量,"海尔"的优质售后服务及"海尔"人为消费者用户着想的动人画面。再如"耐克"作为运动鞋的世界知名品牌,其人性化的设计、高科技的原料、高质量的产品,为人们所共知。"耐克"代表的是企业的信誉、产品的质量。品牌——企业竞争的武器。

树品牌、创名牌是企业在市场竞争的条件下逐渐形成的共识。人们希望通过品牌对产品、企业加以区别,通过品牌形成品牌追随,通过品牌扩展市场。品牌的创立,名牌的形成正好能帮助企业实现上述目的,使品牌成为企业强有力的竞争武器。品牌,特别是名牌的出现,使用户形成了一定程度的忠诚度、信任度、追随度,由此使企业在与对手竞争中拥有了后盾基础。

品牌还可以利用其市场扩展的能力，带动企业进入新市场，带动新产品打入市场。品牌可以利用品牌资本运营的能力，通过一定的形式如特许经营、合同管理等形式，进行企业的扩张。总之，品牌作为市场竞争的武器常常带来意想不到的效果。

(4)品牌——企业的“摇钱树”。品牌以质量取胜。因为品牌常附有文化、情感内涵，所以品牌给产品增加了附加值。同时，品牌有一定的信任度、追随度，企业可以为品牌制定相对较高的价格，获得较高的利润。品牌中的知名品牌在这一方面表现最为突出。例如“海尔”家电，其价格一般比同等产品高；耐克运动鞋，比同等的李宁运动鞋、安踏运动鞋高出几百元。再如，可口可乐公司 1999 年的销售总额为 90 亿美元，其利润为 30 亿美元，营业利润 7 亿美元，除去 5%由资产投资带来的利润，其余 22.5 亿美元均是品牌为企业带来的高额利润，由此可见品牌特别是名牌给企业带来了较大的收益，而品牌作为无形资产，已为人们所认可。

4.品牌的种类

品牌可以依据不同的标准划分为不同的种类。

(1)根据品牌知名度的辐射区域划分。可以将品牌分为地区品牌、国内品牌、国际品牌、全球品牌。

地区品牌是指在一个较小的区域内生产销售的品牌。例如，地区性生产销售的特色产品。这些产品一般在一定范围内生产和销售，产品辐射范围不大，主要是受产品特性、地理条件及某些文化特性影响，这有点像地方戏种，如秦腔主要在陕西，晋剧主要在山西，豫剧主要在河南等现象。国内品牌是指国内知名度较高，产品辐射全国，在全国销售的产品。例如，家电巨子——“海尔”；香烟巨子——“红塔山”；饮料巨子——“娃哈哈”。国际品牌是指在国际市场上知名度、美誉度较高，产品辐射全球的品牌。例如，可口可乐、麦当劳、万宝路、奔驰、爱立信、微软、皮尔·卡丹等。

(2)根据品牌产品生产经营的不同环节划分。根据产品生产经营的所属环节可以将品牌分为制造商品牌和经营商品牌。制造商品牌是指制造商为自己生产产品而设计的品牌。例如，索尼、奔驰、长虹等。经销商品牌是经销商根据自身的需求，对市场的了解，结合企业发展需要创立的品牌。例如，“西尔斯”“王府井”等。

(3)根据品牌来源划分。依据品牌的来源可以将品牌分为自有品牌、外来品牌和嫁接品牌。自有品牌是企业依据自身需要创立的，如本田、东风、永久、摩托罗拉、全聚德等。外来品牌是指企业通过特许经营、兼并、收购或其他形式而取得的品牌。例如联合利华收购的北京“京华”牌等。

(4)根据品牌的生命周期长短划分。根据品牌的生命周期长短来划分，可以分为短期品牌、长期品牌。短期品牌是指品牌生命周期持续较短时间的品牌，由于某种原因在市场竞争中昙花一现或持续一时。长期品牌是指品牌生命周期随着产品生命周期的更替，仍能经久不衰，永葆青春的品牌。例如，全聚德、内联升、可口可乐、奔驰等。

(5)根据品牌产品内销或外销划分。依据产品品牌是针对国内市场还是国际市场可以划分为内销品牌和外销品牌。由于世界各国在法律、文化、科技等宏观环境方面存在巨大差异，一种产品在不同国家的市场上有不同的品牌，在国内市场上也有单独的品牌。虽然品牌划分为内销品牌和外销品牌对企业形象整体传播不利，但由于历史、文化等原因，不得不采用，而对新的品牌命名应考虑到国际化的影响。

(6)根据品牌的行业划分。可将品牌划分为家电业品牌、食用饮料业品牌、日用化工业品牌、汽车机械业品牌、商业品牌、服务业品牌、网络信息业品牌等几大类。

(7)根据品牌的原创性与延伸性划分。根据品牌的原创性与延伸性可划分为主品牌、副品牌等,如"海尔"品牌,现在有海尔冰箱、海尔彩电、海尔空调等,而海尔洗衣机中又分海尔小神童、海尔节能王等。另外也可将品牌分成母品牌、子品牌等,如,宝洁公司的海飞丝、飘柔、潘婷等。

(8)根据品牌的本体特征划分。根据品牌的本体特征划分又可将品牌划分为个人品牌、企业品牌、城市品牌、国家品牌、国际品牌等。例如,刘晓庆、姜文、张艺谋、王楠等属于个人品牌;哈尔滨市冰雪节、宁波国际服装节、CBD 节等属于城市品牌;金字塔、万里长城、埃菲尔铁塔、自由女神像等属于国家品牌;联合国、奥运会、国际红十字会等属于世界级品牌。

除了上述几种分类外,品牌还可依据产品或服务在市场上的态势划分为强势和弱势品牌;依据品牌用用途不同,划分为生产资料品牌等。

二、农产品品牌建设

1. 农产品品牌建设的特性

农产品带有明显的地域特色,在产品宣传之前,必须进行产地形象的宣传,产品才会好卖。例如:在国际市场中,巴西的香蕉、美国的蛇果、哈瓦那雪茄,以及在国内市场上的阿克苏苹果、库尔勒香梨、海南香蕉、兰州的百合花、阳澄湖的大闸蟹等,几乎所有的产品前都有一个产地定语。这个产地定语的形象知名与否,直接关系到产品好卖与否及价格的高低。在市场上,对于消费者购买的选择来讲,大家通常习惯于一定的思维模式,那就是:"买的是商品,选的是印象,信任的是形象"。如果在市场上,消费者信任一个地区的形象,认可该地区的品质,并形成了消费者针对一定的形象与品牌的集中度,那么该地区的农产品就不会存在卖难的问题了。事实证明,产地形象树立后,既可以在市场上支持本地众多品牌的市场销售,也可以支持本地区产品在市场上的价格。例如,甘肃天水的花牛苹果,在北京奥运会提供评选中,获得四个一等奖之后,虽然在生产方面遇到了天灾,出现了一定的减产,但是由于形象已经树立,品牌初步形成,各地采购商均以高出以往的价格抢购苹果。所以天水果业在 2009 年减产的情况下,还能实现新增销售收入近两亿元,农民得到了实惠,产业赢得了地位。这两亿元的新增收益就是产地形象的贡献。在受到土地贡献率制约严重的农产品领域,通过形象与品质的手段,既可以营造本地区农产品的市场优势,又可以创造农民增收的新空间,产地形象是支持农副产品品牌的一个重要的基础。

产地形象的创立与宣传是一个系统的专业工作,本地的农民、农民合作组织及龙头企业都不能凭借自身力量单独完成,只有通过政府的统筹规划和系统宣传、才能得以实施。在区域经济发展的过程中,哪个地区的形象突出,宣传得当,哪个地区就会赢得生产力要素的优先聚集,经济发展的速度和质量就会又好又快。同样,在农业领域,树立区域形象不仅可以支持本地区产品顺利的进入市场,赢得消费,消除卖难,还可以促进涉农领域的产业要素聚集,反过来又可以促进本地区资源的升值和产业化发展。

企业在创立品牌之前,应该主动将自己的想法与本地政府沟通,力争获得政府的支持与协同。而农产品品牌不同于工业产品,它需要产地的形象支持,才能够确立产品的品牌。

2. 坚持一贯的诚信与品质

企业的行为和品牌建设，需要上下、前后各个环节的系统诚信和一贯的品质保障，这样才是职业化的和成熟化的专业表现，给消费者的印象也是可靠和可信的。很多企业的销售和服务体系脱节，销售时讲的天花乱坠，到了需要服务的时候，消费者则会受到百般刁难。一个立志于树立品牌的企业，需要给消费者一贯的诚信和一如既往的品质，既不要因急功近利而热情过度，也不要因逃避责任而冷若冰霜、百般推诿。只有真正给予消费者和社会以诚信、公正的企业，才能获得社会的尊重和消费者的喜爱。

3. 持续务实的宣传

在传媒过度发达的现代社会，凭借创意的“点子”，暂时出个名声并不难，但要出个好名声却很难。品牌从知名深度到美誉深度的过度阶段是品牌的关键时期，是很多品牌成长的瓶颈。

品牌要宣传，从宣传到引起消费者注意，仅仅这一过程就会引起不同的反应。第一个注意宣传品牌的往往是广告公司和媒体拉广告的；第二个注意宣传的是同行的竞争者；第三个注意宣传的就是一些执法审查机构；第四个注意广告的是经销商；而最后才能引起消费者的注意。这时要保障消费者到零售商那里还能再一次受到宣传的吸引。这时才能说企业的品牌有了一定的知名度。树立品牌的企业必须坚持务实的宣传，特别在消费品、食品这类快速消费品中，一旦宣传和促销断线，产品的销量会迅速减少。毕竟在商品极为丰富的现代社会中，可以替代的商品实在太多了。

4. 科学规划，引领农产品品牌建设

(1)搞好规划布局。牢固树立“创一个品牌、兴一个产业、富一方百姓”的思想，按照“集中力量、整合资源、强化培育、扶优扶强”的思路，统筹谋划，科学制订本地农产品品牌建设规划。以新疆为例，南疆地区要以培育特色林果品牌为主，兼顾发展特色农畜产品品牌；北疆地区要以培育畜禽产品品牌为主，兼顾发展设施农产品和特色农产品品牌；东疆地区要以培育瓜果、设施农产品品牌为主，兼顾发展本地优势特色农产品品牌。

(2)分步分层推动。要调研摸底，有的放矢，选优扶强，进行重点培育，分年度、按计划、有步骤地培育发展农产品品牌，扎实稳健地推进。建立梯次推进的品牌培育机制，以现有驰名商标和中国名牌产品为第一梯次，向国际品牌进军；以现有著名商标地方名牌产品为第二梯次，向中国驰名商标、地理标志、中国农业名牌产品进军；以现有商标为第三梯次，向地方著名商标、地方名牌产品进军；以现有优势特色产品为第四梯次，向注册商标、地方农业名牌产品进军。

(3)加强引导扶持。树立“大产业、大基地、大品牌”的理念，坚持“同一区域、同一产业、同一品牌、同一商标”的导向，抓住主要区域，找准特色优势，明确重点对象，抓好关键环节，集中力量，引导支持企业按产业带培育品牌，跨区域整合农产品品牌，力争一个产业形成一个主打品牌。作到培育“优”，扶持“强”，防止“乱”，突出“好”，使区域品牌、产业品牌、企业品牌之间相互促进，上拉下推，共同提升农产品品牌核心竞争力。

5. 全程监管，助推农产品品牌建设

对品牌农产品进行全程监管，走质量起步、认证上路、品牌开路的发展路子。

(1)加强标准化生产。加快制定农产品生产标准，推广标准化生产，实行科学、统一、规范化管理，力争在短期内重点内销、外销农产品全部实现标准化生产。集中建设一批绿色、有机农产品生产基地，推进绿色、有机农产品产地认定与产品认证一体化。加紧研究制定符合我国实际的农产品质量安全标准体系，以提高农产品优质率，保证质量安全。

(2)加强全程质量监控。加快建立和完善设施农产品质量安全标准体系、农产品市场准入和退出制度以及质量责任追究制度。突出抓好生产源头管理，强化对农产品储运、保鲜、流通、销售等环节的动态监控，明确质量安全责任，在确保农产品品牌建设的各环节、各阶段都置于严格有效的监督之下，坚决杜绝不合格农产品进入市场。突出抓好出境质量检验监测，以确保品牌农产品的质量安全。

(3)建立健全农产品质量安全检验检测体系。结合优势农产品布局，加快建设覆盖地州、县市、乡镇和大型批发市场、大型超市农产品质量安全站点网络，建成布局合理、职能明确、专业齐全、功能完善、运行高效的农产品质量安全检验检测体系。

(4)对品牌农产品进行跟踪监管。建立品牌农产品质量识别标志，大力推行产地标识管理、产品条形码制度，做到质量有标准、过程有规范、销售有标志、市场有监测，打牢农产品品牌发展基础。定期对品牌农产品进行跟踪监测，坚决杜绝“砸牌子”现象，保证品牌农产品的质量和信誉。

6. 保护品牌，保障农产品品牌建设

需要把管、防、建三方面相结合，加强品牌保护工作。一是要“管”。各级工商、质监等部门要不断地完善打假协调机制，加强日常监管和专项执法检查，严厉打击鱼目混珠、假冒伪劣、掺杂使假等违法经营行为。开展注册商标专用权和名牌专用权保护活动，严厉打击侵权行为，形成对著名商标和名牌产品协作保护的网络。二是要“防”。各地、各部门要形成比较规范和完善的品牌保护体系，不断加强对现有品牌农产品商标、地理标志、标识、域名的依法保护工作。三是要“建”。推进品牌农产品专柜和专业市场建设，用法律手段保护品牌。

7. 配套服务，支撑农产品品牌建设

首先，要强化市场平台建设。借助中心城市的影响力，逐步在区外形成配送灵活、四季销售、保鲜供应、长期稳定的外销网络，辐射到全国各个中高端市场。

其次，强化金融服务。各级金融机构要强化信贷支持，力争每年从信贷规模中安排一定比例资金用于发展品牌农产品和品牌企业。鼓励采取股份制、股份合作制等多种形式发展品牌农产品，支持企业建设农产品生产基地。各级保险机构要积极开办品牌农产品保险，努力探索品牌农产品风险补偿机制。

最后，要强化综合服务。建立品牌建设公共服务平台，鼓励行业协会和中介组织为创建品牌企业提供相关服务。建设农产品信息网络，科学引导生产、营销。支持品牌企业组建产销联盟，协作拓展国内外市场，发展订单农业，形成互利共赢格局。

思考题

1. 农产品营销与一般工业产品营销的差别在哪里？
2. 如何建设农产品的品牌？
3. 农产品的定价原则是什么，其定价的方式有哪些？

案例分析

长白山农业区域经济中的农产品营销

长白山位于吉林省东南部，全区面积约占吉林省40%。地貌类型复杂多样，自然资源丰富，野生植物多达2 424余种，动物1 500余种，生态呈立体结构，资源立体分布。为此，吉林省在长白山区的临江市和太井市建立了立体生态农业综合开发示范区，以保护长白山生态平衡为前提，大力发展绿色农产品生产和绿色营销，使之成为绿色农产品生产基地。

1.绿色农产品的生产与开发是农产品绿色营销的基础

长白山区，尤其临江是一个名符其实的"立体资源宝库"，主要野生动植物1 500余种。因此，可在此基础上，大力开发人工种养殖，形成绿色农产品的规模化生产基地，实现规模营销。近几年吉林省科研单位及有关人员针对长白山区特点进行研究和攻关，取得了720多项科研成果。并已在此区实践推广，如林下管护基地、山珍植物田园栽培、参后还林生态保护区、中草药间作果树基地等，在此基础上进一步加快了绿色农产品系列产品的开发和加工，并已开发生产出康龙参系列、景天王保健品、还阳参酒天然营养液等十几个系列的绿色新产品，获得新增产值4 000多万元。

2.绿色农产品营销主体专业化生产，规模化、集团化营销战略

长白山区绿色农产品生产经营企业以自然资源优势为依托，采取专业化生产，规模化、集团化经营。只有企业间联合起来，组建企业集团，形成规模化、专业化生产，才能降低成本，提高质量，增强实力，实现规模经营效益，并树立起良好的产品和企业形象及信誉，提高市场竞争力，从而提高市场占有率。

3.实施生态营销基础上，以绿色营销观念为主导进行观念创新

由于长白山区自然环境保持良好、工业污染较少，具有开发绿色食品的自然和现实条件。因此，营销企业可依据现代消费者自我保护意识增强、消费观念转变、渴望回归自然的心理需求，生产开发无污染、安全营养的农产品。具体可采取的策略是：①将现有企业产品按绿色食品的要求生产和经营，在流通领域尤其是全国各大型零售企业设立长白山绿色食品系列专柜，扩大与消费者的接触面；②积极申请并使用绿色食品标志，吉林省虽是农业大省，有许多实际上已达到绿色食品标志的农产品，但申请并已使用绿色标志的却相对较少；③树立起长白山系列食品新形象，以独特、自然、安全、健康的差别化产品赢得市场赢得消费者。

4.实施有效的商标和包装策略，实现绿色农产品价值提升

目前中国绿色农产品中也不乏名牌，长白山区盛产的许多农产品及其加工品，如人参、鹿茸、红景天、五味子、木耳、薇菜等土特产品虽然有知名度，但产品商标却大都默默无闻，有些甚至无商标品牌，更不用说名牌了。因此，长白山绿色食品经销企业应积极采取措施，有意识地宣传产品商标，重视商标信誉价值。拥有了绿色标志和名牌商标的产品，也就购得了进入国内乃至国际市场的双重通行证。在实施商标策略时，应积极改进产品包装，采用以自然、和谐、绿色为背景的绿色包装策略，同时针对不同产品系列充分运用相应的配套包装、等级包装等策略。

5.确立符合绿色产品特点的广告创意与策划，以广告策略作为开拓市场的有力工具

回顾名牌产品成功的历史，每一步无不伴随着广告的巨大投入。毋庸置疑，巨大的广告投

入背后，潜藏着巨大的促销效益和知名度。而农产品又大多是全国性需求的产品。因此，只有结合长白山区绿色农产品个性特征挖掘其独有的魅力，寻求恰当的诉求定位，采用独特的广告策划与创意，才能创出长白山区农产品自己的名牌。

问题讨论：

1. 长白山农业区域经济中的农产品营销战略有哪些重要内容？你认为有哪些地方需要改进？

2. 此案例对我国其它绿色农业区域经济发展有何启示？长白山农业区域经济中生态农业综合开发示范基地应如何培养其绿色产品的品牌形象？

3. 我国农业企业实施农产品绿色营销存在的问题有哪些？应如何解决？

第九章 农业产业布局与结构

本章导读

调整与优化农业产业结构，有利于实现农产品的供求平衡，保证农业和农村经济持续、健康、快速发展；合理地进行农业布局，有利于发挥农业比较优势，提高农业生产的经济效益、生态效益和社会效益，促进全国各地农业和农村经济的协调发展。本章主要介绍的内容是：一是农业产业结构及其演进规律；二是农业产业结构调整与优化；三是农业布局与规划。主要包括产业结构的含义、演进规律、如何调整与优化农业产业结构和怎样进行农业布局与规划等内容。

第一节 农业产业结构及其演进规律

一、农业产业结构的涵义

从经济学的角度考察，经济结构包括生产关系和生产力结构两个方面。前者为社会经济结构；后者为国民经济结构。社会经济结构是农业生产关系的总和，这种经济结构主要是通过生产资料所有制来表现；而国民经济结构则是由农业经济各部门、再生产各环节和各方面组成，主要包括产业结构、分配结构、交换结构、消费结构、技术结构等，本章所要讨论的是农业产业结构。

农业产业结构，是指一个国家或一个地区的整个农业经济是由哪些部门和项目组成的，以及它们之间相互制约的经济联系和数量对比关系。农业产业结构是一个内涵比较丰富的概念。一方面，它包括农业各个产业之间的经济联系及数量对比关系，即量的规定性；另一方面，也包括农业各产业之间相互联系的形式和特征，即质的规定性。产业结构和产业间的比例关系是既有联系又有区别的两个概念。产业间的比例关系是产业结构组成的部分，只反映产业间经济联系的数量关系，只有量的规定性；产业结构是各产业之间的比例关系的总和，既有量的规定性，又有质的规定性。

反映农业产业结构状况及变化的量化指标主要有：农业总产值的构成，即种植业、林业、畜牧业、渔业等各业所占农业总产值的百分比；农用地构成、播种面积构成、劳动力占用构成及资金占用构成等。

农业产业结构既是农业经济结构的重要组成部分，也是国民经济产业结构的重要组成部分，而从系统的观点来看，它又是国民经济系统中的子系统。

研究农业产业结构，一般从三个方面入手：一是农业产业构成的数量关系及其对经济发展的适度性；二是农业产业部门之间互动的承接性，承接性主要指直接关系；三是产业部门之间的相互影响，主要指产业部门之间活动的传递及反馈，并体现在发展过程及其结构变动之中，以寻求局部产业结构变动和复合产业结构变动的影响。

二、农业产业结构的基本特征

1. 客观性

农业产业结构是客观存在的经济现象，形成与演变主要取决于自然资源、社会经济条件和市场需求变化，其演变具有一定的客观规律性。由于不同国家或者地区的自然、社会、经济条件的差异性，因此农业产业结构的区域性也很明显。人们不能脱离客观条件而主观的安排或改变农业产业结构，只能从实际出发，按照客观要求促进农业产业结构的调整。当然这里也不是说，农业产业结构是一成不变的，而且可以根据每个地方的自然、经济条件的实际情况，作出相应的改变。

2. 整体性

农业产业结构是按照农业经济总体内部种植业、林业、畜牧业等各产业间的比例关系组成的有机整体。各产业按照一定的形式组成合理的整体，会产生整体效应，因为产业总体在整体上的特定功能，会大于各产业独立状态下的功能。研究农业产业结构，要特别注意产业结构之间的协调，发挥整体效应。

3. 层次性

农业产业结构是多层次的复杂结构。种植业、林业、畜牧业等构成其第一层次，称为一级结构。每个产业内部又可以分成小的部门，如种植业内部可分为粮食作物、经济作物、饲料作物；畜牧业内部可分为养牛业、养猪业、养禽业等，这称之为农业产业的二级结构。在二级结构内部，根据产品种类和经济用途不同，还可以再划分出若干种类，如粮食作物又可以分为细粮、粗粮、薯类等；经济作物可分为油料作物、糖料作物等，称为农业产业的三级结构，即产品结构。

4. 运动性

农业产业结构不是固定不变的，而是不断运动着的，其运动还具有较明显的阶段性，表现为由初级阶段到高级阶段的不断演进。随着经济社会的发展，社会分工不断深化，旧的产业不断被淘汰，新的产业不断成长，各产业会发生变化，其地位也将会发生相应的变化，而农业产业结构的内涵与外延都将赋予新的内容。

三、农业产业结构形成与演进的基本原因

1. 自然条件的差异性、变动性是农业产业结构形成与演进的自然物质基础

农业生产的对象不同于工业部门，这些有生命的动植物对自然有很强的依赖性与选择性。

由于中国地域辽阔，各个区域之间的差异性很大，因此有着不同的农业生产部门和项目。不过，总的原则是这些不同的农业生产部门和项目一定要与当地的自然条件相适应，并且农业产业结构也会随之发生演进和变化。

2.人类生存对农产品的多种需求是农业产业结构形成与演进的基本动因

由于人类对农产品的生存需求是多种多样的，除了基本的粮食需求外，还需要肉、蛋、奶等，而这些农产品分别是由农业的不同生产部门提供的。因此，人们不仅要发展种植业，还要发展畜牧业、林果业、渔业等其他农业产业，只有这样才能满足人民日益增长的物质需要，人类对农产品的多种需求也就决定了农业产业结构的形成与演进。

随着人们需求的不断变化，会引起农业产业结构的调整与不断的变化。例如，当人们的收入水平提高，生活水平也必然提高，人们的消费需求也会由低层次向高层次发生变化。为了顺应这种不断变化的需求，也为了农业经济部门的运行获得较高效益，就必须根据需求变化适时调整农业产业结构。因此，人们需求的变化是决定农业产业结构形成与演进的原动力。

3.生产力发展水平是农业产业结构形成与不断演进的主导因素

农业产业结构的形成与不断演进，虽然受到多种因素的影响，但是最主要的还是受社会生产力水平的制约。在不同的生产力水平下，会产生不同的农业产业结构，而不同的农业产业结构，则又会反映不同的生产力发展状况。生产力发展水平的高低，是影响农业产业结构的决定性因素。

从生产力发展的历史角度来看，在生产力水平低下的时候，农业产业结构是比较单一的，主要以农业中的种植业为主，是一种"小而全"的自给自足的自然经济结构。随着生产力水平的不断提高，开始慢慢打破原来自然经济的封闭状态，逐步演进到农、林、牧、副、渔的综合发展。因此，农业产业结构的形成与演进是生产力不断发展的历史进程。

4.产业政策对农业产业结构的形成具有指导作用

产业政策是指国家或地方在一定时期对各种产业结构及产业内部结构的生产实行一定的干预，其目的在于引导社会资源在产业间合理配置，以此建立合理、高效的产业结构，促进国民经济持续、健康、快速发展。可见，产业政策对产业结构演进的影响是显而易见的。当前，随着我国经济社会的快速发展，国家有必要制定符合实际的产业政策来推动经济又好又快发展，从而实现可持续发展的目标。

四、农业产业结构演进的规律

农业发展至今已经过三个阶段，即原始农业、传统农业和现代农业。

原始农业阶段，生产工具十分简陋，农业物质技术水平很低，人们投入到农业的物质和能量很少，主要依靠自然本身。这个时期，社会分工和农业内部的分工还不发达，农业生产项目尚未形成独立的生产部门，并且农业产业结构非常简单。

传统农业阶段，农业物质技术虽然有了很大的进步，同时也分离出许多的农业生产部门。但总体来说，这一阶段的农业生产还处于落后状态，劳动生产率不高，自给自足的自然经济占据统治地位，各个地区几乎都形成"小而全"的农业生产结构。

到了现代农业阶段，农业物质技术发生了质的变化，农业生产率得到空前地提高，同时人类对自然的控制和利用能力显著增强，农业社会分工日益细化，农业的内容也日趋丰富，这使农业逐渐成为多层次、立体型结构的产业，并走上了专业化、社会化、商品化的发展之路。

广义的农业包括种植业、林业、畜牧业和渔业，农业的四业结构是农业的基本结构。农、林、牧、渔业之间存在明显的相互依存、相互促进的关系，其中物质能量的相互转换是维系农业内部各生产部门的"链"。狭义的农业就是指种植业，包括粮食作物、经济作物和饲料作物的生产，是农业的二级结构。种植业结构合理，对改善人们生活和促进轻工业的发展有着重要意义。粮食是保证人们基本生活和国家建设最重要的物质资料，粮食生产在农业中占有特殊而重要的地位。经济作物主要包括棉花、油料、糖料和麻类、烟叶、茶叶、水果、药材等，它是轻工业生产的原材料，能满足人们多样化的需求。随着工业的快速发展和人们生活水平的提高，社会对经济作物的需求将越来越大，使得种植业内部经济作物的比例逐渐上升，观赏植物、花卉盆景等生产部门的发展速度加快，高产、优质、高效农业发展迅速。同时，随着畜牧业的发展，种植业生产的粮食越来越多地被用作饲料，饲料作物的种植也在增加。目前在世界粮食总产量中，居民口粮占 60%，饲料达到 40%，而经济发达国家的饲料使用所占比例将更高。

畜牧业的内部结构也是重要的农业二级结构。畜牧业内部结构包括畜种结构、品种结构、畜群结构等。制约畜牧业内部结构的变化的主要因素有，饲料资源情况、居民的消费习惯、机械化、工厂化生产是否适宜现有畜禽的生产等。近些年来，为满足人们健康的需要，提供高蛋白、低脂肪型的畜产品部门发展较快。

第二节　农业产业结构的调整与优化

一、我国农业产业结构调整的历史与现状

自农村经济体制改革以来，我国农业结构在不断发生变化，完成了四次结构调整，取得了一定增产增收效果。

第一阶段调整(1978—1984 年)。这一阶段农业产业结构调整的主要目标是解决农民温饱问题后增加农民收入。废除"以粮为纲"的生产方针，实行"决不放松粮食生产，积极发展多种经营"的战略。

当时的调整主要集中表现在粮食和经济作物种植比例的调整，以及家庭小规模的畜禽养殖方面。这一期间，全国粮食播种面积占农作物播种面积的比重由 1979 年的 80.32%下降到 1984 年的 78.27%，经济作物的种植面积大幅度增加。大力发展多种经营，使农业有了较快的发展，农民收入扣除物价上涨因素年均增长 14.8%，粮食人均产量达到 352 公斤。但是，由于这一时期粮棉产量增加较快，而粮棉的储藏、加工和运销能力发展滞后，出现了"卖粮难，卖棉难"的状况。

第二阶段调整(1985—1991 年)。这一阶段农业产业结构调整的初始目标是加速粮食转化，大力发展畜牧业，采取措施大幅度调减粮食和棉花播种面积。在政府的直接干预和间接调控下，农业结构有了较大的变化。1985—1988 年间，种植业产值占农业总产值的比重由

69.2%下降到62.5%，农民家庭收入中种植业收入比重由59.4%下降到49%，而农民人均收入并没有得到较快增长。粮食总产量经过三年徘徊后，1989年又一次达到历史最高水平，农民家庭收入中种植业收入比重由1989年的48.6%又回升到1991年的54.46%。这表明在此期间粮食虽然增产了，农业结构也有了较大的调整，但农民却没能从丰收的粮食生产中得到相应的收益；相反，又一次出现了农产品卖难问题，农业出现了增产不增收的现象。

第三阶段调整（1992—1998年）。这次调整的主要目标是提高农业生产经济效益，并提出发展高产、优质、高效农业。调整原则为"确保粮食稳步增长，积极发展多种经营""始终把粮食生产摆在首位，稳定播种面积，提高品质，提高商品率"。经过几年的调整，几乎所有的农产品产量都有大幅度的增加。农民人均收入比上一阶段有所提高，扣除物价上涨因素后年均增长5.6%。而在农民家庭收入中，来自种植业收入的比例1996年高达68%，这说明农民收入的增加还主要靠种植业产量的提高，农业结构调整效益并没有发挥出来。当1997年农产品再一次获得丰收后，农产品从卖方市场转向买方市场，全面出现"过剩"，农民人均收入增长速度缓慢，1997年为4.6%，1998年为4%。这一阶段农业结构调整并没有达到预期目标。

第四阶段调整（1999年至今）。从1999年开始的第四次农业产业结构调整的背景和所要解决的问题，与以往的适应性调整相比有很大的不同。这次调整是在农产品相对过剩，市场约束增大的条件下提出的，不是简单的多种一些或少种一些的问题，而是要全面提高农产品质量，优化农村区域布局，促进农业产业升级，实现城乡经济的协调发展。作为一项复杂的系统工程，从结构战略性调整的内容上讲，包括产业结构、生产要素结构和组织结构。其中产业结构包括产品结构、种养结构等；生产要素结构主要包括科技结构、资本结构和劳动力就业结构等；组织结构则主要包括经营组织、服务体系、经营方式等。从范围来讲，不仅涉及农业产业结构、产品结构、区域布局结构和生产要素结构等生产力层面的调整，还涉及与之紧密联系的农村经济体制改革、经营方式创新、城乡经济协调发展等，以提高农业和农村经济效益。从目标上讲，具有明显的多样性，调整不仅要解决当前农产品卖难和农民增收困难的问题，还要提高农产品市场竞争力、增加农民收入，促进城乡之间、农业与国民经济各行业之间的全面协调的发展。因此这一次农业产业结构调整是具有全局意义的战略性调整。

经过近几年的努力，我国农业产业结构的战略性调整已在提高农产品质量、拓展农业发展空间和领域、转变农业增长方式、创新农业经营机制等方面迈出了重大的步伐，并且取得了阶段性成果，有力的推进了农业和农村经济运行质量和效益提高。

二、现阶段我国农业产业结构存在的问题

农业产业结构调整是农业和农村经济发展永恒的主题，我国农业当前存在的主要问题是由于我国农业和农村经济的整体质量不高、增长方式粗放造成的。存在的具体问题主要有以下几个方面。

1. 生产结构单一，产品结构层次低，农产品的品种、品质不能满足人民生活日益增长的需要

第一，从全国来看，我国农业产业结构虽然具有多样性，但具体到某一区域，则往往十分单一。农产品"大路货"和初级产品生产过剩，优质特色产品、精深加工产品供给不足。许多地方结构调整品种过于单一，限制了农业多元化发展。第二，种植业所占比重大，畜牧业比重小，农业资源的综合利用率不高。第三，农产品的内在品质不优与自身污染并存，不能适应市场多样

化、优质化、多用途的需求，市场竞争力不强。农产品的质量安全问题日益突出，尤其是在“菜篮子”产品方面显得更为严重。入世后，国际市场对我国农产品的品种、品质提出了更高、更严格的要求。而近年来，农药残留量超标事件、“瘦肉精”事件、食品中毒事件不断发生，假冒伪劣食品屡禁不止，这不仅严重危害了消费者的健康，在社会上造成不良影响，而且损害了我国农产品在国际上的声誉，许多农产品的出口因此频频受阻。

2. 农产品加工程度不高、加工业滞后、农产品增值困难

我国粮食、肉类、水果、禽蛋、水产品等主要农产品产量虽然已位居世界前列，但我国加工业与世界先进水平相比还有很大差距。我国农产品加工整体上处于初加工、水平低、规模小、综合利用差、耗能高，技术及装备水平低的初级阶段。

3. 缺乏科学的农业区域布局规划，地区发展重点不突出、结构雷同

由于缺乏科学的农业区域布局规划，各地在认识自身优势、研究市场定位和确定发展重点方面的工作不够深入，因而在结构调整中农产品区域布局不合理，区域特色不突出、区域分工不明显，“小而全”“大而全”的现象仍很明显，区域优势尚未得到充分发挥。从全国来看，近几年的农业产业结构调整进展不平衡，各地还没有充分发挥自身的地区比较优势，未能形成有鲜明地方特色的农产品区域布局结构。问题突出表现在农业产业结构调整在狭小的区域内，而在较大范围内产业间、产品间表现出明显的同构性。这里既有市场信息不灵、供求关系不稳定导致价格和决策失误的原因，也有对农业产业结构调整认识不到位，行政干预过多和“形象工程”“样板工程”的引导偏差。

4. 政府对农业管理不规范，对农业产业结构调整造成负面影响

政府行为不规范，增加了农业产业结构调整的运行成本与风险。用市场经济的办法推动农业产业结构调整是现阶段农业产业结构调整的要求。但是，由于行政体制改革滞后，政府职能转变慢，在发展农业产业化的实践中，政府行为不规范的问题还比较严重，甚至用计划经济的方式推进农业产业结构调整的事并不鲜见，具体表现在以下三个方面。

一是政府“越位”，不尊重农民主体性地位，以行政命令强制进行农业产业结构调整，对农业产业化过度推动，出现揠苗助长现象。许多地方不顾当地条件和市场需求，盲目追求农业产业化发展高指标，甚至急于求成，对龙头企业和农户“拉郎配”。有的地方为了增强龙头企业对农户的辐射带动能力，人为地将若干中小型农产品加工、销售企业捏合在一起，希望借此“增强龙头企业的经济实力和竞争能力”，导致新组建的龙头企业内部貌合神离，内耗增加。

二是政府“错位”，政府与企业、市场的职责不清，甚至用政府投资替代政府支持，导致重点龙头企业与一般龙头企业之间、龙头企业与其他产业化组织之间竞争地位不平等。在多数地方，特别是在欠发达地区，政府支持农业产业化的重点，不是表现在，如改善发展环境等政府应该有所为的方面，而是表现在政府应该有所不为的领域，如较多地通过政府直接投资的方式，推动龙头企业的加工、销售实现多大规模。

三是政府“虚位”，发展农业产业化政府支农政策不力，农业金融体系不健全，科技、质量认证检测体系、农业信息等服务体系建立不完善，农业法律法规建设滞后，不适应农业快速发展要求。

5. 市场发育不健全和服务体系建设滞后，制约了农业产业的优化发展

在市场经济条件下，市场是配置资源的主体，价格是市场机制发挥作用的杠杆，价格信号

引导农民进行生产结构调整，从而实现农业资源的有效配置。如果市场体系和信息体系不完善，农产品就不能货畅其流，价格信号就会失真或传递受阻，从而误导农民的生产决策。当前，我国农业市场体系不完善，信息体系建设更是非常落后。具体体现在几个方面。

一是农产品批发市场规模小、布局不合理，大多还处于区域性自我循环状态，仅仅起着地区内调剂余缺的作用，缺少规模大、有影响、辐射面广的大型批发市场。

二是农产品期货市场的发展非常缓慢。由于现有农产品期货市场规模小、品种少，因而其风险转移和价格发现的作用远未发挥。我们知道，现货市场的即期价格只反映当期的供求状况，而当期的生产取决于上期的供求状况，当期的供求状况则决定下期的生产状况，由此形成明显的"蛛网效应"。如果我们缺乏对现货价格的专业性市场分析和预测，那么很容易向农民传递错误信息，使农产品"卖难"与"买难"交替出现，造成农业生产的大幅波动。

三是农业生产要素市场，包括土地、资金、技术、劳动力、信息等市场发展明显滞后于农业生产结构调整的需要。

四是市场功能不齐全，交易规则不健全，市场管理落后。目前，大多数市场还只是一个提供集中交易的场所，缺乏质量验证、信贷结算、委托购销、代理储运、信息咨询、代办保险等配套服务，很多市场脏乱差的现象严重。

五是农业服务体系建设滞后。农村中介组织发展不足，农业结构凋整缺乏服务体系的有效支持，政府对农业结构调整支持软，农业结构调整得不到信息、科技、信贷、税收、政策等方面的有效配合。信息方面，没有负责收集、分析、预测和发布信息的专门机构，各业务部门提供的农业和农产品信息零星分散而且不及时，发布信息的渠道也非常有限，广大农民往往无从获取所需信息，别人种什么，自己就跟着种什么，这样就极易出现结构雷同，导致生产过剩和过度竞争。科技方面，农业科技服务体系滞后，没有形成完善的农业标准化体系，农业科技基础建设薄弱，抗御自然和市场风险能力不强，农业科教结合不够紧密，整体优势没有发挥出来。同时，农民科技文化素质不高，农技推广人员知识陈旧，高新技术产业发展不够，一些高新技术难以转化为现实生产力。信贷方面，改革开放以来，我国形成了以农村信用社为主体，中国农业银行和中国农业发展银行共同发展，以民间借贷为补充的农村金融体系。然而这种体系的发展仅仅是农村金融资产总量的简单扩张，而农村金融业务形式单一、对象面窄、融资渠道不畅的矛盾并未根本解决。

以上问题说明，我国农业产业结构调整具有必要性和迫切性，而只有进行战略性结构调整，才能摆脱困境，从根本上解决问题，使我国农业结构真正得到优化与发展。

三、我国农业产业结构调整的基本原则

农村产业结构调整必须自觉依据和运用经济规律即生产关系一定要适应生产力的规律，积极发挥农民在农村产业结构调整中的积极性，利用价值规律调整农村产业结构，使农村产业结构的调整以最少的人力、物力、财力、能源投入，取得最大的社会、经济、生态综合效益。总结以往农业结构调整的经验，当前的农业产业结构战略性调整应坚持农民主体性原则，市场导向原则和农业产业化原则。

1. 坚持农民主体性原则

坚持农民主体性原则就是尊重农民的自主意识和首创精神，确立和保护农民在结构调整

和市场经济中的主体地位，将农业生产、经营各项主动权交给农民，引导他们按照市场需求组织生产；并依靠科技进步，优化农产品品种和品质结构，发展多种经营，向生产的广度和深度进军。农民作为参与市场竞争的微观行为主体，在农业结构调整中的主体地位是不容置疑的，尊重农民在农业结构调整中的主体地位是调动农民积极性的必然要求。农民是农业生产的主体，是农村生产力中最活跃的因素。农业是丰收还是歉收、是增长还是下滑，归根结底取决于农民生产经营积极性的高低。要调动亿万农民的生产经营积极性，就必须尊重农民的生产经营自主权，在当前的农业结构调整中，必须尊重农民的主体地位。

从目前情况看，农民的主体地位还很脆弱，缺乏有效的保障。有些地方在农业结构调整过程中，还经常发生侵害农民生产经营自主权的事情，一些干部服务意识差，工作方法简单、粗暴，强迫农民种这种那，接受一些不合理的要求，甚至动用"专政手段"强制农民执行，从而挫伤了农民的生产经营积极性，损害了农民利益。干部可以帮助农民分析市场行情，指导农民确定适应市场需求的种植养殖计划，帮助农民推销产品，但绝不能剥夺农民的生产经营决策权，代替农民决策，绝不能强迫命令和"一刀切"。如果违背了农民意愿，侵犯农民生产经营自主权，伤害农民生产经营积极性，农业结构调整也就无法获得成功。在农业产业结构调整中明确和尊重农民的主体地位，这与政府发挥积极作用并不矛盾。

在农业产业结构调整中，政府的作用是引导、服务和宏观调控，政府发挥作用要特别注意防止两种倾向：一种是政府"越位"；另一种是政府"缺位"，这两种倾向都不利于农业产业结构调整顺利进行。目前我国计划经济的影响还很大，政府转变观念，转变作风，特别应注意克服"越位"和"缺位"现象，要从法律和制度方面对农民主体地位加以保障。

2. 坚持市场导向原则

坚持市场导向原则就是农业产业结构调整必须有超前意识，以市场需求的变动为导向，根据市场的需要合理安排各产业的生产规模，既要强调发挥资源优势，又要强调将资源优势转化为商品优势和市场优势，充分发挥市场在农业结构调整和农业资源重组中的基础性作用。

众所周知，无论什么产品，只有卖出去并卖得好价钱才能赚钱。农产品也一样，市场已成为决定农产品命运的关键。调整农业产业结构，必须以市场为导向，时刻把握市场的脉搏，立足国内市场，培育主导产业，将优质农产品品牌的评判标准交给市场，适应市场需求，选择有市场前景、有销路、有效益的产品去发展，充分发挥市场对农业资源优化配置的作用。

以市场为导向，必须全面了解市场，不只是了解本地目前市场上什么产品畅销价高，什么产品滞销价低，而是要对未来市场发展全面了解，即对本地、省内、国内、国际市场的当前和未来状况全面了解。要根据市场需求信息组织生产，做到市场需要什么就生产什么，不能盲目调整，造成新的积压和卖难。同时，还要特别注意对潜在市场进行研究，根据未来市场需求空间发展的预测选择发展产业。市场是农业生产和农产品最终得以实现其价值的关键，农业结构调整的最终目的就是赢得市场，获得高效益。因此，农产品要进入市场，适应市场需求，必须在产、销两个环节上加强市场预测，及时了解销售行情。所以，以市场为导向不只是顺应市场，而且要通过人的主观努力去把握市场，拓展市场，挖掘潜在市场，预见未来市场，把握近期市场，瞄准长远市场。

3. 坚持农业产业化原则

坚持农业产业化原则就是以国内外市场为导向，以提高经济效益为中心，对当地农业的支柱产业和主导产业实行区域化布局、专业化生产、一体化经营、社会化服务、企业化管理，把产供销、贸工农、经科教紧密结合起来，形成“一条龙”的经营体制，从而改造传统的自给自足的农业自然经济，使之和国内外市场接轨，逐步实现农业生产的专业化、商品化和社会化，使之进入市场经济大循环圈内，彻底解决农业生产率低和比较效益低的问题。

进行农业结构战略性调整，要以推进农业产业化经营为主线。关于产业化经营，从经营的角度来看，龙头企业＋基地＋农户是产业化经营的一条经济技术路线。而我国现阶段农业产业化经营还处于起步时期，带动能力强的龙头企业少，公司与农户利益连接还存在不少问题，产业化链条不完整，进而限制了农业结构调整的力度和广度。结构调整必须跳出农业来发展农业，以企业为载体，按照工商业的发展思路、技术路线、管理模式来发展农业。把农业的产前、产中、产后部门连结起来，构建产供销、贸工农一体化的内在机制，大力发展农产品加工业，扩大农产品出口。

新阶段我国农业的发展要求我们必须改变传统的以生产环节为主的农业观，农业不再局限于农业本身的生产（种植业和养殖业），而要向产前和产后延伸。产前要延伸到农业的科研教育，以及种子（种畜、种苗）、化肥、农药、饲料等投入品的生产与流通；产后要从“田间地头”一直延伸到“餐桌”，也就是要全方位地向农业的深度和广度进军。农业产业化经营就是在这样的新农业观念下，以农户家庭承包经营为基础或以不触动农户的承包经营权为前提，发展市场化农业，把具体的产业或产品做强做大，形成比较完整的产业链。产业链上的各相关利益主体在龙头企业的带动下形成合理的专业分工与利益共享，以产业链“整体”参与市场竞争。在很大程度上，推进农业产业化经营的过程也就是农业产业结构调整和优化发展的过程。农业结构战略性调整离不开农业产业化经营的发展壮大，不仅如此，推进农业产业经营还将有力地促进整个农村经济结构的调整。

四、我国农业产业结构调整的主要内容和要求

（一）农业产业结构调整的内容

我国农业产业结构调整包括三个层次：一是一、二、三产业的调整，努力加大二、三产业的比重；二是调整大农业的比重，要大力发展畜牧、水产业；三是种植业内部发展优势产业和优质产品。

1. 优化农产品品种、品质

目前，我国农产品品种、品质结构尚未优化，农产品优质率较低。从比较优势来分析，我国应该重点发展的农产品是：牛、羊、猪等肉类产品，苹果、梨等水果产品，花卉产品，水产品等。在国际市场上，这些产品虽具有明显的价格优势，但面临着品种不优、质量不高的困扰。以苹果为例，我国是苹果生产大国，产量居世界第一位，而目前我国苹果年出口量仅占总量的1%左右。出口量小的主要原因是质量差，大小不均，含糖量低，虫果率高，采后保质能力差，果实农药残留超标等。在多数农产品供过于求的背景下，农业结构调整必须从追求产品数量增长，转向追求产品品种、品质提高，这样才能提高我国农产品的市场竞争力，并且是应对入世后新局面的根本途径。调整农产品品种、品质结构，大力发展优质、高效农业，我们可以从以下几个方面着手进行。

(1)调整农产品品种结构,促进品种结构和品质结构优化。首先应适应市场需求,积极淘汰劣质品种,发展优质专用农产品。目前全国优质稻种植面积已达2.5亿亩,超过水稻总面积的一半,优质专用小麦达900多万亩,占小麦总面积的25%。其次,种植业结构调整要由"二元结构"(粮食、经济作物)向"三元结构"(粮食、经济作物、饲料作物)转变。淘汰和调减那些不适销对路的品种,增加名、优、特、新产品生产,大力发展适应市场需要的优质化特色产业和产品。"卖难"的农产品,主要是品质较差的大宗农产品,而一些专用的、优质的农产品还是供不应求。因此,我们必须加快品种改良和良种推广,下决心淘汰劣质品种,大力开发优质品种,优化农产品品种结构,全面提高农产品质量。

(2)大力发展"绿色"农产品,加强质量安全,形成品牌。目前,我国农产品的优质品率非常低,粮食产品的优质品率一般仅为10%左右,农产品的综合优质率也仅为15%左右。农产品质量不高,已成为影响农产品销售与农民收入的突出问题,也成为影响农业生产持续稳定发展的主要因素,而提高农产品质量是农业结构调整的重点,是提高效益的核心,也是参与国内外市场竞争的保证。随着人们生活水平的提高,对农产品的品质要求也必然越来越高,不仅对农产品的色、香、味、形等有了更高的要求,而且对农产品无公害、无污染的要求也越来越高。要大力发展优质、高效、低耗农业,从市场需求出发,更新粮食品种,增加优质粮食和高附加值经济作物生产。农业结构调整要把提高农产品质量放在突出位置,根据市场需求进一步优化农产品品种结构,大力改善农产品品质,确保农产品质量安全,使农产品质量能够满足城乡居民生活水平日益提高的需要,全面增强我国农产品的国际竞争力。

食品安全的威胁主要来源是农药、化肥、兽药的不合理使用。要着力发展无公害农产品和绿色食品,保障农产品安全。建立无公害蔬菜基地,并对无公害基地生产过程进行监控。大力发展无公害农产品、绿色食品和有机食品,尽快使优质安全的农产品形成品牌。组织实施"无公害食品行动计划"和符合WTO规则要求的畜牧无规定疫病区建设,建立和健全农产品质量安全保障体系,完善有关法律法规和政策,切实加强对农产品从生产到市场环节的管理,全面提高农产品质量安全水平和国际竞争力。

2. 调整农业产业内部构成

产业结构调整的另一方面,就是产业合理布局即大农业内部农、林、牧、渔四大结构的调整。在农业四部门里,要注意提高牧、渔业的比重,特别是畜牧业产值的比重;在种植业里,要提高经济作物的比重。畜牧业在某种程度上代表着一个国家农业发展的水平,发展畜牧业可以带来连动效应,它可以促进种植业,带动加工业,促进农业内部结构合理化和产业间的良胜循环。畜牧业还是一个劳动密集型产业,有可能成为我国在国际农产品市场竞争中的一个优势产业。过去由于粮食供给不足,我们拿不出太多饲料来发展畜牧业。现在粮食库存较多,生产能力提高了,加快发展畜牧业的时机已经成熟。要采取切实可行的政策措施,加快畜牧业发展,尽快把畜牧业发展成为一个大产业,应当成为这次结构调整的一个重点目标。

3. 合理进行区域产业布局

农业生产总是在一定的地域进行的。不同的地域有着不同的自然条件和经济条件,适宜进行不同的农业生产,形成了农业生产某种产品的比较优势。调整和优化农业布局结构,应充分发挥区域比较优势。农业结构战略性调整就是通过区域分工协作,充分发挥不同区域的比较优势,这涉及不同区域的战略性定位。只有明确在战略性层面上的分区域结构调整路径,通过发挥比较优势，实现要素流动和优势互补，才能真正实现调整的“战略性”。借助加入 WTO 的难得机遇，我国应当充分利用国际国内两个市场的农业资源，依照比较优势原则，合理配置土地、水、资金、技术等资源。从宏观上讲，应适当减少粮棉油糖等土地资源密集型农产品的生产，增加优质果、菜、花卉等劳动密集型产品的生产，增加养殖及加工品的生产。

东部地区农业结构调整的定位是“局部地区的现代化集约农业”，在突出发展二、三产业的同时，农业表现为高投入、高效益，其中外向型农业将占很大比重。东部地区在发展外向型农业、高科技农业和高附加值农业的基础上，还应积极发展适应国际市场要求的农产品的生产，增强出口创汇能力，加快推进农业现代化进程。中部地区农业结构调整的定位是“主要农产品的供给基地”。西部地区农业结构调整的定位是“突出发展生态农业和特色农业”。

西部地区要抓住国家实施西部大开发的机遇，转变发展模式，将退耕还林、还草、还湖与发展特色水果、特色种养殖业并举，同时充分开发农业旅游资源，大力发展观光农业，并积极发展特色农业、生态农业、节水农业和绿色农业，走农牧、林牧结合的农业发展道路。通过充分发挥不同区域的比较优势，在非均衡发展中实现农村经济乃至国民经济的均衡与协调发展。

政府应根据各地资源禀赋、区域优势，因地制宜，适当集中，合理进行规划，保障区域性农业产业结构布局合理、推进农业区域布局结构优化。确切地说，当前要重点扶持的是优势农产品的优势产区，要突出优势，突出重点，优先选择国内有市场而进口产品冲击威胁大的、国际市场前景好而急需扩大出口的产品进行规划。应根据资源比较优势，在占有耕地资源优势的地区，要致力于发展粮食生产，形成粮食主产区；在具有草场、沿海、山地资源优势的地区则可致力于发展畜牧业、水产养殖和林业，生产比粮食价值更高、生态效益更好的畜产品、水产品和林果产品及经济作物，形成不同的特种农产品生产基地；在具有信息、技术资金、地理位置等优势的大中城市郊区，致力于发展科技含量和附加值更高，经济效益、社会效益、生态效益更好的经济作物、水产养殖、畜牧养殖和出口农产品，建设现代农业高科技产业区。另外，在大中城市郊区，还可通过优美的农业自然环境及其相应的农、林、牧、渔的生产过程和农业劳作的新型模式，发展“观光农业”，以吸引人们前往参观、参与、购物和游玩。

我国要提高农产品的国际竞争力，必须尽快按照“特色化、区域化、品牌化”的要求，推进生产布局的革命性变革。在优势产区发展主导产品，坚持统一市场，专业化生产的战略，建立全国统一的农产品大市场的同时，要从全球角度科学分析各地农业发展的相对优势，优化国内产品结构和农业生产布局，打造具有区域特色的发展模式。大力优化农业区域布局，推动优势农产品和特色农产品向优势产区集中，形成优势农产品产业带。例如，陕西的苹果、山西的小杂粮、山东的蔬菜、新疆的棉花、海南的冬季瓜菜等。

（二）农业产业结构调整的基本要求

我国农业和农村经济的发展，既面临经济全球化、市场一体化的直接冲击，又存在国内产业结构升级、农民增收困难的现实压力。如何合理调整农业结构，缓冲和应对加入 WTO 后对我国农业带来的负面影响，是我国农业持续、健康、快速发展的首要问题。在这一背景下，必须进一步理清推进现代农业建设的思路，着眼于经济全球化、农业技术高新化和开放型农村经济的新趋势，按照用工业化思维谋划农业的思路，围绕农业和农村经济结构战略性调整这条主线，以发展农村生产力和增加农民收入为根本目的，面向国际和国内两个市场，突出区域特色，多元发展，实施农业产业结构调整，加速建设以粮食和畜产品精深加工为重点的龙头企业群，加快推进专业化建设，并扶持发展一批龙头企业，促进农户小生产与大市场相连接，提高农业经济效益和市场化程度。

1. 农业产业结构调整要同区域比较优势和区域特色结合起来

搞好现代农业建设的一项重要内容是立足当地比较优势，通过比较优势的开发利用，形成具有辐射和带动能力的主导产业，促进整个区域经济的发展。各地由于地域、资源、气候等条件的差异，优势产业必然不尽相同，必须从实际出发，因地制宜，扬长避短，开发利用区域比较优势，这样农业产业化经营才能形成特色。各地农村能否合理利用自己的比较优势，优势能否成为现代农业建设的立足点，这就要求我们要从多方面去认识比较优势，以发展的眼光看待比较优势。调整农业结构不能在数量和规模上进行简单低劣地重复和增减，而是要突出地方产业的优势，走特色发展道路。特别是入世后，国外大量的农产品涌入我国，使农产品选择性加大，竞争也日渐激烈。农产品生产的地域性强，具有区域特色的农产品往往很少有竞争对手，一般具有较强的国际竞争力。因此，我国农业结构调整要根据区域地理条件，合理优化资源配置，要注重地方特色。做好特色文章，关键是要把握市场脉搏，不断地进行种植、养殖以及农产品加工业的连续性、适宜性调整，使产业调出优势，产品调出特色，稳步实现农业健康发展。要根据资源优势和区域特色，运用市场机制和政策导向，促进生产要素的合理流动和必要的集中，形成区域显明、优势突出的农业生产布局。

2. 农业产业结构调整要与大力发展加工企业和组建农村专业合作经济组织结合起来

要发展现代农业，必须加快农业产业结构的战略性调整，迫切需要农产品加工业的带动和推进。当前农产品加工和市场营销发展滞后，严重制约了农业结构调整。许多地方由于加工转化不足，瓜果蔬菜等大量鲜活产品集中上市后造成供过于求，价格上不去；一些粮食主产区粮食加工转化没有解决，没有形成产业链，也影响了农民的种粮收入。要大力发展现代农业建设，就要建成一批大型骨干企业和示范基地，健全重要农产品的生产和加工标准，逐步形成与优势产业带相适应的加工布局和符合农产品加工业发展规律和消费水平的加工体系。现在看来，凡是加工业比较配套，市场营销网络健全，农民种养的产品能够及时进入加工流通领域的地方，农业结构调整就比较成功，农业现代化建设也搞的相对较好。

专业合作组织的特点是把农户、加工企业和市场连接起来，通过发展农产品加工业，延长农业产业链条，实现现代农业发展、农业增效和农民增收相统一的目的。要发挥农民专业合作组织在现代农业建设中的作用，必须按照“民办、民营、民受益”的原则，引导农民在劳动、技术、农产品销售等方面开展互助合作，这样既能起到约束、规范的作用，又能共同承担风险，保护农民利益。同时，发展各类以农民为主体的合作经济组织，就能引导农民进入市场，逐步发展具有股份或股份合作性质的农民自己的工商企业，进一步扩大农民的生产经营自主权，吸收农民参与产供销结合、贸工农一体化的经济联合体，使其由小生产向社会化大生产的经营主体转化。

3. 农业产业结构调整要和地方龙头企业的农产品精深加工结合起来

在农业和农村经济进入新阶段后，要推进现代农业建设，必须进一步加快我国农业产业结构调整步伐。如果只有农产品的初级加工，而没有农产品的精深加工，就上升不到农业产业结构战略性调整这个层次。农产品的精深加工既是对地方特色产品的升级增值，也是进行现代农业建设和农业产业化生产的突破口。农民由于分散生产和缺乏对市场的了解，因此当面对瞬息万变的市场时，常常感到无所适从。而龙头企业上连国内外市场，下连广大农民，是农民走向市场的依托，是真正的市场竞争主体。扶持龙头企业走精深加工之路就是扶持农民，而目前真正具有这种实力的龙头企业还太少。大力发展农产品精深加工，特别是采用产业化龙头企业的规模经营模式，可以带动千家万户按照市场需求，进行专业化、集约化和规模化生产，避免分散农户自发调整结构所带来的盲目性和趋同性，形成“政府调控市场、市场引导企业、企业带动农户”的结构调整新机制。一些地方农业生产基础虽然比较好，但产业化发展不快，主要原因是农产品精深加工严重滞后。要创办起点高、上规模的农产品精深加工企业，必须走招商引资、市场融资的路子，引进先进的技术装备和经营管理方法；在发展农产品的分级、包装、储藏、保鲜等初加工和半成品加工的同时，还要大力发展农产品的精深加工，把初级农产品变成技术含量高、具有品牌优势、附加值高的产品。农业产业结构调整只有跳出初级生产范围，拓展纵向和横向发展空间，与其他产业联系起来，通过精深加工这条纽带，把一个个农户组织起来，组成一个庞大的利益共同体，才能逐步有效抵御和消除农业的市场风险。

4. 农业产业结构调整要和农业科技的普及与发展结合起来

在当前国际经济一体化的大环境下，运用现代科学技术改造传统农业是解决农业可持续发展的必由之路。生物技术、转基因技术已大量运用在现代农业中，而在广大农村，科技成果转化率、利用率较低。农业的高新技术和科研成果源源不断地推向市场，促使新的农业科研成果得以很快转化为生产力，这是农业企业，特别是龙头企业集团化发展的重要条件，也是调整农业产业结构和产品结构的必然选择。农业企业要想在提高质量和科技进步方面走在前头，就要抓好农业科技研发技术推广，引进先进技术、优秀人才和优良品种，提高从业人员的综合素质，通过多种形式，把技术送到千家万户，使先进的科学技术转化成农业实用技术，并带动整个农业产业化快速发展，以生产更多的安全、优质的农产品。

5. 农业产业结构的调整要与土地流转制度改革和扩大经营规模结合起来

推进现代农业建设，必须扩大农村土地的经营规模。我国实行的农村家庭联产承包责任制的目的就是要把农民塑造成自主经营、自负盈亏的市场主体，但这种承包模式与农业现代化所要求的适度规模经营相矛盾，缺乏市场竞争力。因此我国农业结构调整要与我国土地流转制度改革结合起来。土地流转应在保障农村土地承包关系稳定的前提下，按照市场经济的要求建立合理的土地流转机制，发挥市场配置农村土地资源的基础性作用。要确保农户的土地流转主体地位，妥善解决土地使用权流转中存在的问题，促使土地合理集中，健全土地流转的法律机制。股份合作制是一种相对较优的选择，是我国目前乃至今后一段时期内可以采取的较好的土地制度模式。农业产业化经营应从农民和农户经济的实际出发，需要正确认识适度规模经营，要区分不同地区，不同部门或环节，以采取不同的途径来发展规模经营。

第三节 农业布局与规划

一、农业布局的基本内容

1. 农业部局的概念

农业布局又称农业配置。是农业各部门（农、林、牧、渔业）和各部门内部各种生产门类及其种类和数量在地域空间上的分布和组合。农业布局和农业结构既相互联系又相互区别。农业结构指在一定区域范围内，农业各部门和各生产门类相互之间的比例关系及结合形式。在安排各部门、各门类地区布局时，必须考虑到它们之间的相互关系，建立合理的农业结构；在形成一个地区的农业结构时，必须以组成这个结构的各部门、各门类的合理地区布局为前提。而不能把布局和结构割裂开来，孤立地、主观的安排某一生产部门或某一生产门类的发展。

2. 农业布局的特点

农业布局总体来说，具有以下几个特点。

(1)农业生产具有地域性。由于各地的自然条件、资源状况和社会经济技术条件各不相同，因此发展农业生产的优势和劣势也不尽相同；各种农作物、林木、畜禽和水生动植物等对自然资源条件各有不同的生态适应性，对经济、技术条件的要求也不一样。合理安排农业生产布局和结构，可使各部门、各门类各得其所，充分发挥地区优势，使劳动力、资金和生产资料的投放尽可能的用在能够带来更大效益的方面，以较少的能量和物质投入，获取尽可能多的高质量产品，并取得更大的经济效果。

(2)农业生产具有综合性。农业的各部门、各门类之间，以及它们和环境之间不是孤立的，而是一个相互联系、相互制约的物质转化和能量循环的完整系统，即农业生态系统。合理的农业布局和结构，可使农业各部门、各门类之间相互促进、相得益彰，充分发挥生态系统的综合潜力，从而提高物质转化和能量循环的效率，使物尽其用。

(3)农业生产具有季节性。农、林、牧、渔业，以及各种农作物的生产都受到特定季节的限制，因而劳动力的使用常出现忙闲不均的现象，得不到充分利用，光、热、水、土等农业资源和基本设施也会出现季节性余缺现象。

3. 农业布局研究的内容

农业布局研究的内容主要包括以下几点。①农业生产条件评价。着重分析、评价农业生产条件对农业布局的影响。②农业部门布局，又称“条条布局”。在分析农业现状的基础上，确定农业各部门的发展方向、规模、水平、分布与增产途径。③区域农业总体布局，又称“块块布局”。以地区为基本单位，确定区内农业主导部门和次要部门，建立合理的农业部门结构体系，以实现农业生产的区域化和专业化。

4. 农业布局的原则

研究和安排农业布局应遵循的原则是：一是按自然、经济规律，因地制宜，发挥地区优势，充分、有效、合理地开发利用农业资源，综合考虑经济、社会、生态效益；二是有利于促进农业各部门的合理结合和共同发展；三是农业布局应与农产品加工工业布局相适应；四是考虑市场和交通条件，以利于促进商品农业发展；五是全面考虑国家、地方和农民生产与生活的需要。

合理的农业布局和结构可以充分发挥劳动力及其它农业资源和生产设施的潜力。合理的农业布局和结构，必须综合考虑四个问题：一是要有利于充分发挥自然资源和经济资源的潜力；二是要有利于保持良好的生态环境；三是要有利于满足市场对农产品的多样性需求；四是要有利于提高农业生产的经济效果，不断增加经济效益。概括地说，合理的农业布局，就是要综合考虑经济效益、生态效益、社会效益和资源效益，并且做到因地制宜、各有侧重。合理的农业布局要求农业各部门尽可能分布在条件最优越的地区，而每个地区内的农业各部门又保持着合理的比例，能有机结合，相互促进，协调发展。

在社会主义市场经济的农业布局实践中，我们要正确处理好以下关系。

一是老的农产品生产基地与新发展的和待开发的农产品生产基地的关系。在大力发展老基地的同时，选择生产条件优越、原有生产基础好、产量和商品率较高、增产潜力较大的若干地区，作为该项农畜产品新的生产基地。

二是地区间专业分工与区内综合发展的关系。有计划、有步骤地实行农业区域专业化，使各地区间农业生产有合理的专业分工，而每个地区内专业化部门与辅助部门又合理结合、协调发展，形成合理的农业地域结构。

三是农业部门与作物布局的集中与分散，要因部门或作物而异。例如，粮食作物因种类多，适应范围广，需要量大，以分散布局为主，实行分散与集中布局（商品粮基地）相结合；而经济作物宜适当集中，向区域化、专业化方向发展。

二、我国优势农产品的区域布局与规划

当前，我国农业农村经济发展面临着资源约束日趋紧缺、农产品需求刚性增长、市场竞争更加激烈的新形势，对保障农产品总量平衡、结构平衡和质量提升提出了更为严峻的挑战。为了适应新形势的发展变化，立足资源禀赋，继续深入实施优势农产品区域布局规划，显得尤为迫切。必须进一步充实优势农产品品种，优化农业区域布局，调整区域功能定位和主攻方向，进一步发挥好农业区域比较优势；必须进一步适应农产品产业带发展规律，明确优势农产品产业带建设的阶段性要求，积极推进产业集聚和提升，进一步发挥好规划的导向作用，以推进农业区域化、专业化发展。

1. 农业产业布局存在的问题

受体制机制、经济利益、地方政府重视程度和政策支持力度等多种因素的影响，农业布局仍不尽合理，基础设施薄弱、社会化服务相对滞后、产业化水平不高等问题在农业区域布局上依然突出。

(1)区域布局有待进一步优化。当前，我国农业布局仍然存在品种少、范围小，部分优势品种区域主导地位不突出、上下游各产业之间相互衔接不够紧密等问题，原有的功能定位和发展目标已不能完全适应新时期农业发展需要。同时，随着优势品种日趋向优势区域集中，同一区域内同一时期优势产品之间竞争水土资源的矛盾逐步显现，增加了主要农产品结构平衡的压力。

(2)农业基础设施薄弱。农田水利设施年久失修，农田节水刚刚起步，耕地质量下降，农业防灾减灾能力不强。畜禽圈舍建设落后，粪污处理设施不完善。农业机械化总体水平不高，棉花、油菜、甘蔗收获机械化尚未取得实质性突破。农产品交易、仓储、物流等基础设施建设不配套，滞后于生产发展。

(3)农业社会化服务相对滞后。公益性服务体系运行举步维艰，农技推广服务体系改革不到位，农业技术推广手段单一，且单项技术多，集成配套少，成果转化率低。经营性服务组织发育程度低、现代化程度不高，服务能力有限，特别是专业化营销组织不发达，产销衔接不紧密，品牌多且乱杂，运销服务、质量标准、标识包装等方面与发达国家存在较大差距。

(4)产业化、组织化水平不高。优势区域内产业化企业规模小、带动能力弱，与农户资本连接、服务支持、利益共享等一体化关系尚不完善，带动农户增收能力有限。农民专业合作组织

和行业协会数量少、规模小、不稳定的发展格局仍未根本改变，在政策传递、科技服务、信息沟通、产品流通等方面的作用尚未得到充分发挥。农业小生产与大市场的矛盾依然突出，抵御市场风险的能力仍然比较弱。

(5)扶持政策尚不完善。现有投向优势区域的支农资金总量仍然不足，而且缺少支持优势农产品产业带建设的专项投资，难以满足发展需要。优势区域产业发展的政策性金融支持力度不够，合作金融、民间金融发展滞后，农村金融体系功能不健全、服务不到位；农业政策性保险制度还不完善，农业风险分担机制尚未完全建立。政府引导、农民主体、多方参与的优势农产品产业带建设长效机制尚未完全形成。

2. 进一步推进农业区域布局的必要性

当前，我国农村经济社会发展已进入了统筹城乡发展、推进社会主义新农村建设的新时期。继续推进农业区域布局，对积极发展现代农业、繁荣农村经济，具有十分重要的现实意义。

(1)推进农业区域布局是走中国特色农业现代化道路的战略选择。区域化布局是现代农业的基本特征之一。上一轮规划实施的实践表明，优化农业区域布局，实行相对集中连片的规模化生产、专业化经营和市场化运作，能够强化产前、产中、产后各环节的社会化服务，提升生产的组织化水平，促进产业链条延伸，有利于形成小农户大基地、小规模大区域的发展格局，实现小生产与大市场的有效对接，促使农业发展方式向资源节约型和环境友好型转变，从而推动农业节能减排，为生态文明建设作出积极贡献。因此，继续推进农业区域布局仍将是发展中国特色农业现代化的有效实现形式。

(2)推进农业区域布局是优化资源配置、保障农产品基本供给的重大举措。在我国工业化、信息化、城镇化、市场化、国际化进程加速推进的关键时期，人增地减和农产品需求刚性增长的趋势不可逆转。据统计，1999—2007 年我国耕地面积净减少 1.23 亿亩，人口净增了 9000 多万，人均粮食占有量从 412 千克下降到 381 千克，保障粮食安全的任务更加艰巨。同时，部分农产品产需缺口越来越大，供求结构性矛盾日益突出。今后一个时期内，确保农产品总量平衡的压力和结构平衡的难度将越来越大。推进农业区域布局，在最适宜的地区生产最适宜的农产品，合理安排种养业，配套推广先进适用技术，有利于充分挖掘资源、品种、技术和现代物质装备的增产潜能，提高农业资源利用率、土地产出率和劳动生产率，增强主要农产品基本供给能力。这是在我国现实情况下，提升农业综合生产能力的必然选择。

(3)推进农业区域布局是发挥比较优势、增强农产品竞争力的客观要求。目前，国际农产品市场对我国农业的影响日益加深。我国大豆、棉花进口量已分别占国内消费的 2/3 和 1/3，市场风险不断增大。同时，国内外市场对农产品质量的要求越来越高，一些农产品质量安全事件不仅影响国内生产和消费，而且影响农产品出口。继续推进农业区域布局，有利于把优势区域率先建成高产、优质、高效、生态、安全的现代农业生产基地和示范基地，实现规模化、专业化、标准化生产，降低生产成本，提高产品质量和档次，发挥区域比较优势，增强我国农产品整体竞争力，使有竞争力的优势农产品保持出口的良好势头，而需要长期进口的农产品保持应必要的自给率。

(4)推进农业区域布局是促进农民增收、夯实主产区新农村建设产业基础的有效手段。继续保持农民收入持续较快增长的势头，努力缩小城乡收入差距，是当前乃至今后一个时期，统筹城乡发展和全面建设小康社会的重点和难点。大宗农产品生产的优势区大多处于传统农业主产区，培育具有较强竞争力的主导产业，打牢产业基础，扩大市场份额，提升产业发展的综合效益，依然是增加农业主产区农民收入的重要途径。继续推进农业区域布局，在进一步提高主产区农业综合生产能力的同时，有利于带动农产品加工、储藏、运输、营销等相关产业的发展，延长农产品的产业链条，促进农业增效、农民增收良性互动，不断夯实社会主义新农村建设的产业基础，已逐步形成城乡经济社会发展一体化的新格局。

3. 推进农业区域布局的指导思想与基本原则

(1)指导思想。

高举中国特色社会主义伟大旗帜，深入贯彻落实科学发展观，围绕党的十七大提出的走中国特色农业现代化道路的总体要求，准确把握我国农产品供需的阶段性特征，遵循自然规律和经济规律，按照“因地制宜、突出优势、强化基础、壮大产业”的总体思路，明确农业区域发展定位与主攻方向，推动产业空间集聚和产业升级整合，促进农业发展方式转变，形成更加科学合理的农业生产力布局，加速农产品产业带发展进程，把优势区域建设成为保障主要农产品基本供给的骨干区、发展现代农业的先行区、促进农民持续增收的示范区，进一步强化农业基础建设，加快现代农业发展步伐。

(2)基本原则。

一是坚持以市场为导向，遵循市场经济规律，充分发挥市场在资源配置中的基础性作用。从区域资源优势出发，面向国内国际市场，瞄准现实和潜在需求，进一步优化品种结构和品质结构，引导标准化、专业化生产，促进优势农产品量的增长和质的提升。同时，围绕保障主要农产品基本供给，切实加强政府宏观调控，通过科学调整布局，政策扶持引导，强化科技支撑，全面增强优势农产品产出能力，促使农产品总量平衡、结构平衡和质量提升。

二是坚持区域合理分工。按照全国主体功能区规划有关要求，以发挥比较优势为出发点，立足区域资源禀赋，综合考虑产业基础、市场条件及生态环境等方面因素，打破行政区域界限，根据不同农业地区的主体功能定位，进一步明确农业区域的布局和产业发展目标，在严格保护耕地和重点生态功能区的基础上，促进生产要素在空间和产业上的优化配置，引导农业结构调整向有利于保护耕地的方向进行，加快形成区域特色鲜明、产业分工合理、产业体系完备的农业布局新格局。

三是坚持产业整体构建。立足优势品种和优势区域，促进产业集聚和提升，促使优势区域资源禀赋与优势品种布局相匹配，优势区域种养业与加工、流通等环节相衔接，主导产业与农村服务业等相关产业相协调，加快优势产业生产、加工、流通一体化进程，着力培育专业合作组织，加速构建现代农业产业体系和优势产业集群，从而不断提高产业整体素质、效益和竞争力。

四是坚持统筹协调推进。借鉴发达国家的建设经验，充分认识优势农产品产业带建设的长期性、复杂性、艰巨性，切实发挥规划和政策的引导、调控作用，加强部门间、区域间联合协作，调动各方积极性，统筹利用资金、技术、人才等各类资源，建立分工明确、行动协调、持之以恒的良好机制，努力形成推动优势农产品区域布局工作的合力。

五是坚持尊重农民意愿。始终坚持农村基本经营制度，稳定和完善土地承包关系，充分尊重农民生产经营自主权，保障农民的市场主体地位。通过政策引导、市场带动、信息服务等途径，调动农民自觉自愿发展优势农产品生产的积极性，不搞违背农民意愿的强迫命令和“一刀切”。

4. 推进农业区域布局的主要政策措施

继续推进农业区域布局必须立足国情，统筹谋划，注重实效。各级政府和有关部门应高度重视农业区域布局工作，在制定有关政策、编制相关规划时，应充分考虑农业区域布局，使其与其他产业布局规划衔接，把优势农产品的优势区域作为新时期现代农业发展的基础平台，不断加大政策扶持力度，加强组织领导和宏观指导，采取切实有效措施，培育优势品种，做强优势区域，加快建设优势农产品产业带。

(1)加强农业区域布局研究。

国家和各级地方政府应投入一定的研究人员和经费，深入进行农业资源调查，分析研究各地区气候、水文、土壤、光照等自然条件和人口、收入、风俗习惯、农业技术、交通等社会经济条件等方面的特点，将全国主要农业区划分成不同农产品主产区，使主产区农产品生产对自然、经济、社会条件的要求与当地相吻合。发挥区域资源优势，突出区域特色和农产品的差异化，以增强主产区农产品的市场竞争力。

(2)加强科学技术研发与推广应用，提高优势农产品科技含量。

坚持走中国特色农业科技自主创新道路，优先在优势区域建设产业技术研发中心、功能研究室、综合试验站，加快建立现代农业产业技术体系。加大优势农产品科研经费投入，围绕优势农产品产业发展需要，建立有效聚集长期追踪优势农产品技术需求的研发力量，组织相关部门、科研院所、高等院校和企业，依托重大工程和国家科技计划，在动植物育种、疫病防控、农业机械化、农田节水、科学施肥、质量安全、农产品加工储藏等重点领域加强科研攻关，力争在一些关键环节、关键技术上取得突破，尽快形成适应不同优势品种、不同优势区域要求的现代农业产业技术体系。针对产业技术体系构建过程中的瓶颈问题和关键环节，优先引进消化吸收，再创新一批核心技术。深化农业技术推广体制改革，不断充实优势区域基层技术力量，完善技术推广运行机制，确保公益性推广机构履行职能所需经费，积极扶持社会化技术服务组织。启动实施基层农技推广服务体系建设工程，重点建设和完善县及县以下公益性农技推广机构，使之具备必要的办公场所、仪器设备和试验示范基地，增强生产指导、技术服务等服务功能。

建立和健全动植物疫病防控体系，扩大无规定动物疫病区建设范围，推进重大植物病虫害统防统治。加大种子工程、畜禽水产良种工程、科技入户工程、测土配方施肥、保护性耕作等重大工程项目对优势区域的倾斜力度，探索农业科技成果进村入户的有效机制和办法，加大农业科技成果转化和推广力度，努力提高优质高产品种和集成配套技术的普及率。针对农村青壮年劳动力大量外出务工、农业劳动力素质结构性下降的现状，加大优势区域新农村实用人才培训工程、新型农民科技培训工程等培训项目的实施力度，抓好先进实用技术培训，提高农民的知识素养和务农技能，并培养一大批适应现代农业发展要求的新型农民。

(3)完善农业设施装备，强化农产品生产的基础支撑。

突出抓好农业基础设施建设，大力发展农田水利设施和节水灌溉，加强大型灌区续建配套与节水改造，加大植物保护、动植物疫病防控体系、渔政渔港等现有工程建设力度，加快实施沃土工程、旱作节水农业示范工程，改善耕地质量，防止水土流失，全面增强农产品基础产出能力。在实施好现有粮食生产各项工程的基础上，启动实施粮食战略工程，以粮食优势区域为重点，加强基础设施建设，积极开发重点省区的粮食核心区和后备区，全面提升优势区域总体粮食产出能力。以经济作物、园艺作物和养殖业为重点，推进标准化生产，强化科技集成应用能力，完善综合服务设施，积极推进现代物流设施与手段建设，打造一批农产品出口基地、名牌产品生产基地和现代农业示范基地。加大先进适用农机化技术和机具的开发应用，优化装备结构，加快推进粮食作物生产全程机械化，稳步发展经济作物和养殖业机械化，并鼓励有条件的地区和农垦企业在推进农业机械化方面发挥示范带动作用。

(4)推行标准化生产,提升农产品质量安全水平。

按照标准化生产和管理的要求,以农产品生产操作规范、农兽药残留限量、产地环境质量、产品等级规格、包装储运等为重点,加快制修订主产区农产品生产标准。率先在优势区域实施农业标准国际化战略,加强国际标准的跟踪、研究和转化,推动与国际标准接轨。扶持龙头企业、农民专业合作组织、科技示范户和种养大户率先实行标准化生产,并示范带动标准化生产和管理技术进村入户,大力发展无公害优质农产品、绿色食品,因地制宜地发展有机农产品,积极发展名牌产品,加强认证监管,健全淘汰机制,推行地理标识制度。加大农产品质量安全检验检测体系建设力度,深入实施无公害农产品行动计划,建立农产品质量安全风险评估机制。大力推广清洁生产和废弃物资源化利用技术,发展循环农业,强化农业面源污染治理,切实保护产地生态环境。加强农产品质量安全例行监测和监督抽查工作,突出产地环境监控、投入品质量监管、生产技术规范、市场准入、市场监测等关键环节,建立从田间到市场全过程控制、运转高效、反应迅速的农产品质量安全管理体制,并不断提高优势农产品的质量安全水平。

(5)加快区域内农民专业合作组织和产业化经营发展步伐,提高农业组织化程度。

突出龙头企业与优势区域之间的"血缘关系"和"地缘关系",引导和鼓励龙头企业向优势区域内集聚,通过"公司＋合作组织＋农户""公司＋基地＋农户""订单农业"等模式,与农民结成更紧密的利益共同体,让农民更多地分享产业化经营成果。扶持发展以专业合作组织为主体的互助服务,积极倡导以社会化中介组织为主体的市场服务。支持农民专业合作组织承担国家有关涉农项目,鼓励其兴办农产品加工业或参股龙头企业。积极发展科技含量高、产业链条长、增值水平高、符合综合利用和循环经济要求的农产品精深加工业,强化产业间的衔接。积极发展农业生产经营性服务组织,为农民提供代耕代种、用水管理和仓储运输等专业化服务,不断提高农业的组织化程度和产业化水平。

(6)加大市场和信息体系建设力度,促进农产品产销连接。

健全农产品市场服务体系,提升农产品市场集散能力。加快建设农产品冷藏保鲜设施,提高农产品的市场均衡供应能力。大力培育农产品市场经营主体,鼓励农民创办运销组织,发展民间经纪人队伍,扶持壮大各类农产品营销龙头企业。加强现代物流体系建设,大力发展订单农业、网上销售、直销配送等新型营销模式,完善和落实好鲜活农产品运输绿色通道政策。推进"金农"、"三电合一"、农村信息化示范等工程建设,扩大农产品信息网络覆盖范围,建立监测体系,及时发布相关信息,并提高农产品生产信息化程度,为科学制定产业发展政策提供决策依据。

(7)巩固、完善、强化惠农政策体系,加大扶持力度。

继续加大对农民的直接补贴力度,逐步增加粮食直补、良种补贴、农机具购置补贴和农资综合直补,全面落实对粮食、油料、生猪、奶牛等生产的各项扶持政策。完善水稻、小麦、玉米、大豆、棉花、油菜、生猪、奶牛等现有农产品补贴政策。巩固完善农民收入补贴政策,加大技术应用补贴和生产性服务补贴力度,切实增加农业投资总量,各级财政要加大对优势区域建设的扶持力度,重点加强基础设施建设和社会事业发展。研究和制定扶持农业发展的信贷政策,加大对优势区域农民专业合作组织及农户等经营主体生产性贷款的金融扶持力度;鼓励有条件的地方,建立担保基金、担保公司,为优势区域龙头企业融资提供服务;鼓励有条件的龙头企业上市或向社会发行企业债券,募集发展资金;鼓励各类市场主体参与优势区域农业基础设施建设，逐步建立起多元化、多渠道的投融资机制，打造各类生产要素集聚平台，形成全社会各行业共同推进优势产业带发展的格局。优先将优势农产品纳入农业政策性保险范畴，不断发挥农业保险在稳定优势农产品生产方面的积极作用。跟踪分析国内外两个市场变化的情况，加强优势农产品进出口的调控，完善优势农产品进口管理和贸易救济预警制度。

思考题

1. 当前的农业产业结构战略性调整与前几次农业产业结构调整有何不同？
2. 如何协调我国当前农业产业结构的战略性调整与坚持“无粮不稳”之间的关系？
3. 农业布局与规划的意义何在，新疆作为农业大省该如何实施农业布局？

案例分析

调整和优化农村产业结构

河北华龙面集团有限公司创建于1994年3月，经过十年的坚苦创业，华龙集团已经发展成为占地面积100多万平方米，员工12 000余人，总资产达30多亿元的企业集团，而且华龙商标荣获中国驰名商标，是中国民营企业500强中的第31位，产销量居全国同行业的前三位。

华龙是一家依托全国优质小麦生产基地，大力发展农业经济，从事粮食加工的龙头综合性民营企业。华龙的发展直接带动了当地农业的发展，使当地涌现出了多家小型方便面厂、面粉加工厂等，并且使华龙所在地莲子镇乡连续数年成为隆化县的纳税大户。

在以往商品短缺时期，农产品生产者主要靠增加产量以求发展。在华龙的幼年期，农业已告别短缺，出现激烈的市场竞争，农村各类产业的发展都转移到了依靠科技进步和提高劳动者素质的轨道上来。华龙的发展，适应了新经济形势，转换了增长方式。在增加产量的同时，以提高产品质量为手段，各类产品也实施“名牌战略”。

华龙集团，作为一方龙头企业，在农业产业化组织体系中居于领先、核心的地位，它组织和指导农产品的生产、加工和销售，形成一体化生产体系，而且吸收了大量农村的劳动力，使农村居民在从事农业生产活动的同时，也从事非农业生产活动。当生产者的目的是为了获得利润时，农业生产开始成为产业行为，农业资源配置逐渐市场化，农产品的整个生产过程也日益形成现代农业产业化经营体系，这是一个历史的过程。

问题讨论：

1. 华龙面集团有限公司是怎样影响农业产业结构调整的？
2. 华龙面集团有限公司的发展过程对当地的农业经济发展有何影响？

第十章　农业产业化

本章导读

农业产业化也可以称为农业产业化经营，是我国农村自家庭联产承包责任制和乡镇企业两个伟大创举后的又一个伟大创举，是实现农业两个根本转变和农业“第二次飞跃”的有效途径。它是在经济社会发生结构性变化的情况下，对传统农业运行与管理方式的系统转变，转变的核心是思想观念、发展方式和管理机制，转变的决定因素是政府的引导和支持、专业研究人员的参与及企业的实践。本章将重点阐述农业产业化的内涵与特征；农业产业化的形成与发展；农业产业化的基本形式与实现条件；农业产业化经营组织的培育与发展。

第一节　农业产业化的内涵与特征

一、农业产业化的内涵

农业产业化经营国际上称为“农业一体化”(Agricaltural intergration)。20 世纪 50 年代，美国哈佛大学戴维斯和戈德堡二位学者根据美国农业高度发展的现状，对先进的农业经营方式进行理论概括，首次提出农业关联产业(Agribusiness)概念，后被我国学者译为“农工综合体”。

对农业产业化的概念，在我国学术界有不同的看法。综合而言，农业产业化是指根据市场经济运行的要求，结合不同的资源条件，以产业分类、项目设计和企业经营为结点，以市场需求为导向，以产业价值和效益为中心，以科技创新应用为依托，以农民增收、农业增效为目的，在保持家庭联产承包责任制不变或和谐渐变的前提下，实现农业现代化的过程。

根据农业产业化的概念，对其内涵的理解如下。

(1)农业产业化是以市场需求为导向的。农业产业化是市场经济发展的必然产物，农业产业化的发展必须以国内外市场需求为导向，离开市场需求来谈农业产业化就是一种空谈。但市场并不都是自然存在的，也不是固定不变的，它需要人们积极地去开拓、去挖掘，改良品种、调整结构、深度加工、储藏保鲜等都是拓展市场的重要措施。

(2)农业产业化的基础是充分利用当地资源优势,发展支柱产业。所谓支柱产业是指在一定区域范围内能充分利用当地资源优势和潜力,布局合理,产品市场前景看好,在现有产业结构中处于主导地位并有继续开发潜力的产业。农业支柱产业是农业产业化的主体,是区域农业经济发展优势的体现,是促进农业和农村经济持续发展的柱石。大力推进农业产业化,就是要充分利用现有支柱产业优势,依据各个地区农业资源条件,充分发挥各地区资源、技术和人才优势,按照集约经营、专业经营、规模经营的要求,带动区域种植业、养殖业和加工业发展。以培育和壮大主导产业为切入点,通过延长产业链条,不断引导亿万农户开展专业化、区域化、社会化生产,向规模化和集约化经营发展。

(3)农业产业化发展的关键是骨干企业。骨干企业具有开拓市场、引导生产、深化加工、延长农产品销售时间、拓展销售空间、增加农产品附加值等综合功能。

(4)农业产业化是以科技创新应用为依托的。无论从农业产业的特性,还是从农业产业化的内在要求讲,科技创新在农业产业化经营过程中都起到了关键性的作用。21世纪是知识经济时代,纵观支撑农业发展的政策、资源、科技三大要素,通过前两者来影响、促进农业发展的空间已不大,农业科技将成为农业发展的强大驱动力和重要条件。通过农业科技创新,能使农业科技成果层出不穷;通过农业科技创新,能使农民的整体素质得到提高;通过农业科技创新,能使农业科研事业蓬勃发展。没有科技创新,农业产业化就难以向高层次、高水平发展。从目前的实践来看,凡是农业产业化经营水平较高的地区,其农业科技创新应用能力也比较强,节约消耗、提高单产、增加效益的幅度都比较大。

(5)农业产业化是以农民增收、农业增效,增加农产品有效供给为主要目的的。通过农业产业化发展,实现农业规模化生产,就能提高农业劳动生产率,提高农业资源的利用率,从而增加农产品的有效供给,这对于一个拥有十几亿人口的大国来说,是十分重要的。同时,通过农业产业化经营和农业科技进步,能不断延长农业产业链,实现农业多层次、多环节增值,促进农民增收,农业增效。

二、农业产业化的特征

农业产业化经营与传统的农业经营方式截然不同,农业产业化经营是农业市场化的高级阶段,它表现了农业生产的高度社会化分工与一体化经营的有机结合。概括地讲,农业产业化经营与传统的农业经营方式相比具有以下基本特征。

1. 市场化

市场是农业产业化的起点和归宿。农业产业化经营必须以国内外市场为导向,改变传统的小农经济自给自足、自我服务的封闭状态,其资源配置、生产要素组合、生产资料和产品购销等均靠市场机制进行配置和实现。

2. 专业化

农业产业化经营要求提高劳动生产率、土地生产率、资源利用率和农产品商品率等,这些只有通过专业化才能实现。特别是作为农业产业化经营基础的农副产品生产,要求把小而分散的农户组织起来,进行区域化布局,专业化生产,在保持家庭承包责任制稳定的基础上,扩大农户外部规模,解决农户经营规模狭小与现代农业要求的适度规模之间的矛盾。

3. 区域化

通过调整农产品结构，形成与资源特点相适应的布局。按照区域比较优势配置资源要素，确立主导产业，实行连片开发，建立生产基地，将一家一户的分散种养，联合成千家万户的规模经营，以创造区域产品优势和市场优势。

4. 规模化

生产经营规模化是农业产业化的必要条件，其生产基地和加工企业只有达到相当的规模，才能达到产业化的标准。农业产业化只有具备一定的规模，才能增强辐射力、带动力和竞争力，提高规模效益。

5. 一体化

一体化，即产供销一条龙、贸工农一体化经营，把农业的产前、产中、产后环节有机结合起来，形成“龙”型产业链，使各环节参与主体真正形成风险共担、利益均沾、同兴衰、共命运的利益共同体。这是农业产业化的实质所在。

6. 集约化

农业产业化的生产经营活动要符合“三高”要求，即科技含量高，资源综合利用率高，效益高，需要有大量的资金、劳动和技术投入，根据各地资源条件，形成各有特色的资金集约型、劳动集约型、技术集约型农业产业化经营模式。

7. 社会化

社会化，即服务体系社会化。农业产业化经营，要求建立社会化的服务体系，对一体化的各组成部分提供产前、产中、产后的信息、技术、资金、物资、经营、管理等全程服务，促进各生产经营要素直接、紧密、有效的结合。

8. 企业化

企业化，即生产经营管理企业化。不仅农业的龙头企业经营活动是规范的企业化运作，而且其农副产品生产基地为了适应龙头企业经营活动运行的计划性、规范性和标准化要求，应由传统农业向规模化的设施农业、工厂化农业发展，要求其经营管理企业化、规范化。

第二节　农业产业化的形成与发展

一、农业产业化的产生

农业产业化的产生是基于我国农村经济发展中存在四个明显的“不适应”。

1. 小生产与大市场的不相适应

我国农村普遍是以家庭为基本经济单元的小农生产，主体分散、实力弱，很难有效抵御农产品生产经营中的自然风险和市场风险的重压，而且农村交通不便，市场信息不灵，生产带有很大的盲目性。

2. 农产品生产水平不适应市场对农产品的高要求

农产品品种少、质量差、加工层次低，难以形成质量优势和规模优势，产品缺乏竞争力。

3. 农业经营方式不适应农村经济发展的要求

农民一家一户分散经营，规模小，势单力薄，不能形成规模效益，同时也无法与国内外大市场接轨。

4. 农业的社会化服务水平不能满足专业化生产的要求

农业生产专业化水平的提高，需要健全的社会化服务体系来支持，但我国还尚未完全形成专业化的农业生产配套服务。

这些问题的存在，究其本质是农业资源与生产要素组合与配置的问题，是城乡关系、工农关系、三大产业的结构关系问题，也是相关产业不配套，产业关联度低，生产、加工、销售相互割裂的问题，实现农业产业化正是解决这些“不适应”的治本之策。农业产业化顺应我国当前农业发展形势，通过农业产前、产中、产后等环节的分工和衔接，使农民从直接的市场交换中解脱出来，与公司企业联合，减少了市场风险和交易成本。农业贸易企业、加工企业，由于组织化程度高，竞争能力、谈判能力远高于农户，因此增强了农业的获利能力。

二、农业产业化的发展阶段

就全国而言，农业产业化经营是农村经济体制改革深化和农业市场化发展的产物。回顾农业产业化经营的发展道路，可以说经历四个阶段。

第一阶段：农业产业化的孕育萌芽阶段（1978—1984 年）。“文化大革命”后期，经济政策不再倡导“割资本主义尾巴”，山东省的一些县级革委会中成立了一个副县级的职能部门——多种经营办公室，简称“多办”。“多办”的主要任务就是帮助农村的生产大队，开展一些除了粮食生产之外的经营活动，如利用农民的剩余时间发展家庭手工业和房前屋后的家庭种植与养殖业。20 世纪 70 年代末 80 年代初，为了出口创汇，山东省的青岛市、烟台市等地有了一些将外贸工艺品订单委托农民进行加工的做法。这种多种经营、外贸出口加工以及发展农村“副业”的经营模式或做法，可以说是我国农业产业化经营的萌芽。

第二阶段：农业产业化的起步探索阶段（1984—1989 年）。随着我国农产品流通体制改革的开始并不断深化，传统的统购统销制度逐渐被废除，代之以合同订购制度，逐步缩小政府定价购销范围。除棉花、粮食外，绝大多数农产品市场的购销和价格均已放开，大大促进了市场经济的发展，同时农户分散的小规模经营与国内外大市场衔接的矛盾也开始出现。在此背景下，山东诸城率先学习泰国正大集团的经验，于 1984 年创办了“公司＋农户”模式的肉鸡生产、加工、经销一条龙经营体系，开创了农业产业化经营的先河。与此同时，全国各地也出现了一些形式和内容不同的产加销或产销一体模式的经营方式，如四川等地出现的农工商企业具有农业产业化的雏形，只是当时整个宏观环境是以计划经济为主，这些农工商企业的影响力有限。总体上讲，这一时期农业产业化经营组织数目少，农业产业化经营的理念还未能明确，农业产业化的实践还处于起步探索阶段。

第三阶段：农业产业化示范带动、推广阶段（1990—1996 年）。进入 20 世纪 90 年代，在山东诸城等地农业产业化经营获得成功的鼓舞下，全国各地纷纷建立各种不同形式和内容的农业产业化经营试点，进行典型示范。特别是广东、浙江、福建和山东等沿海省份农村经济和商品生产较发达的地区，随着外向型和创汇型农业的发展，逐渐形成区域化、专业化、商品化和社会化的农业产业化经营典型。各地凭借自身的特色优势农业资源，形成了许多有特色的农业产业化经营试点。如果说前两个阶段是农业产业化经营的单项突进的话，那么这个阶段农业产业化经营的发展则进入稳定家庭承包责任制、改革农业经营方式和管理体制、发展市场化农业的整体推进阶段。

第四阶段：迅速发展壮大阶段（1997 年至今）。1997 年 9 月，中共十五大报告中明确提出："积极发展农业产业化经营，形成生产、加工、销售有机结合和相互促进的机制，推进农业向商品化、专业化、现代化转变"，政府对农业产业化予以大力支持和保护。随着我国市场经济体制初步确立，市场配置资源的基础性作用开始显现，依靠市场机制引导各类要素有序流动，推动各产业环节的有机结合，实施农业产业化经营，成为市场农业的基本要求。企业进入农业的投资领域日益广泛，从粮、棉、果、菜等种植生产和畜牧、水产养殖到加工、运销，以及农用工业等相关领域无不涉及，起点高、规模大、效益好、产业带动能力强。与此同时，农业部成立了农业产业化工作领导小组及其办公室，与有关部委共同择定了一批国家级农业产业化龙头企业，积极筹划，重点支持，开展试点，列出专项扶持资金。至此，我国的农业产业化得到不断发展壮大，已进入了系统而快速的发展阶段。

各地实践证明，农业产业化是在市场经济条件下，在家庭经营的基础上，通过将农业的产前、产中、产后诸多环节联结为一个完整的产业系统，实现种养加、产供销、贸工农一体化经营，提高农业的增值能力和比较利益，形成自我积累、自我发展的良性循环的发展机制。在实践中，农业产业化表现为生产专业化，布局区域化，经营集约化，服务社会化，管理企业化，因此，农业产业化是实现农业两个根本性转变的重要途径，对促进农业增效、农民增收和农村经济全面发展，加快农业现代化具有重要意义。

第三节　农业产业化的基本形式与实现条件

一、农业产业化的基本形式

我国农业产业化的形式是多种多样的，归纳起来主要有：龙头企业带动型、市场带动型、主导产业带动型、商品基地带动型、中介组织带动型、科技带动型等形式。

1. 龙头企业带动型

所谓龙头企业，是指经济基础雄厚、辐射面广、带动能力强的农副产品购销企业、加工企业或企业集团。龙头企业是农业产业化的主要载体，它具有开拓市场、引导生产、深化加工、提供服务等综合功能，其经济实力强弱和牵动能力大小直接决定着产业化经营的规模和成效，是农业产业化赖以存在和发展的关键。龙头企业带动型是指以公司或集团企业为主导，以农产品加工、运销企业为龙头，重点围绕一种或几种农产品的生产、加工、销售，与生产基地和农户实行有机的联合，进行一体化经营，形成"风险共担、利益共享"的利益共同体的农业产业化经营模式。

2. 市场带动型

市场带动型是通过培育农产品市场，特别是专业批发市场，带动区域专业化生产和产加销一体化经营。这种产业化经营方式主要是以专业市场或专业交易中心为依托，拓宽商品流通渠道，带动区域专业化生产，实行产加销一体化经营，扩大生产规模，形成产业优势，节省交易成本，提高运销效率和经济效益。目前，这种模式主要适用于加工层次少、只进行初级分类整理即可出售的新鲜蔬菜瓜果等农产品的产业化经营，其在“风险共担”和“利益共享”方面还有待发育完善。

在我国，这种产业化经营方式比较成功的就是山东寿光蔬菜批发市场，带动千家万户农民从事蔬菜生产经营，带动蔬菜生产基地 5.3 万公顷，年销售蔬菜 40 亿千克，特别是寿光市创建了全国第一家蔬菜网上交易市场，年交易额 216 亿元，发展成为全国性的蔬菜交易中心。

3. 主导产业带动型

主导产业带动型是利用当地资源，从发展特色产业和产品入手，逐步扩大经营规模，提高产品档次，组织产业群、产业链，形成区域性主导产业和拳头产品，围绕主导产业发展产加销一体化经营。根据区域经济发展规律，一旦在某地区某个产业成为当地的主导产业，由于资本的趋利行为，在这个主导产业链的周围，便会产生许多为主导产业链服务或与主导产业关联度较大的一些机构和企业，形成围绕主导产业链的集聚效应，从而带动当地经济的发展。

主导产业带动型农业产业化经营关键是必须选择和培植实力型的企业。一个地区即使某种农产品独具特色、质量优良，具有成为当地主导产品的潜质，但如果缺乏一定规模和实力的企业运作，单凭区域内松散、小规模经营的农户各自为战，该农产品的生产和经营就形不成规模效应，集聚效应也无从谈起；因此，也不能形成农业产业化经营的格局。

4. 商品基地带动型

一些在历史上就具有资源特色和传统优势的农村区域，因其农产品特色成为城市生活的保障性产品供应基地。例如蔬菜基地、果品基地、食品加工基地等。这种产业化经营方式把开发资源与建设商品基地结合起来，开发一片山水，建成一个商品基地，培植一个拳头产品，兴办一个骨干企业，推进农业的集约经营和规模经营，使资源产出率、劳动生产率和经济效益实现最大化。这些基地的优势是贴近城市、临近消费区，可以通过直接配送等有效地运营形式，降低农产品的市场交易成本。由于商品基地带动型产业化经营的产业目标一般是都市的高端市场，其生产过程都有较高的技术和环境的要求，所以，其发展的重点就是专业化技能、生态化的环境、高新技术的应用、职业化农民的培育以及区域形象的树立和农产品品牌建设。

5. 中介组织带动型

中介组织带动型主要是通过专业生产合作社或专业协会为农民提供生产资料、资金、信息以及产中环节的各种服务，或者通过建立的加工、运销企业组织将农民和市场联接起来，带动农民走向市场。

各类农民专业协会是由农民自愿、自发组织的，以增加农民的收入为目的，在农户经营的基础上，实行资金、技术、生产、供销等互助合作的民间经济技术合作组织。

6. 科技带动型

科技带动型农业产业化经营是以科技组织为龙头，开发名优特新产品，带动区域性专业化生产和一体化经营。其主要特征是:通过实行农业科技研究、农业科技教育、农业科技推广、农业科技服务和开发等措施,用科学技术武装和优化农业生产力的其他要素,发展高产、优质、高效农业,推进农业产加销、贸工农、产学研一体化发展。在实践中又可分为两种具体的类型:一是以国家或集体农业科研院所为依托的农业产业化经营;二是以民办科技协会为载体的农业产业化经营。

二、农业产业化经营的实现条件

农业产业化经营的实现需要具备四个基本条件,完善三大机制,处理好五对关系。

(一)农业产业化经营应具备的四个基本条件

1. 要选准主导产业或项目

农业产业化形成的重要标志,就是有一个或几个能够支撑地方经济的主导产业。主导产业是产业化的基础,围绕主导产业发展骨干项目和拳头产品,才能形成产业优势;围绕主导产业形成一体化体系,开展产前、产中、产后各环节的联结,最终才能实现产业化经营。确定主导产业要从实际出发,以市场为导向,发掘地区资源优势,选择市场容量大、经济效益好、产业带动性强的产品作为开发重点,对其他产业和整个区域经济发展有很强的拉动作用,通过该产业发展能带动相关第二、三产业的发展,形成大批的相关产业群,促进区域产业结构的调整,增强地方经济的实力,并把生产、加工、销售融为一体。

2. 大力培植“龙头”企业

龙头企业具有开拓市场、引导生产、深化加工、提供服务等综合功能,其经济实力强弱和牵动能力大小直接决定着产业化经营的规模和成效,是农业产业化赖以存在和发展的关键。实践证明,建立起一个龙头企业就能带动一种或几种农产品的综合开发,可以说“龙头兴则产业兴”,因此,应把加强龙头企业的培植与发展壮大作为农业产业化的重中之重来抓。而且,在龙头企业建设中,一定要把握“大、高、新、多、外、强”这一发展方向。所谓“大”,是指规模大,带动面大;所谓“高”,是指技术水平高,附加值高;所谓“新”,是指工艺新,产品新;所谓“多”,即不应拘泥于国有或集体经济性质的企业成为龙头企业,应该让不同经济成分的企业在市场竞争中自发地形成龙头,谁能力强就支持谁;所谓“外”,即外向化,要立足国内外两个市场、两种资源;所谓“强”,是指凝聚力、辐射力强。

3. 加强农产品商品基地建设

农产品商品基地,是龙头企业的第一车间,是农业产业化经营的基础性环节。它是根据市场需求和龙头企业要求,为主导产业生产所需原料的基地。基地建设要与主导产业和龙头企业发展结合起来,做到布局区域化、经营集约化、服务系列化,要充分利用家庭经营的积极性,走以专业户带专业村,走乡村连片建设基地的路子。

4. 健全农业社会化服务体系

健全的农业社会化服务体系是农业产业化经营的基本保障,主要表现在:

(1)健全的农业社会化服务体系是农业生产手段现代化的保障。传统农业向现代农业发展的重要标志之一,就是实现农业生产手段的机械化。实现农业机械化,不仅要有强大的农业机械工业和相应农机科研机构作为后盾，同时还要建立起相应的销售、维修、管理社会化的农机服务体系。

(2)健全的农业社会化服务体系是农业生产技术现代化的保障。科学技术是知识形态的生产力，只有通过一系列的传递和转化，被亿万农民真正应用，才能最终变成现实的生产力，而健全的农业社会化服务体系是技术传输链条中关键的一环。

(3)健全的农业社会化服务体系是农业生产管理现代化的保障。农业生产的复杂性决定了农业生产经营管理有着极其丰富的内涵，决定了农业服务内容、服务主体及服务关系的复杂性。健全的农业社会化服务体系可以为现代农业生产经营提供财务管理、资金融通、人员培训等相关的帮助和指导，从而提升农业的现代化经营管理水平。

(4)健全的农业社会化服务体系是转移农村剩余劳动力和提高劳动者素质的保障。我国的国情是13亿人口中有8亿在农村，当前面临的问题：一是农业剩余劳动力的转移；二是提高广大农业劳动者的素质，这两个问题都会直接影响着农业产业化的进程。实践证明，第三产业的发展，包括农业社会化服务业的发展为农业剩余劳动力的转移提供了巨大的空间。同时第三产业在国民经济所占比重的大小反应了一个国家的现代化水平。农业社会化服务业有一个大发展，就会极大增加农村剩余劳动力的就业容量。同时，农业社会化服务业为农民提供各种技术咨询和技术培训，使农民成为有文化、懂技术的新型农民。无疑，这对加速我国农业产业化将起到举足轻重的作用。

(二)实现农业产业化经营需要建立和完善三大机制

1. 风险规避机制

经济再生产与自然生产相互交织的农业根本特点决定了与其他产业相比，由于农业生产经营过程既要受自然风险的影响，也要受市场风险的影响。因此，要实现农业产业化经营离不开完善的风险规避机制来规避风险，降低风险发生后对农业生产经营带来的损失和影响。

农业风险规避机制主要包括农业风险避免机制和农业风险分散机制。农业风险避免机制是通过相应的措施安排避免或者预防风险的发生。主要包括：①通过加强农业基础设施建设，改善农业生产条件，以预防自然风险；②根据市场供求变化，适时调整组织结构，发展多种经营，生产和提供适销对路的产品和服务，以预防市场风险。③提高经营预测和决策的科学性，减少盲目性，以预防经营风险；④强化安全生产意识，严格技术操作规程，以及各种责任制度，以预防生产风险；⑤建立和健全信息服务体系，完善经济合同制度，沟通购销渠道，以避免和减少销售风险。

如果单纯地从处置特定风险的角度来看，避免风险自然是最彻底的方法，避免风险可以将损失发生的可能性降为零，完全避免了可能造成的损失。当损失风险大而又无法转移时，采取避免风险的措施无疑是明智之举。但需要注意的是，以上措施和机制只能减少风险发生的可能性，并不能完全避免所有风险的发生，即一旦风险发生之后，如何将农业生产经营者的风险损失降到最低。因此，除了风险避免机制以外，还应建立风险分散和转移机制。

农业风险分散和转移机制主要包括国家灾害补偿机制及市场风险转移和分摊机制。国家灾害补偿机制是指以政府为主体，以财政资金和必要的行政手段为主要工具，对全社会自然灾害风险进行管理及对灾害损失进行分摊和补偿的一种灾害管理机制。国家灾害补偿机制具有自身的优点，主要表现在：一是国家对救灾资源调动较为迅速和集中，能够较好地满足灾害补偿的公平目标，有利于优先扶持和保障社会的弱势群体；二是国家在社会中处于“超然”的地位，特殊时期可以动用一系列非经济手段，如基本生活用品与医疗物资的管制与配给、国家紧急状态手段等，集中全社会资源来渡过困难时期，维护社会的稳定。市场风险转移和分摊机制是指以私人为主体，以市场为依托，以风险利益为纽带，以保险为主要手段，建立风险损失基金而形成的风险分散和补偿机制。其典型手段是通过保险形式转移和分摊风险。

2. 利益协调机制

利益协调机制是农业产业化运行的根本保障，是产业链条各环节结成利益共同体的有利条件，在整个农业产业化运行中处于关键地位。该机制应包括两方面内容：一是利益创造的激励机制；二是利益实现的分配机制。利益的创造是基础，利益的分配是关键。农业产业化的目标，就是通过合理的利益机制，把“龙头”与农户的利益联结起来，形成“风险共担、利益均沾”的统一体；把分散的农户组织起来通过“龙头”走向市场，从整体上提高农业的比较效益。利益机制除了要受产业化过程中各参与方相互制约外，外部环境也对其有着较大的影响，如市场环境、政府的产业化政策导向、政府对农产品的价格保护程度，以及国际市场农产品的生产成本价格动向、本国或外国政府对农产品的进口政策等。构建一个合理的农业产业化经营利益协调机制必须遵循产权清晰、农户主体地位、市场导向、风险共担和利益均沾原则。

3. 运营约束机制

运营约束机制是指通过一定的方式对各个经济主体行为进行规范，以提高产业内相关组织的整体功能、效率功能和抗风险功能。作为社会主义市场经济组成部分的农业产业化经营，其运行不应是放任自流的，而是有序有效的。因此，必须安排一系列正式与非正式、市场与非市场、微观与宏观、经济与非经济的各种制度，避免或减少“市场失灵”；同时，我国农业产业化经营不是游离于农村社会基本制度之外，而是同它内在地结合在一起。因此，农业产业化经营必然是反映社会主义基本制度的本质要求，必然具有不同于以私有制为基础的市场经济运行的特点。为此，需要建立同以公有制为基础的农村市场经济相适应的各种制度。总之，农业产业化必须以国家相关的法律、参与者之间的合同和契约来规定各自的权利和义务，同时要充分发挥集体经济“统”的功能，重视传统的乡规民约等非正式制度因素，协调多方面利益，约束各方的行为，以保证农业产业化有序运行和发展。

(三)发展农业产业化需要正确和妥善处理好五方面的关系

1. 正确处理好政府、企业、农户的关系

虽然农业产业化经营主体是企业和农户，但是政府的有效作为却又对农业产业化发展方向、运行质量具有决定性影响。在这个过程中，政府主要的作用是转变观念，制订发展规划，引导企业发展，制定扶持政策，利用政府平台集聚产业扶持能力，提高产业指导质量，促进产业与农户的连接，协助企业开拓市场，并实实在在地维护产业秩序公平、公正。要实现政府、企业、农户三者的有效互动，需要认真分析研究政府思维、企业思维与农民思维的关系，只有这样，才能达成最大程度的共识，政府的工作才有具体的指导意义和威望。

2. 正确处理好农业产业化经营与家庭联产承包责任制的关系

农业产业化经营与家庭联产承包责任制并不矛盾，两者具有很强的互补性。农业产业化的实质就是要建立一种有效的机制，使农户参与产业化经营并获得比单独进行初级产品生产更多的收益。农业产业化经营是在家庭联产承包责任制的基础上对产业能力的发展、完善和创新。这种经营方式可以在不改变农户土地承包关系、不影响农户生产经营自主权的基础上，以利益为纽带，尊重农民的意愿，通过合同、契约等多种形式，使分散的农户成为龙头企业的基地，成为整个产业链条中的上游环节，或者通过实行股份合作制，引导龙头企业和基地、农户，通过资金、技术、土地、设施等入股，建立你中有我，我中有你的紧密关系，实现专业化生产、区域化布局、集约化经营、企业化管理。

3. 正确处理好农业产业化龙头企业与农户的利益关系

建立稳定长效的利益关系是企业与农民共同的需求。从长远来看，企业只有让农户获得实实在在的利益，其自身才能不断得到发展壮大。

4. 正确处理好农业产业化经营、乡镇企业升级改造和小城镇建设的关系

农业产业化的兴起，为乡镇企业的第二次创业开创了巨大的发展机遇。乡镇企业能否适应新阶段国民经济发展的新形势、新要求，完成战略性升级调整的任务，农业产业化经营为其提供了发展机遇。乡镇企业在发展以农业资源为主要特色的产业形式，进一步构建企业立身于市场的角色方面，具有天然的优势。从产业与经济的角度来看，小城镇建设的经济基础就是产业、资金、人口的集聚，立足于农业资源特色的县、乡农业产业化经营无疑既是发展小城镇经济的最重要的增长点，也是连接周边农户实现产业化就业最有效的承载平台。

5. 正确处理好农业产业化经营与社会化服务的关系

中国以往的涉农服务多带有浓厚的行政干预色彩，是计划经济的产物。改革开放后，服务业经过多年的嬗变，已初步形成全民、集体、企业、个体和民间合作组织一起上的多元化模式，并且由无偿服务逐步转变为有偿服务。今后应从我国国情出发，借鉴世界各国的经验，在现有基础上，农业社会化服务将进一步走向市场化、合作化和产业化发展的道路。

思考题

1. 什么是农业产业化，其内涵包括哪些？
2. 我国农业产业化的基本形式有哪些？其实现条件是什么？
3. 如何培育和发展壮大地区农业产业化经营组织？

案例分析

新疆生产建设兵团农二师林果业产业化发展

“我师采用直播建园技术，在承包地里种植骏枣、灰枣、红枣，亩产值可达 7 000 多元。我还在枣园间种棉花。垦区有红枣加工企业，红枣不愁销。除去直播建园和植棉成本，今年亩纯利润可达 5 000 元以上。”农二师三十四团职工张树华说。

在新一轮农业结构调整中，新疆生产建设兵团农二师将特色林果业作为发展重点，坚定不移地实施“减棉增果”战略，今年新增林果面积 17.31 万亩，其中红枣直播建园 16.68 万亩。全师果园面积已达到 54.28 万亩，较上年增长 47%。如今，红枣产业成为该师塔里木垦区、米兰垦区、且末垦区的主导产业，成为带动农业发展新的经济增长点。

农二师着力抓好特色农产品加工产业链的延伸,大力推进农业产业化进程。冠农果茸股份有限公司围绕特色产业,着力发挥农业产业化龙头企业的带动作用,于今年7月建成两条番茄加工生产线,日加工番茄能力达到6 750吨。二十七团新开发了鹅熟食品、鹅绒等具有较好市场前景的产品,使鹅产业链进一步延伸,推进了全师鹅产业发展。该团还建设了啤酒花颗粒深加工项目,提高了啤酒花附加值。

农二师抓住内地省市对口援疆的机遇,计划利用焉耆垦区酿酒葡萄生产线的基础上,还将在塔里木垦区建设大型红枣清洗加工厂,进行标准化生产、品牌化经营。

由于加快推进农业产业化进程,农二师有望实现年初制定的农产品加工产值与农业总产值之比达到0.45∶1,农产品加工转化率达到88%的目标。

问题讨论:

新疆生产建设兵团农二师农业产业化实践给我们的启示是什么?

第十一章　农业经济核算和效益评价

本章导读

本章主要将介绍农业经济核算和效益评价的相关知识。通过学习学生应掌握农业生产成本和效益的相关概念，了解农业生产成本分析的内容和农业经济效益核算的主要步骤与方法；理解经济效益核算的主要内容和相关指标含义，理解农业经济效益评价的指标体系；应用经济效益评价方法对农业生产单位的经济效益进行评价分析。

第一节　农业经济核算

一、农业经济核算的概念及内容

（一）农业经济和核算的概念

农业经济核算是对农业生产经营过程中的劳动耗费和成果进行记录、计算、对比、考核的一种经济管理方法。

农业经济核算是农业商品生产的客观要求。经济核算的目的是找出增产和节约的途径和措施，保证以较少的劳动消耗取得较大的生产经营成果。农业只有根据市场的需求，生产适销对路的农产品，并通过严格的经济核算，优化配置各种生产要素，提高农业生产的经济效益，最终才能实现利润最大化目标。对此，加强农业经济核算具有十分重要的意义。

（二）农业经济核算的内容与方法

1. 农业经济核算的内容

农业经济核算包括基本建设中的经济核算和经营活动中的经济核算。这里主要介绍经营活动中的经济核算。具体包括：资金的核算、成本和费用的核算及生产经营成果的核算等内容。农业经济核算的内容是一个有机整体，每一项内容都是其中不可或缺的组成部分。

（1）资金核算。

农业资金核算是在农业生产过程中对农业资金的筹集、投入、分配及利用效益等情况进行的核算。这既是农业生产经营活动的基础,也是经济核算的主要内容。

(2)成本费用核算。

农业成本费用核算是对农产品生产过程中所消耗的活劳动和生产资料费用的核算,主要是通过计算各种农产品总成本和单位成本,来反映农业生产经营过程中,活劳动和物化劳动的消耗,以寻求降低成本费用的措施。

(3)经营成果核算。

农业生产经营成果的核算是对农业企业生产经营成果(包括产品数量、质量、构成、利润、利润的分配等)的核算。通过农业生产经营成果的核算,可以考虑农业的生产经营效果,促使农业不断降低成本,减少资金占用,加速资金周转,增加盈利。

2. 农业经济核算的方法

农业经济核算的基本方法包括:会计核算、统计核算和业务核算。

(1)会计核算是用货币形式对企业的生产过程进行全面系统的记载、计算、对比、总结和分析。这是农业核算的中心,通过会计核算可掌握企业资金的取得与运用、成本与费用、收入与盈亏等方面的情况。

(2)统计核算是运用货币、实物等量度指标,对企业的经济现象进行计算和分析,反映企业和社会的经济活动。通过统计核算可获得各种数量和质量方面的信息,如产品质量、劳动生产率、设备利用率、生产费用等。

(3)业务核算是对企业和个别作业环节进行核算。通过业务核算将某种业务开展情况及时反映出来,是管理人员了解和掌握动态,进行有效调控。

上述三种方法并不是相互独立的,其中会计核算最为重要,而在实践中需要把以上三种方法结合起来进行核算,这样才能全面系统地反映农业生产经营的情况,更好地实现经济核算的意义。

二、农业资金的核算

(一)农业流动资金的核算

1. 流动资金的特点

流动资金经常处于流动状态,一般以库存物质、在产品、待摊费用、产成品和货币形态在于生产经营中;具有三个"一次性":一次性参加生产;一次性全部转移到产品中;一次性在销售中的到补偿。流动资金在产、供、销三个阶段中不断循环和周转,由货币资金转化为储备资金,在转化为生产资金,又转化为成品资金,最后又回到货币资金形态。作为农业流动资金还具有以下特点。

(1)由于农业生产周期长,大量流动资金在生产阶段停留,周转流动时间长,速度较慢。

(2)资产自用产品不经流通领域,从产成品直接转化为储备物资或直接投入生产,形成流动资金的局部小循环。

(3)资金在生产中陆续投入,在产品销售后一次收回,全年资金占用不平衡。

(4)资金投放和回收受到自然规律影响大,考核分析流动资金的管理要注意自然规律的作用。

2. 流动资金的分类

为便于对流动资金核算进行管理，常按以下方法进行分类。

(1)按流动资金管理的方式不同，分为定额流动资金和非定额流动资金。定额流动资金是指在供产销活动中必须占用的最低资金数额，包括储备资金、生产资金和产品资金。这些资金的需要量可根据生产任务、消耗水平及销售条件核定一个正常生产经营需要的最低小股额资金定额。而非定额流动资金受外界条件影响较大，数量不稳定，在流动资金总额占比重较小，一般不需要确定资金足额。

(2)按流动资金来源不同，分为自有流动资金与借入流动资金。

3. 流动资金的形态

流动资金在企业生产经营或沉重不断循环和周转，随着生产的不断进行，流动资金一次经过供应、生产、销售三个阶段，变现为三种不同存在形态。

(1)储备资金。

储备资金的实物形态主要包括种子、肥料、饲养等各种生产资料。虽然这时候流动资金准备投入生产，但其实还没有实际进入生产过程，是处于生产准备阶段的资产形式。

(2)生产资金。

生产资金的实物形态主要包括农行作物、幼畜和育肥等。在产品就是流动资产投入生产后取得完整形态产品之前的资产形态。

(3)成品资金。

一个生产过程结束后，得到最终产品，从而脱离生产过程，进入销售阶段。

4. 流动资金核算的内容

流动资金包括现金、银行存款、短期投资、应收及预付款、存货等多项内容。

(1)现金和银行存款核算。

现金和银行存款具有很强的流动性，收支活动频繁，设计企业大部分的经营业务，反映着企业财务状况及经济效益。现金和银行存款核算就是要求企业严格遵守国家对现金和银行存款结算制度的规定，强化现金和银行存款收支的内部控制制度，一边严格控制和监督现金和银行存款的收支。

(2)短期投资核算。

短期投资是指企业向其他揉入的能够随时变现，并且持有时间不超过一年的有价证券，以及不超过一年的其他投资。企业进行短期投资的目的是能够使其正常生产经营中暂时闲置的资金有效利用，通过向其他单位将所有的有价证券售出变故，再投入企业的资金周转。

企业短期投资种类很多，主要有：债券型有价证券，权益性有价证券和其他短期投资等。企业短期投资核算就是要通过对各种短期投资的计算、记录和对比，反映和做好企业短期投资的取得、转让或出售结余情况。

(3)应收及预付款项的核算。

农业企业应收及预付款项主要包括：应收账款、应收票据、其他应收款、预付货物等。这些项目均属于短期性债权，即一年或长于一年的一个经营周期可以收回的债权。

应收及预付款的核算，要求按照具体要求进行严格的记录、计算，以便企业能及时完整地收回，保证企业资金的正常周转。

应收账款周转率是用于反映企业应收账款流动程度的指标，其计算公式如下：

$$应收账款周转率=\frac{赊销收入净额}{平均应收账款余额}\times 100\%$$

式中：赊销收入净额＝销售收入－现售收入－销售退回、折让与折扣

$$平均应收账款余额=\frac{(期初应收账款+期末应收账款)}{2}$$

(4)存货核算。

存货是指农业企业生产经营过程中储存的各种资产，包括商品、产成品、在产品，以及各种材料、燃料、包装物、低值易耗品等。

存货核算主要包括两个方面的内容：一是存货数量的确定；二是存货的计价。

存货数量的确定有实地盘存法和永续盘存法。实地盘存法是用清点实物的方法来确定存货的期末结余数，根据单价算出结存存货的金额和发出货物的金额，其缺点是由于浪费、被盗及自然损耗而发生的短缺数都包括在发生数量中，因此不利于存货管理和确定真是的收发和结存情况。永续盘存法是企业对各项存货均设置数量和金额账簿，根据有关凭证，逐日逐笔登记，特点是真实、详细。在实际中，它和实地盘存法结合起来使用。

存货的计价一般以实际成本计价。根据企业经营管理的不同要求和存货的不同特点，可以按计划成本、市场价格或固定价格计价。对存货的发出，如果企业按照实际成本进行核算，具体的计价方法有：先进先出去、后进后出去、移动平均法和个别计价法等。企业可以确定其中一种方法。

存货周转率是衡量企业销售能力和存货是否过量的经济指标。计算公式如下：

$$存货周转率=\frac{销货成本}{平均存货}\times 100\%$$

$$平均存货=\frac{期初存货+期末存货}{2}$$

5. 流动资金利用效果核算

流动资金在各个周转阶段上占用量的多少，与流动资金利用效果密切相关。在生产经营成果不变的条件下，占用资金越少，资金利用效果越好。流动资金利用效果常用流动资金周转率、流动资金产值率和流动资金利润率等指标来体现。

(1)流动资金周转率。流动资金周转率反映流动资金的周转速度，通常用年周转次数或周转一次所需天数表示。其计算公式为：

$$流动资金周转次数=\frac{年营业收入总额}{年流动资金平均占用额}$$

$$流转资金周转一次所需天数=\frac{1}{年流动资金周转次数}\times 360$$

$$=\frac{年流动资金平均占用额}{年营业收入总额}\times 360$$

在生产规模确定的条件下，流动资金周转越快，需要的流动资金越少；流动资金周转越慢，需要的流动资金越多。加快流动资金周转，是提高企业资金利用效果的重要环节。可以利用现有的流动资金为更大的生产规模服务，加速生产的发展。

(2)流动资金产值率。流动资金产值率是反映流动资金使用效果的指标，通常用每百元流

动资金的产值表示。其计算公式为：

$$每百元流动资金产值=\frac{年总产值}{年流动资金平均占用额}\times 100$$

每百元流动资金提供的产值越多，则说明流动资金利用的效果越好。

(3)流动资金利润率。流动资金利润率是指企业在一定时期内所实现的利润总额同流动资金平均占用额的比率。通常用每百元流动资金所实现的利润表示。其计算公式为：

$$每百元流动资金实现的利润=\frac{利润总额}{年流动资金平均占用额}\times 100$$

流动资金利润率越高，流动资金利用效果越好；反之，流动资金利用效果越差。企业应尽可能地加速流动资金的周转。

(二)固定资产的核算

固定资产核算是指在一定的财物时期，对固定资产进行重新估值、记录的财物处理过程。固定资产可多次参加生产经营过程而不改变其形态，其价值通过磨损逐渐转移到新产品中，构成产品成本的部分，以提取折旧的形式从产品销售收入中收回。投入到固定资产的资金周转速度比较慢，需要经历固定资产整个使用周期才能周转一次。在此期间，固定资产一部分价值存在于实物形态上；另一部分价值则分离出去变为货币，以折旧的形式存在。

1. 固定资产计价的方法

(1)按原始价值计算的原价，是指建造或购置某固定资产时所支出的货币总额。拥有全部固定资产价值总量，可综合反映固定资产投资规模。

(2)按折余价值计算的净值，是指固定资产原值减去已折旧后的余额，反映固定资产存量的现有价值。通过原值和净值比较可以比较考察固定资产磨损情况。

(3)按重置完全价值计价，是按当前生产技术条件和市场情况，重新购建该固定资产时所需的全部费用。用以考察一定时期固定资产的技术装备水平。

固定资产核算的主要内容有三项：一是固定资产折旧的核算；二是固定资产修理费的核算；三是固定资产利用效果的核算。

2. 固定资产折旧的核算

(1)固定资产折旧。

固定资产折旧是指固定资产在使用过程中，由于损耗而逐渐转移到产品中去的那部分价值。其损耗分为有形损耗和无形损耗两种，有形损耗是指固定资产在使用过程中由于使用和自然力的作用而引起使用价值和价值的损耗；无形损耗是指由于科学技术进步和劳动生产率的提高而引起固定资产在价值上贬值。企业经提取折旧来补偿这两种损耗，通过折旧提取的资金货币，将用于固定资产的更新改造，在未用之前就形成一种基金，这种基金称为折旧基金。折旧基金是农业资本金的重要来源。加强折旧的管理，可以正确的计算产品成本，实现生产设备及时更新换代，提高农业的技术装备水平。

(2)固定资产折旧的范围。

应计提折旧的固定资产有：房屋和建筑物；在用的固定资产(如机器机械、仪器仪表、运输工具、产畜和役畜等)；季节性停用、大修理停用和替换停用使用的机器设备；以经营租赁方式出租的固定资产；以融资租赁方式租入的固定资产。

(3)固定资产折旧的方法。

一般采用平均年限法，经财政部批准的技术进步快的企业，其机器设备可以采用加速折旧法，企业可根据实际情况，选择具体的折旧方法和折旧年限，在开始实行年度前报主管财政机关备案。

1)平均年限法。根据固定资产的损耗程度均衡的计提折旧的方法。平均年限法是按照固定资产的使用年限平均计算固定资产折旧。其计算公式如下：

$$某项固定资产年折旧额=\frac{该固定资产原值-(残值-清理费用)}{预计折旧年限}$$

$$某项固定资产年折旧率=\frac{1-预计净残值率}{预计折旧年限}\times 100\%$$

$$某项固定资产月折旧率=年折旧率\div 12$$

$$某项固定资产月折旧额=固定资产原值\times 月折旧率$$

净残值率按照原值的3%～5%确定，残值率地域3%或高于5%的，由企业自行确定，并报主管财政机关备案。清理费用是指固定资产使用期限满后用于清理(拆卸、搬运等)的花费。

2)工作量法。这种方法按固定资产从投入使用到报废，预计能完成的工作量来计算折旧额。对一些价值很大，而又不经常使用的大型设备，以及汽车等运输设备，可以按工作量计提折旧。其计算公式如下：

$$单位工作量折旧额=\frac{该固定资产原值-(残值-清理费用)}{预计总工作量}$$

$$月折旧额=月份内完成工作量\times 单位工作量折旧额$$

这里的工作量是指机车或机器设备的行驶里程和工作小时等。

3)加速折旧法。又称双倍余额递减法折旧费用法，是指固定资产预计计提折旧年限内，前期相对多提折旧，后期相对少提折旧的方法。主要有双倍余额递减法和年数总和法。

双倍余额递减法是在不考虑固定资产残值的情况下，按双倍直线折旧率和固定资产净值来计算折旧的一种公式。随着固定资产净值的逐年减少，各年计提的折旧额也逐年减少。其计算公式如下：

$$年折旧率=\frac{2}{预计折旧年限}\times 100\%$$

$$月折旧率=年折旧率\div 12$$

$$月折旧额=固定资产期初账面净值\times 月折旧率$$

$$固定资产期初账面净值=固定资产原值-累计折旧-固定资产减值准备$$

按现行财物制度的规定，采用双倍余额递减法计提折旧的固定资产，应在其固定资产折旧年限到期前两年内，将固定资产净值扣除预计净残值后的净值平均摊销。

年数总和法是将固定资产的原值减去残值后的净额乘以一个逐年递减的分数计算每年的折旧额。计算公式如下：

$$年折旧率=\frac{(预计折旧年限-已使用年限)}{折旧年限\times\frac{(折旧年限+1)}{2}}\times 100\%$$

$$月折旧率=年折旧率\div 12$$

$$月折旧额=(固定资产原值-预计净残值)\times 月折旧率$$

折旧方法和折旧年限一经确定，不得随意更改。需要变动更改的，须在变更年度以前，由企业提出申请，报主管财政机关批准。

总之，企业固定资产折旧，应当按月计提。月份内开始使用的固定资产当月不提折旧，从下月起计提；月份内减少或停用的固定资产，当月扔计提折旧，从下月起停止计提；提前折旧的逾龄固定资产不再计提折旧；提前报废的固定资产，不得补提折旧；企业应按规定提取折旧，计入成本费用中，不得冲减资本金。

3. 固定资产修理费的核算

为了使固定资产经常处于良好的额状态。维护其原有的效能，保持其生产能力，必须有计划及时地对其进行检查维修，因而固定资产修理费的核算也是其核算的重要内容之一。企业发生的固定资产修理费计入当期成本费用。修理费发生不均衡，数额较大的，可采用分期摊销或预提的办法，并报主管财政机关备案。采用预提办法的，实际发生的修理费用冲减预提费用，实际支出数大于预提费用的差额。计入有关费用；小于预提费用的差额冲减有关费用。

4. 固定资产利用效果的核算

对固定资产利用效果进行核算，可以确定固定资产占用的合理额度；正确计提折旧，加强固定资产管理，酌情盘点，对未使用的固定资产减少积压和浪费；建立经济责任制。加强对固定资产的保管、维修、改造和使用。

反映固定资产利用效果的指标有两类：一类是单向技术经济指标；另一类是综合性价值指标。而要全面反映固定资产的利用情况，必须运用综合性价值指标。反映固定资产利用情况的总个性价值指标，主要有固定资产产值率和固定资产利润率两种

(1)固定资产产值率。是企业在一定时间内所完成的总产值同固定资产平均占用额的比率。通常以每百元固定资产所创造的产值来表示。每百元固定资产创造的产值越多，说明固定资产的利用效果越好。其计算公式为：

$$固定资产率=\frac{年总产值}{固定资产年平均占有额}\times100\%$$

(2)固定资产利润率。是指企业在一定时期内所实现的利润总额同固定资产平均占用额的比率。一般以每百元固定资产所提供的利润来表示。每百元固定资产所提供的利润越多，说明固定资产的利用效果越好。其计算公式：

$$固定资产利润率=\frac{年利润总额}{固定资产年平均占用额}\times100\%$$

(三)生产性生物资产的核算

生产性生物资产是指为产出农产品、提供劳务或出租等目的而持有的生物资产，包括经济林、薪炭林、产畜和役畜等。生产性生物资产按照直线法计算折旧，准予扣除。企业应当从生产性生物资产投入使用月份的次月起计算折旧；停止使用的生产性生物资产，应当从停止使用月份的次月起停止计算折旧。企业应当根据生产性生物资产的性质和使用情况，合理确定生产性生物资产的雨季净残值，雨季净残值一经确定，不得随意变更。林木类生产性生物资产最低折旧年限为 10 年；畜类生产性生物资产为 3 年。

自行营造或繁殖的生产性生物资产的成本，应当按照下列规定确定。

(1)自行营造的林木类生产性生物资产的成本，包括达到预定生产经营目的前发生的造林

费、抚育费、营林设施费、两种试验费、调查涉及应分摊的间接费用等必要支出。

(2)自行繁殖的产畜和役畜的成本,包括达到预定生产静音目的(成龄)前大声的饲料费、人工费和应分摊的间接费用等必要支出。

生产性生物资产的前提是以礼仪为最终目的,这就有区别于常规的自然生态的生物资产。

(四)无形资产、递延资产与其他资产的核算

1. 无形资产

无形资产指的是企业长期使用(一般为一年以上)但没有实物形态的资产,包括专利权、商标权、著作权、土地使用权、非专利技术、商誉及其他无形资产。无形资产从开始使用之日起,要在有效使用期限内平均摊入管理费用。

无形资产的摊销期限,按下列原则确定。

(1)合同规定了收益年限,法律也规定了有效年限,按摊销年限不应超过收益年限和有效年限两者之中较短者的原则确定。

(2)法律没有规定有效期限的,企业合同或申请书中规定有受益年限的,按合同或申请书中的规定确定。

(3)合同没有规定受益年限但法律规定有效年限的,按法律规定的有效年限确定。

(4)法律、合同或企业申请书都没有规定有效期限与受益年限的,按预计收益期确定;收益期难以预计的,按不少于 10 年的期限分期摊销。

2. 递延资产与其他资产

(1)递延资产是指不能全部计入当年损益,需要在以后年度内分期摊入成本的各项费用,包括开办费、土地开发费和租入固定资产的改良支出等。开办费是指企业在筹建期间发生的费用,包括筹建期间前期研究实验费、人员培训费、工资、办公费、差旅费、印刷费、注册登记费,以及不计入固定资产和无形资产构建成本的汇兑损益、利息支出等。开办费从企业开始生产经营月份的次月起,按照不少于 5 年的期限分期摊入管理费用。土地开发费是指企业在 1994 年以后在土地开发过程中实际发生的全部支出,自支付使用月份的次月起,按照不不于 5 年期限摊入制造费用或管理费用;以经营租赁方式租入的固定资产改良支出,在有效租赁期限内分期摊入制造费用或管理费用。

(2)其他资产是指除以上各项资产意外的资产,包括特种储备物资、银行冻结存款,冻结物资、涉及诉讼中的财产等。其中特种储备物资是指不参加生产经营的经国家批准储备的特种物资。

三、农产品成本核算

由于农产品成本是评定农业生产经济效果的综合性指标;是衡量农产品生产耗费的重要尺度;是监督和控制生产支出的有力手段。因此,开展农产品成本核算工作,是整个农业经济核算的重要组成部分。

(一)农产品成本核算及其特点

1. 农产品成本

农产品成本是指为生产农产品所消耗的物化劳动(物质资料)价值和活劳动(劳动者)报酬支出的总和。农产品成本是一项重要的综合性指标。劳动生产率的高低,原材料和机器设备的利用程度,以及经营管理水平等,都会通过成本指标反映出来。成本降低,意味着活劳动和物化劳动消耗的节约。

2. 农产品成本核算的特点

(1)农产品企业生产一般是以一两种产品为主的多产品生产,因而产品种类多,成本核算比较复杂。

(2)流动资金与生产性生物资产经常互相转化。例如,在畜牧业生产中,基本母畜、种公畜等是生产资料,属生产性生物资产;当被淘汰育肥时,成为生活资料,纳入消耗性生物资产核算,属于流动资产中的存货(在产品或产成品)范畴。

(3)由于农产品生产周期参差不齐,有的一年一个生产周期,有的一年几个生产周期(如家禽),成本核算也只能在产品收获后才能完成,因而成本核算在时间上也参差不齐。

(二)农产品成本费用项目构成

要正确地核算农产品成本,就应明确农产品成本由哪些费用构成,虽然不同的农产品其成本费用构成也是不同的,但都包括以下几个方面内容。

(1)直接费用,是指为生产农产品或提供劳务所发生的直接支出。包括直接生产资料费用、直接人工费用及其他直接支出。直接生产资料费用是在生产过程中直接消耗的生产资料,如种子、肥料、农药、燃料、动力、饲料、其他辅助材料等费用。直接人工费用是直接参加农产品生产人员的工资、奖金、津贴等。其他直接支出指除直接生产资料、直接人工费以外的其他直接费,包括设备折旧费与修理费、产畜摊销、畜牧医疗费等。

(2)间接费用,是指为组织和管理生产活动而发生的各项费用,包括办公用品费、差旅费、管理人员工资、福利费、固定资产折旧费、机务料消耗、低值易耗品摊销、租赁费、土地开发摊销、水电费、保险费、机械作业费、排灌费、季节性和修理期间的停工损失、取暖费及其他间接费。

(3)期间费用,是指其他本期发生的、不能直接或间接归入产品成本,而是直接计入当期损益的各项费用。它包括管理费用,财务费用和营业费用三类,它们与产品产量无直接联系。

我国新会计制度规定,直接费用直接计入生产成本,间接费用通过分配计入生产成本,期间费用不计入生产成本,直接计入当期损益。因此,生产成本仅指为企业生产各种产品所发生的直接费用和间接费用,它只是费用的一个组成部分,而不是费用的全部。

(三)农产品成本核算的要求

为了达到成本核算的目的,发挥成本核算的作用,在进行农产品核算时,必须做好以下工作,以确保成本全面、真实、合理、准确。

(1)做好成本核算的基础工作。做好成本核算的基础工作,就是要健全原始记录,建立定额制度，严格执行物资的计量、收发和盘存制度等。只有成本核算的基础工作做好了，才能为核算各种消耗，分摊各项费用奠定基础，提供可靠的基础，提供可靠的依据。

(2)正确划分成本费用的界限。在农产品成本核算时，应严格划分成本费用的界限。

首先，应正确划分成本费用和期间费用的界限。凡是为生产产品所发生的一切费用，都必须计入产品成本，与产品生产无关的费用支出不能计入产品成本。只与某种产品生产有关的费用可直接计入某种产品的成本；与几种产品生产有关的费用如排灌费、管理费等应采用一定的方法分摊计入产品成本。

其次，应正确划分不同时期成本费用的界限。凡属于应由本期产品承担的成本费用，都应该计入本期产品的成本，凡不属于应由本期产品承担的成本费用都不能计入本期产品的成本。

再次，应正确划分完工产品的成本费用和在产品的成本费用。凡应由完工产品承担的成本费用，都必须计入完工产品的成本，凡不应由完工产品承担的成本费用均不得计入完工产品的成本。

最后，应正确划分不同产品之间成本费用的界限。该由本产品承担的成本费用，都应该计入本产品成本，不该计入本产品成本的费用，不得计入本产品成本。

(3)正确核算人工费用。由于人工费用的多少取决于活劳动的消耗量和活劳动的工值。因此，要正确核算人工费用既要正确计算活劳动的消耗量，又要正确确定活劳动的工值。

活劳动的消耗量一般按标准劳动日计算。通常把一个中等标准劳动力工作定为一个标准劳动日。平时只登记每个劳动力从事产品生产的实际劳动时间，期终再折算为标准劳动日，折算时按以下公式进行：

$$\text{标准劳动日}=\text{劳动时间}\div 8\times\text{折算系数}$$

式中：折算系数根据各个劳动者的实际劳动能力确定，如一个中等劳动力的折算系数是1；上等劳动力的折算系数定为1.2或1.5；下等劳动力的折算系数定为0.8等。

计入产品成本的活劳动消耗量包括直接用工和应分摊的间接用工两部分。

劳动工值的确定以劳动力再生产所必需的生活费用为计算标准。劳动力再生产所必需的生活费是指在衣、食、住、燃料、各种用品、文教卫生及其他方面的总支出。标准劳动日值的计算可用公式表示为：

$$\text{标准劳动日值}=\frac{\text{全年必须生活费用支出总计}}{\text{全年所做标准劳动日数总计}}$$

(四)农产品成本核算

农产品从广义上说包括种植业产品、畜牧业产品、水产品、和林业产品等多种类别，每类中又有不同的产品项目，计算成本的方法也有很大的区别。

1. 种植业产品成本核算

种植业产品成本包括物质和服务费用和人工成本。物质和服务费用包括直接费用和间接费用。

(1)直接费用。

1)种子费。用各种作物的世纪用种量乘以种子的单价计算计入各作物成本的种子费。外购种子按买价加上运杂费、途中的合理耗损、入库前的挑选整理费计价；自产自用种子按国家规定的价格计算。

2)肥料费。外购的肥料按实际买价加上运杂费计价;自产自用的绿肥按市价计价;农家肥按有关部门统一的价格或估价计价。

3)农家肥。外购的农药按采购价、途中的合理损耗和运杂费计价;自产的按市价计价。

4)机械作业费。外单位代为耕作的,如果只是某一种农作物,按实际支付的作业报酬计算;如果是多种作物,先按实际支付的作业报酬记录,然后根据各作物的实际作业量计算应分摊的机械作业费;自用机械耕作的,应按同类作业市价先计算出单位面积成本,然后按个作物的实际机械作业量计算应分摊的机械作业费。其计算公式如下;

$$机械作业单位面积成本=\frac{机械作业费总额}{全年机械作业完成的标准的单位面积}$$

某作物应摊机械作业费=该作物机械作业标准单位面积×机械作业单位面积成本

5)排灌作业费。支付给水电部门的生产水电费,按实际支付数计入各种作物成本;自用排灌设备发生的费用,核算方法同机械作业费的类似,只是作业量的单位变为单位面积数。

6)畜力作业费。各作物在成本核算期内使用役畜从事田间作业和运输的费用,如果是外雇畜力,按实际支出计算;如果是自己拥有的畜力,则应按实际费用计算,包括饲草和饲料费、固定资产折旧费、修理费、役畜医药费和其他相关支出 畜力作业费得计算通过以下公式进行:

$$畜工作日成本=\frac{畜力作业费成本总额}{畜标准工作日总数}$$

某作物应分摊的畜力作业费=为该作物完成的作业量(畜标准工作日)×畜工作日成本

式中:畜标准工作日是以一种役畜的劳动效率折合的,不同地区折合办法不一致,可以当地主要役畜作为基准来折合。

7)燃料动力费。机械在运转或施工作业中所耗用的企业自制或外购的固体燃料(如煤炭、木材)、液体燃料(汽油、柴油)、电力、水和风力等费用。根据生产过程中的实际消耗费计入成本。

8)其他直接费。以上没有包括的直接费用支出。

(2)间接费用。

主要包括固定资产折旧、税金、保险、管理费、财务费、销售费等支出,按实际开支金额和一定的分摊标准分别计入各种作物的成本。

(3)人工费用。

人工费用的核算用各作物的用工量(即标准劳动日)乘以标准劳动日值,计算计入各作物成本的人工费用。

某作物人工费用=该作物的标准劳动日×标准劳动日值

(4)产品成本的计算。

以上各个费用核算出来以后,就可以结合作物的面积和产量计算产出成本了。每一作物一般都需计算总成本、单位面积成本和单位产品成本三个指标。其计算公式分别是:

某作物总成本=该作物人工费用+该作物物质消耗费用+该作物分摊的间接费用

$$某作物单位面积成本=\frac{该作物总成本}{该作物播种面积}$$

$$某作物主产品单位成本=\frac{该作物总成本-副产品价值}{该作物主产品总产量}$$

式中:副产品价值,如稻草、秸秆等价值可用估计价法(按市场价格)进行估算,也可用比例法

(按主、副产品比例)进行成本分摊。

在实际工作中,农产品成本的计算一般都通过成本计算单进行,成本计算单的格式如表 11-1 所示。

表 11-1 农作物产品成本计算单 ××年度

项目	单位	作物种类		
		小麦	玉米	棉花
播种面积	公顷			
总产量	千克			
种子费	无			
肥料费	无			
农药费	无			
机械作业费	无			
排灌作业费	无			
畜力作业费	无			
其他直接费	无			
固定资产折旧	无			
税金	无			
保险	无			
管理费	无			
财务费	无			
销售费	无			
人工费	无			
合计	无			
生产总成本	无			
单位面积成本	无			
副产品成本	无			
主产品成本	无			
主产品单位(千克)成本	无			

以上方法适合一般情况,对几种特殊情况的成本计算应分别按以下方法进行:

1)间种、套种和混种作物产品成本的计算。

农作物栽培在采用间种、套种方式时,其所发生的费用,凡能明确划分为某种作物的费用,应直接计入该作物;对于不能明确属于那种作物的共同费用,可按个作物所占播种面积的比例进行分配,播种面积可按播种量折算。分配时可按下列公式计算:

$$\text{某种作物产品总成本}=\frac{\text{各种作物成本费用总额}}{\text{各种作物播种面积之和}}\times\text{某种作物播种面积}$$

某种作物的播种面积=该作物的实际播种总量/该作物单播时的单位面积定额播种量

某作物主产品单位成本=(该作物产品成本-副产品价值)/该作物主产品总产量

2)多年生作物产品成本计算。

一次收获的多年生作物,应按各年累计的生产费用计算成本。其计算公式如下:

一次收获多年生某作物的主产品的单位成本=(该作物截止到收获月份累计费用-副产品价值)/该作物主产品总产量

多次收获的多年生作物,在未提供产品以前的累计费用,作为待摊费用处理,按计划总产量的比例计入投产后各年产出产品的成本。本年产出产品的成本包括往年费用的本年摊销额和本年发生的全部费用。其计算公式如下:

多次收获的多年生某作物主产品单位成本=(往年费用本年摊销额+本年全部费用-副产品价值)/该作物主产品本年总产量

3)农作物非常损失的处理

作物遭受严重的自然灾害而大面积死亡失效,其已发生的费用按规定报批后,可不计入产品成本,转作非常损失。参加保险的,应扣除保险赔款后计入非常损失。如果死亡后又重新补种,其灾害损失只计算补种前的发生的种子费和播种费,该作物从补种开始发生的费用,均计入重播作物的成本。

4)计入农作物成本费用的时间范围

粮豆生产成本算至入仓入库和场上能销售为止;不入库、入窖的鲜产品生产成本,算至销售为止;入库入窖的鲜产品生产成本,算至入库为止;棉花的生产成本算至加工成皮棉为止;纤维作物、香料作物和人参等农产品的生产成本,算至加工完成为止;年底尚未脱粒作物的农产品的生产成本,算至预提脱粒费用为止。

2.畜牧业产品成本核算

(1)畜牧业生产费用的核算。畜禽饲养的生产费用包括人工费用、饲料饲草费、燃料动力费、固定资产折旧费及维修费、其他费用。各项费用的核算方法如下。

1)人工费用,指在畜禽饲养过程中的全部劳动报酬。从数量上看,是总用工量(折合的标准工作日)乘以工日单价而得的乘积。总用工量包括直接用工和间接用工两部分。直接用工包括饲养、放牧、检蛋、挤奶、剪毛等用工。这些用工可以直接计入有关产品成本;间接用工包括饲料调制、用具维修及管理用工。例如,只饲养一种畜禽,间接用工也可直接计入产品成本;若饲养两种以上畜禽,间接用工按各畜群收入或直接用工的比例分摊。某种畜禽的直接用工加上应分摊的间接用工就是总用工量。工日单价仍可采用劳动力再生产必需生活费用调查的工值计算。

2)饲料饲草费,指在畜禽饲养过程中消耗的全部饲料饲草的价值。外购的按买价加上运杂费、途中的合理损耗和相关的税金计算,自产的按实际成本或国家牌价计算。

3)燃料动力费,指粉碎和蒸煮饲料、雏鸡孵化及畜禽舍内取暖等耗用的燃料和电力费用。应按实际支出金额计算、若生产多种畜禽应对此项费用进行分摊。

4)固定资产折旧及维修费,指畜禽、禽笼等饲养专用设备的折旧费和维修费。

5)其他费用,指畜禽的医药费、饲养工具的购置费、管理费和其他支出。对能直接计入某种畜禽成本的费用,直接计入畜禽成本;对不能直接计入畜禽成本的间接费用,应按各畜群用工比例分摊。

(2)畜牧业产品成本核算。

畜禽产品的成本主要用以下指标反映：

畜禽产品单位成本＝(生产总成本－副产品价值)/产品产量

某畜禽增重单位成本＝(该畜禽饲养费用－副产品价值)/该畜禽增重量

该畜禽增重量＝期末存栏活量＋本期离群活量(包括死禽重量)－期初结存及期内购入、转入的活量

某畜禽(群)活重单位成本＝(期初活重总成本＋购入转入总成本－副产品价值－死禽畜残值)/该畜禽活重量

某畜禽(群)饲养(头日)成本＝该畜禽饲养费用/该畜禽饲养头日数

离乳幼畜活重成本＝(该畜禽饲养费用－副产品价值)离乳幼畜禽活重量

3. 林业产品成本核算

(1)林业产品生产费用的核算。林业生产的费用的核算比照农业生产费用的核算进行。

(2)林业产品成本计算。果、桑、茶、胶等经济林是多年生长期作物，一般都是要经过育苗、幼林抚育管理、投产提供产品三个阶段。各阶段的成本计算公式如下：

育苗阶段：

起苗前单位面积种苗圃成本＝该苗圃起苗前生产费用/该苗圃总面积

每株树苗成本＝(起苗面积×单位面积苗圃成本＋起苗费用)/起苗总株数

幼林抚育管理阶段：

每年单位面积幼林成本＝当年应负担的全部费用/抚育管理面积

成林投产提供产品成本＝(该产品当年应负担的生产费用－副产品价值)/主产品产量

4. 水产业产品成本核算

(1)水产业生产费用的核算。

水产业生产分为人工养殖和天然捕捞两种.其成本核算对象包括成鱼和苗鱼两种。成鱼成本应包括苗种费或幼苗成本/饵料费/人工费/燃料动力费/折旧费/折旧与摊销费/维修费和其他费用。鱼苗或幼苗成本包括鱼苗或幼苗培养过程中的全部费用。

(2)水产业产品成本核算。

人工养殖的，反映渔业产品成本的主要指标有成鱼单位成本和鱼苗单位成本。其计算公式为：

成鱼单位成本＝(上年结转鱼翅全部费用＋全年转入鱼池鱼苗或幼苗成本＋全年成鱼池全部费用)/成鱼总产量

鱼苗单位成本＝育苗期全部费用/育成尾数(万尾)

对于天然捕捞的成本计算，当年的全部捕捞费用，全部计入当年捕捞的产品成本，必要时可按计划成本或销售价格的比率在不同产品之间分摊。分摊方法如下：

产品成本占售价比率＝全部产品成本总额/∑(某种产品某种产量×该产品单位售价)×100%

某种产品总成本＝某种产品产量×该产品单位售价×产品成本占售价比例

某种产品单位成本＝某种产品总成本/某种产品总产量

四、营业收入、利润及其分配的核算

(一)营业收入与税费核算

1. 营业收入

营业收入是指企业销售产品取得的销售收入(即主营业务收入)及其他业务收入。其他业务收入,包括材料销售、固定资产出租、无形资产转让(不包括对国家划拨的土地实行有偿转让的土地使用权),以及技术转让和包装物出租等取得的收入。营业收入的核算可以补偿总成本费用,上交税金,偿还债务,保证企业在生产正常进行。

主营业务收入减去营业税金及附加和主营业务成本即是企业实现利润总额。主营业务成本是按照制造成本法计算的农业企业已售产品/商品和劳务生产经营成本。

其他业务收入减去其他业务支出则是其他业务利润,其他业务支出是指农业企业除产品/商品销售以外的其他业务所发生的支出,包括材料出售成本/出租固定资产应提折旧/出租包装物摊销以及其他业务收入计算的应交营业税金及附加等。

营业收入利税率是衡量企业营业收入的收益水平指标。其公式计算如下:

$$营业收入得税率=\frac{利税总额}{营业收入}\times 100\%$$

2. 营业税金及附加核算

营业税金及附加反映企经营的主要业务应负担的营业税/消费税/资源税/城市维护建设税/教育税及附加等。

(1)营业税。

国家对提供的各种劳务/转让无形资产或者销售不动产的单位和个人,就其所取得的营业税征收的一种税。营业税按照营业额或交易金额的大小乘以相应的税率计算。营业税的税率为3%、5%和20%等几个档。其中交通运输业/建筑业/邮电通信业/文化教育业等为3%;金融保险业/服务业等以及转让无形资产/销售不动产为5%;娱乐业为5%~20%。其计算公式为:

$$应纳税额=营业额\times 适用税率$$

(2)消费税。

国家为了调节消费结构,正确引导消费方向。在普遍征收增值税的基础上,选择部分消费品,再征收的一个税种。消费税实行价内征收,企业缴纳的消费税计入营业税金,抵减产品销售收入。

应税消费品包括11类产品,即烟酒及酒精、化妆品、护肤护发品、贵重首饰及珠宝玉石、鞭炮及烟火、汽油、柴油、汽车轮胎、摩托车、小汽车等。

消费税的税率,分3%、5%、56%等几个档次,黄酒、啤酒、成品油是定额税率。其计算公式为:

$$应纳税额=销售额\times 税率$$

$$应纳税额=销售数量\times 单位税额$$

(3)资源税。

在中华人民共和国领域及管辖海域开采矿产品或者生产盐的单位和个人，为资源税的纳税人，资源税的应纳税额，按照从价定率或者从量定额的办法，分别以应税产品的销售额乘以纳税人具体使用的比例税率或者以应税产品的销售量乘以纳税人具体的定额税率计算。其计算公式为：

应纳税额＝销售额×税率

应纳税额＝销售数量×单位税额

(4)城市维护建设税。

为了加强城市的维护建设，扩大和维护城市建设的资金来源，国家开征了城市维护建设税。城市建设维护税的纳税人包括缴纳增值税、消费税、营业所得税的各类企业、单位、个人(不包括外商投资企业、外国企业、和外国人)。城市维护建设税按照纳税人所在地实行差别税率：市区税率为7%，县区、建制镇税率为5%，其他地区税率为1%，此税以纳税人缴纳的增值税、消费税、营业税为计税依据，非别与上述三种税缴纳。其计算公式为：

应纳税额＝实际缴纳的(增值税＋营业税＋消费税)税额×适用税率

(5)教育附加费。

国家为发展我国的教育事业，提高人民的文化素质而征收的一项费用。教育附加以个人和单位实际征缴的增值税、营业税、消费税为计征依据，附加率为3%，2011年7月1日发布的《国务院关于进一步加大财政教育投入的意见》要求，全面开征地方附加，地方教育附加同意按照增值税、营业税、消费税实际缴纳额的2%征收。其计算公式为：

应纳教育附加额＝实际缴纳的(增值税＋营业税＋消费税)税额×3%

应纳低房价与附加额＝实际缴纳的(增值税＋营业税＋消费税)税额×2%

实际新税制后，会计上规定应缴纳税值不再计入“营业税金及附加”项，无论是一般纳税人还是小规模纳税人均应在“缴纳增值税明细表”中单独反映。

3. 企业所得税核算

企业所得税是指在我国境内独立核算的企业或组织，就其生产、经营所得和其他所得，依法缴纳的税收。企业每一个纳税年度的收入总额，减除不征税收入、免税收入、各项扣除，以及允许弥补的以前年度亏损后的余额，为应纳税所得额。包括销售货物收入、提供劳务收入、转让财产收入、股息、红利等权益性投资收益、利息收入、租金收入、特许权使用收入、接受捐赠收入，以及其他收入。收入总额中涉及的财政拨款、依法收取并纳入财政管理的行政事业性收费、政府性基金为不征税收入；企业实际发生的与取得收入有关的、合理的支出，包括成本，费用，税金损失和其他支出，准许在计算应纳税所得额中扣除。但以下支出不予以扣除，包括向投资者支付的股息、红利等权益性投资收益款项、企业所得税税款、税收滞纳金、罚金、罚款和被没收的财务的损失、赞助支出、未经核定的准本金支出和与取得收入无关的其他支出。

《中华人民共和国企业所得税法》规定，企业所得税税率为25%。其计算公式为：

应纳税额＝应纳税所得额×税率

应纳税所得额＝收入总额－准予扣除项目支出

(二)利润的核算

利润是考核企业经营成果的重要指标，任何企业都力争取得较多的利润。企业的利润总额按照下列公式计算：

利润总额＝营业利润＋投资净收益＋营业外收入－营业外支出＋补贴收入

营业利润＝主营业利润＋其他业务利润－管理费用－财务费用

主营业利润＝主营业收入－营业成本－营业费用－营业税金及附加

其他业务利润＝其他业务收入－其他业务支出(包括其税金)

营业费用是指出售产品或提供劳务过程中发生的销售费用，包括应由企业负担的运输费、装卸费、整理费、包装费、保险费、展览费、检验费、广告费、租赁费(不包含融资租赁费)，以及销货部门人员的工资及福利费、差旅费、办公费、折旧费、修理费、物料消耗、低值易耗品摊销等。

管理费用是指管理部门及其派出机构，为管理和组织经营活动而发生的各项费用。包括公司经费、工会经费、职工教育经费、劳动保险费、技术开发费、无形资产摊销、开办费摊销、业务招待费、坏账损失、存货盘亏等。

财务费用是指企业为筹集资金而发生的各项费用，包括生产经营期间发生的利息支出(减利息收入)、汇兑净损失、金融机构手续费以及其他财务费用。

其他业务收入是指材料销售、技术转让、代购代销业务收取的手续费，固定资产出租，包装勿出租等取得的收入；其他业务支出是指材料销售成本、出租固定资产应计提的折旧费、出租包装物摊销费、有关的营业税金及附加等。

投资净收益是指投资收益扣除投资损失后的数额。

营业外收入和营业外支出是指与企业生产经营活动没有直接关系的各项收入和支出。营业外收入包括：固定资产的盘盈和出售净收益、罚款收入、因债权人原因确实无法支付的应付款项、教育费附加返还款等；营业外支出包括：固定资产盘亏及报废毁损和出售的净损失、非季节性和非修理期间的停工损失、赔偿金、违约金、防汛抢险支出，以及经财政部批准的其他支出项目等。

(三)利润分配核算

利润分配是企业实现的利润按照国家规定或投资人的决议进行分配的活动。企业必须正确组织利润分配，维护国家、企业和投资者的权益。对实现的利润，首先应依法交纳所得税，缴纳所得税后的利润应按规定提取盈余公积金，并向投资者分配利润。

按照现行财税制度的规定，企业利润分配程序和原则如下。

(1)弥补以前年度的亏损。缴纳所得税的企业，其发生的年度亏损，可以用下一年度的利润弥补，下一年度不足以弥补的，可以在五年内延续弥补，五年内不足弥补的，用税后利润弥补。

(2)缴纳所得税。我国现行企业所得税税率为25%。

(3)弥补税前利润弥补后仍存在的亏损。

(4)按规定提取法定盈余公积金。盈余公积金是指企业从税后利润中提取的积累资金，包括法定盈余和任意盈余公积金，按现行财务制度规定，企业至少提取利润的10%作为公司法定盈余公积金，当法定盈余公积金累计额为公司注册资金的50%时，可不再提取。任意公积金是指企业为了适应经营管理、控制利润分配水平以及调整各年利润分配波动等方面的需求，在向投资者分配利润时，按照公司章程或董事会决议，从税后利润(减弥补亏损)中按一定比例提取的一种准备金。

(5)应付利润,即向投资者分配的利润,是企业税后可供分配的利润减去盈余公积金的余额。向投资者分配利润应按有关合同、协议或决定执行。

(6)未分配利润,即未作分配的净利润。

第二节 农业生产技术经济效果评价

一、农业生产技术经济效果的概念及特点

人类社会的一切实践活动都是有目的的。这种实践活动的目的性就是为了取得相应的成果,这种成果就是有用效果,也就是实践活动达到预期目的的程度。在人类的生产实践中之所以要讲求经济效果,首先是由人类进行生产活动的目的所决定的。人们从事生产经营活动是为了取得一定的劳动成果,获得一定的经济效益。通过劳动,生产出越来越多的产品,以满足人类的生活需要。以求得人类的生存和社会的发展进步;其次,生产资源的稀缺规律决定必须讲求经济效果。在生产要素中,有许多资源是属稀缺资源,即有限资源,不可再生,是不能根据生产发展的需要及时增加。例如,土地,具体到耕地、草原、山林等资源都属于有限资源。所以就要求对这些资源的利用要讲求经济效果,要合理节约,有效利用。我国的资源的有限程度更加迫使我们必须讲求经济效果。我国虽地大物博,资源总量大,但人均拥有量和世界其他国家相比相差很大,甚至低于世界平均水平,如表 11-2 所示。

表 11-2 我国同一些国家人均占有资源比较 单位:平方米

国别	人均耕地	人均草地	人均森林
中国	900	2 200	1 100
加拿大	18 300	9 600	130 900
美国	7 900	10 600	12 100
俄罗斯	8 200	13 700	33 800
法国	2 300	2 300	2 700
德国	1 200	600	1 200
英国	11 200	2 000	400
日本	400	100	2 100
世界平均	2 800	6 800	8 800

资料来源:据《中国统计年鉴》、世界粮农组织(生产年鉴)整理。

由表 11-2 可以看出,我国人均占有耕地、草地、森林等资源量不仅低于多数发达国家,而且低于世界平均水平。这就是要求我们在生产中更要讲求经济效果。

现代农学的发展,主要依靠科学技术的进步和运用。要发展农业,就必须采用先进的科学技术措施,而不同的生产技术措施,它所取得的有效成果与采用是所附出的代价又是不同的,这就要求对所采用的农业生产技术措施进行经济论证和评价,择优选用在生产上是可行的,经

济上是合理的、技术上先进的生产技术措施或方案。

(一)农业生产技术经济效果的概念

1. 经济效果

经济效果就是实践活动所达到预期目的的程度。而经济效果是指在既定条件下,劳动消耗量或劳动占用量与所取得的有用效果或劳动成果的比例关系。在商品生产条件下,商品的使用价值量或价值量表现为有用效果。那么经济效果就是所取得的有用效果与为此而消耗或占用的劳动量的比例关系。用公式表示为:

$$经济效果=\frac{有用效果}{消耗或占用的劳动量}=\frac{所得}{所费}=\frac{产出}{投入}$$

这种比例关系表现为,当投入的劳动消耗和劳动占用为一定量时,产出的有用效果与经济效果成正比,或者当产出一定量的有用效果时,投入的劳动消耗和劳动占用量与经济效果成反比。因此,物质资料生产讲求经济效果,就是在一定量的劳动消耗或劳动占用下,生产出更好的有用价值。或生产一定的有用价值,投入更少的劳动量。

物质资料生产过程中所消耗和占用的劳动量包括两个方面:活劳动和物化劳动。活劳动是指当时参加生产活动的劳动,可用劳动时间直接计量;物化劳动是指由过去的劳动时间凝结起来的各种物质生产资料,而实际消耗的物化劳动量,在实际中往往不能简单、准确的再还原为劳动时间。为了能统一准确计算劳动消耗,通常都用价值形式来表示。活劳动的节约表现为人力的节约;物化劳动的节约表现为财力的节约。而人力和物力节约的价值形式表现为财力的节约,从而劳动消耗量与有用效果的比较就变现为所费与所得的关系。

物质资料的再生产过程,不仅要消耗劳动,而且要占用劳动,并且占用的劳动只是物化劳动。占用的物化劳动包括四部分:一是机械、房舍、设备等固定资产;二是产畜、役畜等生产性生物资产;三是土地(使用权)等无形资产;四是种子、化肥、饲料、农药、油料等流动资金。从劳动占用来考察生产的经济效果时,是考察一定时期内所取得的有用效用量同该时期内占用的物化劳动量的比例关系。一定的劳动占用量所取得的有用效果越多,经济效果越大;反之,经济效果越小。由于物化劳动量是以货币形态来表示的,物化劳动占用量也就是资金占用量。当资金占用量一定而生产效率提高时,表明资金利用效果较好。

2. 经济效益

经济效益是指产值、成本和纯收入之间的消长关系,用公式表示为:

$$经济效益=产值-成本$$

经济效果和经济效益是经济学中的两个基本概念,在现实经济评价中常常交替使用。这两个概念既密切联系,又有一定的区别。二者的区别是:经济效果由于着重研究生产过程投入与产出,所得与所费的比例关系,所以它注重生产过程。而经济效益则由于着重研究生产全过程的实际利益,所以它注重生产成果的好坏。但二者还有一定的联系:经济效果的好坏往往成为经济效益好坏的一种表现,即经济效益好坏是通过经济效果体现出来的,而经济效益的提高是建立在生产过程提高经济效果的基础上的。

3. 农业生产技术经济发展

农业生产技术经济效果是指在一定的自然、经济条件下,在生产实际中实施某项技术措施或方案,所实现的生产效果与采用这些技术措施或方案所实际消耗的活劳动和物化劳动的比例关系。

生产技术措施或方案,如果仅从科学自然的角度考虑其先进性,而没有和劳动消耗联系起来,只能是技术效果,而不是技术经济效果。

确立农业生产技术经济效果概念的重要性是:选择技术措施活技术方案,不但要考虑到技术的先进性,增产效果,还要考虑这些增产效果花费了多少劳动消耗换来的。这就要求所采用的技术措施和技术方案,不仅要符合农作物和禽畜的自然生长发育规律,而且还必须能够节约生产每单位农畜产品的劳动消耗。只有这样,才有生产应用和推广的现实意义。所以,从经济角度考虑,农业生产中所采用、实施的技术措施或方案,必须在技术上是先进的;在条件上是可行的;在经济上是合理的。及农业生产技术必须具有先进性,可行性和合理性。

(二)农业生产技术经济效果的特点

评价农业技术的经济效果,必须对它固有的某些特点进行研究。因为它们直接影响这经济效果的大小,只有认识和掌握这些特点,才能正确地评价农业技术经济效果。

1. 农业生产技术经济效果具有综合性

农业生产的对象是有生命的动植物,其生长发育要求同时满足各种必要的生活条件,如果缺少其中任何一种或几种要素,都会制约生产能力的发挥,影响产品产出的数量和质量。所以,实践中常采取综合性的措施,其效果往往大于各个单项技术措施效果的总和。选择先进适用技术,因地制宜地组成农、林、牧、渔业的技术生产体系,发挥综合措施作用,对提高农业技术经济效果关系重大。

2. 农业生产技术经济效果具有多样性

很多农业技术措施具有多功能,多效益的特点。例如,土地综合治理、兴修水利、草原建设、营林造林、建立合理的耕作制度、放牧制度和生产结构,以及其他农业基础建设,它们不仅具有明显的经济效益,还可得到社会效益和生态效益。在评价农业技术效果时,需要全面分析各种效果,重视农业生产技术经济效果多样性的特点。

3. 农业生产技术经济效果具有相关性

各项农业生产技术措施,既相互促进,又相互制约,从而引起技术经济效果的不同变化。在各项农业技术措施之间,既有水平方向的横相关,又有垂直方向的纵相关;既有正相关,又有负相关。例如,品种、水、肥之间表现为横相关;上茬作物与下茬作物之间表现为纵相关。良种良法相结合,其效果变现为正相关;施用化肥随之大水漫灌,则表现为负相关。不同技术方案、技术措施的评价,应研究这种相关性的影响。

4. 农业生产技术经济效果具有持续性

某些农业生产技术措施,其效果不仅表现在当时,而且,往往具有技术后效。例如,农田基本建设(打井、修渠)、深耕改良土壤、草地改良、良种培育和选育、增施有机肥等,都可在若干个生产周期内发挥其效用。但如果措施不当,所产生的不良后果同样具有持续性,如毁林开荒、树种选择失误、灌溉技术不当,则可导致生态破坏、土壤盐渍化等严重后果的发生,甚至造成难以挽回的损失。

5. 农业生产技术经济效果具有不稳定性

农业生产技术措施的实施要受到外部客观环境条件的影响。虽然同样的技术措施、技术方案，同样的劳动消耗，但经济效果常因不同年份、不同季节、不同地域，不同气候条件而产生明显差异；加之农业生产本身受自然条件影响较大，所以农业生产技术经济效果表现为明显的不稳定性。

6. 农业生产技术经济效果具有极限性

农业生产是培植和饲养有生命动植物的伸长活动，受自然再生产规律支配。动植物都有各自的繁殖、发育和生长的生理特点，只有采取各自适合的有针对性的技术措施或方案，才能取得预期效果。但人们认识在一定时期内受到科学技术水平的限制，采用的农业技术措施所起的作用范围、作用太小、动植物生长发育规律及外界环境的融合程度常有一定的局限性。在既定条件下，牲口饲养到一定体重后，再继续进行喂养，则每单位的饲料报酬将逐次递减，甚至出现负值。所以，在农业生产中，必须适应一定的技术条件，确定最适合的生产资源投入量，才能取得满意的技术效果。

二、农业生产技术经济效果评价的理论及原则

(一)农业生产技术经济效果评价理论

1. 经济效果界限理论

经济效果实际上就是生产投入与产出间的对比关系。

$$经济效果界限=\frac{有用效果}{劳动消耗和劳动占用}>1\text{ 或}=\frac{产出}{投入}>1$$

或经济效益界限：有用效果——劳动消耗和劳动占用>0(产出—投入>0)

农业生产中采用新的技术或方案，可能出现：投入大于产出；投入等于产出；投入小于产出三种情况。这三种情况表现为不同的经济效果，当投入大于产出时为负效果；投入等于产出时为零效果；只有投入小于产出时才能产生真正是经济效果，是正效果。因此，评价某项农业生产技术措施或方案时，其产生的经济效果只有达到经济效果界限或经济效益界限以上的数值，才有经济上的合理性；低于界限是数值，在经济上就是不合理的。

经济效果界限涉及三个重要概念：经济效果临界点、经济效果适合度和经济效果最佳值。经济效果临界点，表示经济效果发展变化的界限。经济效果的临界点是经济适合度的下限和上限界限；经济效果适合度是由经济效果临界点所规定的区间，也就是可以取得经济效果的数值范围，在此区间或数值范围内经济效果保持相对稳定；经济效果最佳值是在经济适合度所规定的区间内根据生产目的符合要求的某一具体数值，如最高产量、最大产值或最大纯收入等。

2. 生产因素互相替代理论

生产资源是进行物质资料生产所必须具备的人力和物质因素，以及物质条件的总称。在农业生产中，有些生产资源的用途是固定不变的和不可代替的，如光热、水、土地等都属于这一类。而有些生产资源，如劳动力、畜力和机械力之间就可以互相替代，并产生相同的经济效果。另外，低产劣质品种也可为高产优质品种所代替，精料可被粗料所代替等。生产资源之间的互

相替代等。生产资源因素之间的互相替代，一般来说，都是同质异值的，即具有相同的功能和效用，因为可替代生产资源价格不同，那么我们进行农业生产时，就要选择高质量的成本效果好的资源来代替低质量高成本效果差的，从而取得较好的经济效果。

3. 边际报酬递减理论

这一理论也叫增量变动比率规律理论、资源报酬变动理论。这一理论的内容简要得说，就是在一定时期，一定技术条件下，假定其他条件不变，只有一种变动资源因素增加投入量。开始时，随着变动资源因素的增加，产品产量也随之增加，但投到一定限度后，若继续投入，产品产量就不在增加，反而减少，既增量为负数。单位增量也称边际产量，就是每增投一个单位的资源量所引起的产品量的增减量。边际产量是边际报酬的一种。除此，还有边际产值、边际收益等。这种现象在农业生产中普遍存在。例如，农业生产中单位化肥投入量和农作物产品产量的关系；畜牧业生产中单位饲料投入量和畜产品产量的关系。

农业中资源投入和产品产出往往表现为函数关系，称之为生产函数。可以写成：

$$Y=f(X)$$

根据投入与产出的比例关系生产函数一般可分为三种类型。

(1)固定报酬关系。生产中投入每一单位资源所转化成的产品数量都相同，产量的变化与资源投入量的变化成固定比例，生产函数为线性关系，总产量曲线为直线，如图 11-1(a)所示。传统农业时代，相当多的农业生产表现为固定报酬关系。

现代农业生产中，固定报酬一般不常见，但在生产资源投入量变动范围较窄时，常假定其为固定报酬。

(2)递增报酬关系。

这类生产函数关系是指某一变动资源投入量不断增加时，每一单位投入的变动资源引起的总资源增加量逐渐增加，总产量以递增的比率提高，总产量曲线呈向下凸出的形态而上升，如图 11-1(b)所示。

这种现象常出现在生产的某一阶段中。例如，植物一直在缺乏某种稀有元素的土壤条件下种植，一旦补充该种元素后，常会呈现上述递增报酬现象。不过，当该稀有元素的补给量达到适当程度以后，在增加补给量，生产函数曲线将出现拐点，而转向报酬递减型曲线。

(3)递减报酬关系

报酬递减规律在农业生产中是常见的。即向生产中增加资源投入时，每增加变动资源的投入而引起总资源量的增加量逐渐减少，总产量以递减的比率不断增加，总产量曲线以向上凸出的形态上升，如图 11-1(c)所示。在递减报酬关系中，一般总是在开始时，增加投入一单位变动资源换回的产品多，资源转化效率高，随着资源投入量的不断增加，每单位资源转化的产品量越来越少，直到增加资源投入不再增加产出，甚至减少。这种现象通常被称为报酬递减规律。

在实际生产中，三种报酬关系往往同时并存于同一种生产活动中，这种生产函数的图形是典型的曲线形式，表现为“S”形曲线，如图 11-1(d)所示。

为什么要研究生产函数呢？作为生产者，总是希望通过生产经营获得尽可能多的产出和更多的利润。由于生产需要投入资源，而资源总是稀缺的(有限的)。因此，我们要用尽可能少的资源生产出尽可能多的产品，获得尽可能多的利润。要达到这个目的，我们就需要的研究生产中投入与产出之间的规律性。而生产函数正是我们分析研究这种规律性的有力工具。此

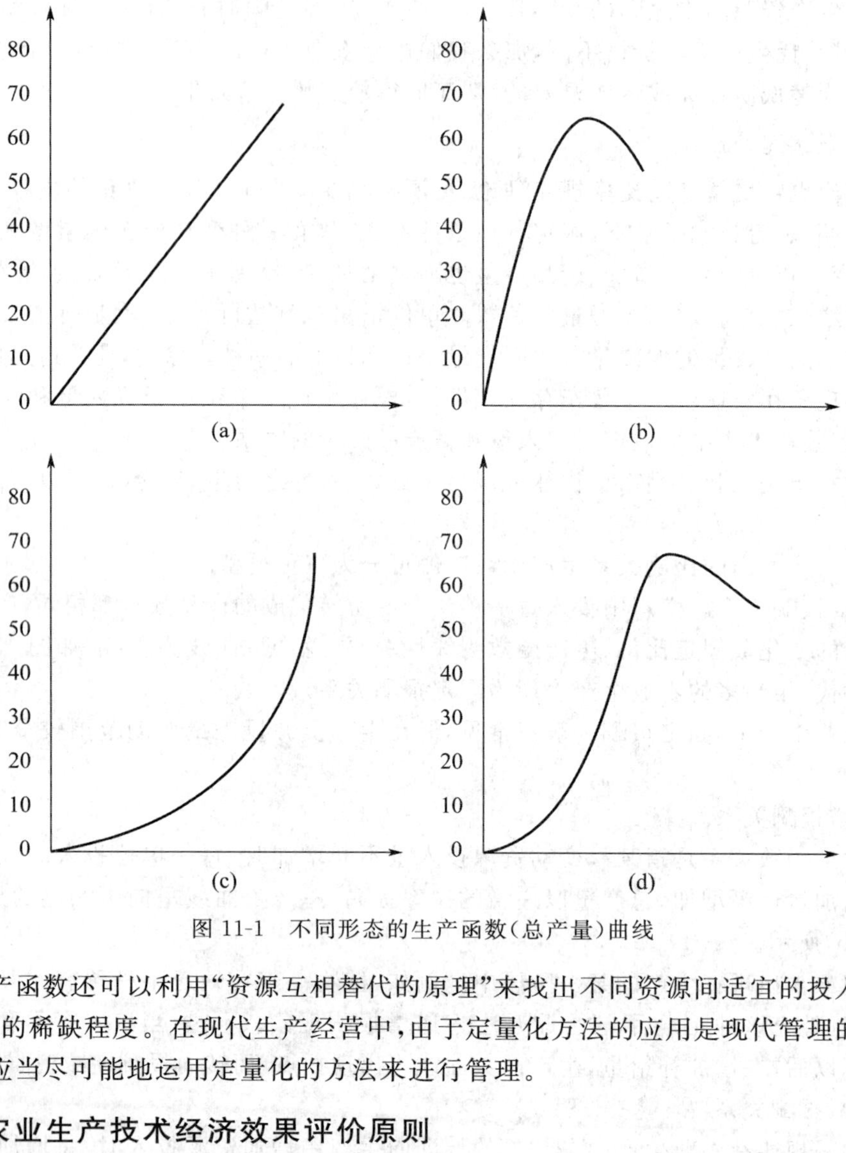

图 11-1　不同形态的生产函数(总产量)曲线

外,研究生产函数还可以利用“资源互相替代的原理”来找出不同资源间适宜的投入比例,以缓解某些资源的稀缺程度。在现代生产经营中,由于定量化方法的应用是现代管理的重要标志,因此,我们应当尽可能地运用定量化的方法来进行管理。

(二)农业生产技术经济效果评价原则

(1)把技术效果与经济效果统一起来。

技术效果是指某项技术措施运用于生产、消费和服务领域所取得的有用效果,讲求的是某一项措施能否达到技术性目的,以及达到的量和质。但对技术措施的“所费”如不计较,不将技术措施的“所得”与“所费”进行对比,那就很难达到既增产又增收的目的。因此,评价技术措施和技术方案时,必须把技术上的先进性和经济上合理性统一起来,力争在已有的条件下,选择优质、高产、高效的技术措施。具体应用这一原则时,要注意以下两点。

1)对有相同增产效果的技术措施或技术方案,要选择投资少、劳动耗费少,资源利用合理,有利于生态平衡的方案和措施。

2)对需要增加投资的新技术或新方案,要选择技术适应性强、生产可行性强、增产幅度大、投资费用增加幅度小的新技术或新方案。

(2)保护和改善生态环境,把当前经济效果和长远经济效果结合起来。

由于农业生产过程既是动植物生命体与环境系统矛盾统一的过程，又是物质和能量互相转化的过程。因此，评价农业技术效果，除考察经济上是否合理外，还要考察它的应用对保护和改善生态环境的影响和作用，力争把经济效益和生态效益一起来。在农区要特别重视农政结合，提高农牧之间物质循环利用率；在牧区提高草原生产能力，要以保护和提高草原生态系统的结构和功能为前提。同时畜禽生产具有周期长和持续性的特点，可在若干个畜禽在生产过程中表现出来，因此评价农业技术经济效果时，要研究各项技术效果之间的相关性，把当年经济效果与长远经济效果结合起来，以取得持久的最大经济效果。

(3)正确处理单项技术效果与综合技术效果的关系。

农业技术本身有单项措施，也有综合性的技术措施。农业生产效果往往是由多种技术措施综合作用的结果，但各项技术措施对产量和劳动耗费的影响又是不同的，其中某一项技术措施所取得的效果往往是已采取其他措施为前提的。如果处理得当，综合技术措施所取得的效果，将会大大超过各项技术效果的总和。反之，如果各项技术在综合方案中处理不当，技术经济效果有可能互相抵消，从而降低综合技术措施的效果。再者，局部经济效果与全球经济效果有时是一致的，有时则是必须处理好经济效果与生态效果，局部效果与整体效果当前经济效果与长远经济效果的关系，讲求整体效果最佳可为科学决策提供技术经济依据。

(4)定性和定量相结合的原则。

任何事物包括技术措施在内都有质和量两个方面。不了解事物的性质，便无从了解事物的数量。定性分析就是定方向、定性质，以确定事物运动因果关系及相关的原理，避免在定量上迷失方向。在定性的同时，还必须分析事物内在联系的数量关系，确定事物相互关系性质的数量界限，即做好定量分析。只有坚持定量和定性分析相结合，才能把技术经济论证工作建立在更加科学的基础之上。

(三)经济效果评价指标体系

由于土地和劳动是农业基本的投入要素，因此，在考察和评价农业生产效率时，土地生产率和劳动生产率是两个重要的指标。

1. 土地生产率

土地生产率是反映土地生产能力的一项指标，通常用生产周期内单位面积土地上的产品数量或产值来表示。某一地区某种土地生产率的高低，取决于土地本身的特点(如地形、土壤、土壤母质等)、土地所处的自然环境条件(如气候、温度、热量、降水、植被等)和社会经济条件(如人口素质、交通运输、经济发展状况、科学技术水平等)。在相同的自然条件下，土地的生产率主要取决物质的投入、科学技术和经营管理水平。

评价土地生产率的指标主要有以下几个。①以实物量表示的指标：a. 农作物亩产量＝农作物总产量÷农作物播种面积(或收获面积)；b. 草地(牧场)亩均畜产品产量(载畜量)＝畜产品总产量(饲养牲畜总头数)÷草地(牧场)面积；c. 每亩养殖面积水产品产量＝水产品养殖产量÷养殖面积。②以货币量表示的指标：a. 每亩耕地面积种植业产值＝种植业总产值(增加值)÷耕地面积；b. 每亩土地面积农林牧渔业产值＝农林牧渔业总产值(增加值)÷土地面积；c. 每亩土地面积农村社会总产值(农村经济总收入)＝农村社会总产值(农村经济总收入)÷土地面积。以货币量表示的土地生产率指标，除受生产结构和各部门产品的经济价值不同的影响外，还受不同时期农产品价格变动的影响。

2. 农业劳动生产率

农业劳动生产率反映的是单位劳动时间生产出的农产品数量，或生产单位农产品所消耗的劳动时间，是用农业劳动消耗量和农产品产量（或产值）相比来计算。这一指标表明农业劳动生产者的效率。其计算公式为：

$$农业劳动生产率=\frac{家产品产量（或产值）}{活劳动时间}$$

这一指标越高，表明单位劳动时间生产出的农产品数量越多，或者生产单位农产品所消耗的劳动时间越少，农业经济效益越好；反之，农业经济效益越差。由于这一指标是个静态指标，无法说明农业经济效益变化的情况，因此，常采用农业劳动生产率的增长率来反映农业经济效益的动态情况。农业劳动生产率增长率是将基期农业劳动生产率与某一时期农业劳动 生产率进行比较，得出劳动生产率变化的数值。其计算公式为：

$$农业劳动生产率增长率=\frac{报告期的农业劳动生产率-基期的农业劳动生产率}{基期农业劳动生产率}$$

如果这一指标值大于零，意味着农业劳动生产率提高了；若该指标值小于零，则说明农业劳动生产率降低了。数值越大，说明农业劳动生产率提高的程度越大，农业经济效益增长速度越快，增长趋势越好；反之，表明经济效益发展趋势越差。

3. 农业资金生产率

农业资金生产率是指在一定时期内运用农业资金所取得的生产成果与资金投入（或消耗）的比率。在一定时期内，单位资金消耗带来的农业生产成果越多，说明经济效益越好；单位资金消耗取得的农业生产成果越少，说明经济效益越差。

农业生产包含的内容非常多，不同农业生产的构成项目是不一样的，用于农业生产的资金由于是投放于不同的项目，最终取得的生产成果自然也就不同。因此，对投放于不同项目的农业资金，常采用不同的指标进行评价。常用的指标有单位资金农产品量、农业资金产值率、单位投资新增生产能力、农业资金利润率等。

$$单位资金农产品量=\frac{农产品总量}{农业投资额}$$

$$农业资金产值率=\frac{农业总产值}{农业投资额}\times 100\%$$

$$单位投资新增生产能力=\frac{某时期新增生产能力}{某时期投资额}$$

$$农业资金利润率=\frac{年利润额}{农业投资额}\times 100\%$$

4. 农业纯收益指标

农业纯收益是农业总产值扣除生产成本和税金后的余额。农业纯收益能综合反映在一定时期中农业生产者生产经营的最终效益。农业生产者生产经营取得的农业纯收益越多，说明经济效益越好。衡量农业纯收益的指标主要有单位面积纯收益、单位资金纯收益率、人均年纯收益额、农业产值纯收益率和单位成本纯收益率等。其计算公式为：

$$单位面积纯收益=\frac{纯收益额}{耕地面积（或播种面积）}$$

$$农业产值纯收益率=\frac{纯收益额}{农业总产值}\times 100\%$$

$$单位成本纯收益率=\frac{农业纯收益额}{农业生产成本}\times 100\%$$

$$人均年纯收益额=\frac{年农业纯收益额}{该年农业人口数}$$

$$单位资金纯收益率=\frac{单位面积纯收益额}{单位面积资金占用额}\times 100\%$$

5. 农产品成本

农产品成本是生产农产品所消耗的活劳动和物化劳动的总和，反映资金消耗经济效果的情况。在用农产品成本评价经济效益时，常常选用的是农产品成本的相对指标，而不是农产品成本的绝对值。主要有单位农产品成本和成本产出率两个指标。其表示公式为：

$$单位农产品成本=\frac{农产品总成本}{农产品总产量}$$

这一指标反映的是生产单位农产品所需要的成本耗费额度。指标值越低，说明生产单位农产品所发生的成本越低，经济效益越好。其表示公式为：

$$成本产出率=\frac{农产品产量（或产值）}{农产品成本}$$

这一指标反映的是单位成本投入带来的农产品产量大小，指标值越大，说明产出率越高，经济效益越好。

（四）农业生产技术经济效果的评价方法

要评价生产技术应用的经济效果，就必须搜索必要的数据，对各种技术方案进行比较，评价和选优。为此，必须选择适当的方法，这里介绍评价工作中的几种数据分析方法。

1. 调查研究方法

调查研究方法既是研究中获取数据资料普遍采用的共同方法，也是技术经济评价中经常采用的一种方法。搞好调查研究，首先必须确定调查的目的。要明确为什么要调查，怎么做调查，收集哪些数据资料。其次，根据调查的目的，确定调查的具体内容，列出需要调查的项目及有关因素和事项。调查内容尽量详细具体，但也要有重点。再次，根据调查目的和内容，确定调查方法，对象和范围，拟定调查提纲，制定调查表格。每个调查项目的含义、范围、计量单位都必须确切明了。就调查研究进行的方式来，有实地调查和通信调查；就调查的范围来说，有宏观调查和微观调查。前者主要从全国或省，市区有关业务部门做调查，从统计资料中获取投入产出数据，因此，本质上是普遍统计调查；后者主要是向主要相关科研单位、推广单位、示范基点，以及有关业务管理部门做调查，本质上是典型的调查，主要是查阅实验资料、会计核算资料和科研管理资料、召开专业人员调查会进行询问评估等。

2. 比较分析法

比较分析法是一种常用的经济效益评价方法。它是指将通过调查或试验所收集的有关技术经济方面的数据和资料加以整理，通过一系列性质相同的指标对比，分析经济现象之间的联系和差异，研究差异产生的原因和影响程度并寻求改进措施，区分经济效益大小的一种方法。

运用比较分析法，必须有两个以上的研究对象，按照一定原则和目的，可以在不同地区、不同年份、不同单位之间进行。运用比较分析法一般应注意以下四条原则。

(1)时间的可比性(间隔计算期一致)。

(2)指标范围的可比性(指标所表示的范围一致)。

(3)经济性质的可比性(指标的经济内容一致)。

(4)计算方法的可比性(计算价格、计量单位、计算公式一致)。

这种方法被广泛应用于不同生产技术措施的投资、用工、成本、产量、效益等指标的对比分析，或对某一生产技术措施在不同作物、不同地区和不同年份之间进行对比分析。

3. 试算分析法

试算分析法又叫预算分析法，即根据各种有关的技术经济参数和历史资料，对所采取的技术措施、技术方案的劳动耗费，以及可能取得的使用价值和价值量进行试算分析，以确定其预期的经济效果。由于试算分析法往往将某种技术措施方案与标准方案对比，或将两种不同的技术措施方案进行对比，所以又叫作标准比较法或方案设计法。试算分析法一般用于新方案的制定和预测。一般而言，试算分析法的正确性取决于下列因素。

(1)计算项目的正确划定。

(2)生产因素的正确选择。

(3)历史资料、试验资料准确性的审定和技术经济参数的正确运用。

(4)计算方法的正确性和科学性。

(5)技术条件和经济条件的正确分析。

4. 因素分析法

因素分析法也称为连环代替法，是根据指标及其构成因素间的相互制约关系，把综合指标分解成若干组成因素，观察各因素变动情况及其对指标影响程度的一种分析方法。

这种方法是在假定其他因素不变的条件下，逐个分析其中一个因素的作用，以便总结经验，进一步寻求提高经济效益的途径。例如，影响单位农产品成本的因素，一是单位土地面积上的产量；二是单位土地面积上消耗的物质费用；三是单位土地面积上支出的劳动报酬。为了考察这三个因素对农产品成本的影响程度，就可以采用连环代替法来进行分析。

基本计算程式是：

$$计划数\ P=a\times b\times c$$

$$实际数\ P_1=a_1\times b_1\times c_1$$

式中：P 为指数；a、b、c 分别为构成指数的因素。

代替 a 因素：$P_2=a_1\times b\times c$，由 $a\rightarrow a_1$ 变动影响数为：$\Delta a=P_2-P$

代替 b 因素：$P_3=a_1\times b_1\times c$，由 $b\rightarrow b_1$ 变动影响数为：$\Delta b=P_3-P_2$

代替 c 因素：$P_4=a_1\times b_1\times c_1$，由 $c\rightarrow c_1$ 变动影响数为：$c=P_4-P_3$

各因素变动对指标的综合影响数：$\Delta a+\Delta b+\Delta c=P_1-P=P_4-P$

结论：在计划与实际的差额中(P_1-P)，因素 a、b、c 的影响程度分别为 Δa，Δb，Δc。从中找出较大的差值，也就是主要因素，以便加强管理。

例 11-1 某农业企业种植一种作物，总收入与价格、播种面积和单位面积产量有关(1 亩 =666.67 平方米)。生产计划和销售情况因某种原因发生了变化。基本数字是：

计划数是：价格 $P=0.4$ 元/千克；播种面积 $T=300$ 亩（1 亩=666.76 平方米）；

单位面积产量 $Q=400$ 千克/亩。

总收入 $W=300\times400\times0.4=48\ 000$（元）

实际数是：价格 $P_1=0.5$ 元/千克

播种面积 $T_1=250$ 亩

单位面积产量 $Q_1=450$ 千克/亩

总收入 $W_1=250\times450\times0.5=56\ 250$（元）

结果是：实际－计划＝56 250－48 000＝8 250（元）

需要说明的是，三项因素（或多项因素）的排序很重要。排序不同，结果则不同。在农业经济分析中，一般把土地面积放在第一位，然后是单位面积产量，最后是单价或价格。具体分析如下。

(1)先替换播种面积 T：由 T 到 T_1 变动影响数为：

$W_2=T_1\times Q\times P=250\times400\times0.4=40\ 000$（元）

$\Delta T=W_2-W=T_1\times Q\times P-T\times Q\times P=40\ 000-48\ 000=-8\ 000$（元）

影响程度：$T/W=(-8\ 000/48\ 000)\times100\%=-16.67\%$

(2)替换单位面积产量 Q：由 Q 到 Q_1 变动影响数为：

$W_3=T_1\times Q_1\times P=250\times450\times0.4=45\ 000$（元）

$\Delta Q=W_3-W_2=T_1\times Q_1\times P-T_1\times Q\times P=45\ 000-40\ 000=5\ 000$（元）

影响程度：$Q/W_2=(5\ 000/40\ 000)\times100\%=12.5\%$

(3)替换价格 P：由 P 到 P_1 变动影响数为：

$W_4=T_1\times Q_1\times P_1=250\times450\times0.5=56\ 250$（元）

$\Delta P=W_4-W_3=T_1\times Q_1\times P_1-T_1\times Q_1\times P=56\ 250-45\ 000=11\ 250$（元）

影响程度：$P/W_3=(11\ 250/45\ 000)\times100\ \%=25\%$

各因素变动对指标的综合影响数：

$\Delta T+\Delta Q+\Delta P=W_1-W=W_4-W=56\ 250-48\ 000=8\ 250$（元）

$\Delta T+\Delta Q+\Delta P=-8\ 000+5\ 000+11\ 250=8\ 250$（元）

各因素变动对指标的影响程度：

T 到 $T_1=-16.67\%$

Q 到 $Q_1=12.5\%$

P 到 $P_1=25\%$

5. 综合评分法

综合评分法是对技术决策、措施或方案的多项指标进行综合分析评价和选优的数量化方法。综合评分法不是从多指标分析评价，而是把各个具体项目的评分综合起来加以集中，以反映整个评价对象的优劣。也就是将各个评价项目的具体指标数值综合加权，用一个数字来表示整个技术措施方案的状况，从而可以从总体上概括性地评价各个农业技术方案的优劣。综合评分法可用下列数学式表示：

$$\text{某一评价对象的加权评价总分}=W_1P_{1j}+W_2P_{2j}+\cdots+W_nP_{nj}=\sum_{1}^{n}W_iP_{ij}$$

式中，P_{ij} 代表各个项目的评分；W_j 代表各个项目的权重。

某一技术措施方案的总分等于各评价项目的权重与其评分数的乘积之和

运用综合评分法的具体操作步骤是。

(1)正确选定评价项目。每个备选方案都有很多具体的评价项目，评分时应选择对整个方案的目标影响较大的评价项目参与评分。

(2)合理确定各个评价项目的权重。各个项目在整个方案中所占的地位和重要性不同，在评分的时候应根据各个项目的不同情况确定其不同的权重。每个项目的权重，用它在整个评分中所占的权重来表示，各个指标权重之和为 1 或 100 %。

(3)正确确定评分标准。可根据具体情况和历史资料对评级项目进行分级，一般按五级评分，即 5 分为最高，1 分为最低，中间状态的按 1 分的级差评分。

(4)编制决算表。比较优劣对每个方案的得分进行汇总，得到每个方案的总分值，比较后选出最优方案。

综合评分法在进行评价时，评价项目的权重是依靠人的经验来确定，所以有一定的主观随意性。

思考题

1. 什么是农业技术经济效果?
2. 农业经济核算的概念、内容及方法。
3. 农业资金的概念及特点。
4. 固定资产折旧的方法有哪些?
5. 简述流动资金核算的内容。

案例分析

哪种农产品成本最低、收益最高

根据四川省农调队对全省 31 个县的 400 个农户及 60 个农林牧渔场所生产的主要农产品进行的中间消耗调查，2003 年四川农产品成本与收益情况如下：中间消耗是指农产品在生产过程中实际发生的中间消耗项目，包括物质费用和生产服务支出两类，是农产品的生产成本。物质费用主要指用种、肥料、农膜、农药、饲料饲草、燃料、棚架材料费、原材料费、水费、小农具购置费等费用。生产服务支出包括修理费、外雇运输费、保险费、广告费、技术咨询费、上交管理费和其他劳务费等，但不包括农民自身劳动投入。

1. 粮食作物

(1)小麦。调查面积为 410 亩，平均每亩中间消耗为 120.58 元，其中物质消耗和生产服务支出分别占 85%和 15%。按 2003 年四川农民出售小麦的平均 1.03 元/千克计算，扣除成本(即中间消耗，下同)，小麦每亩纯收益为 104.46 元。

(2)稻谷。调查面积为 530 680 亩，平均每亩中间消耗为 183.84 元，其中肥料消耗占 42.4%。分品种看，晚籼稻和粳稻的中间消耗分别为 183.4 元和 235.84 元。按 2003 年四川农民出售稻谷的平均价 1.05 元/千克计算，除去成本后，稻谷的每亩纯收益为 304.32 元，晚籼稻为 294.67 元，粳稻为 453.9 元。

2.经济作物

(1)油菜籽。调查面积为302.66亩,平均每亩的中间消耗是116.5元。按2003年油菜籽的平均出售价格2.41元/千克计算,每亩油菜籽可以获得181.85元的纯收益。

(2)晒烟叶:调查面积为3.41亩,平均每亩中间消耗316.13元。按2003年四川晒烟叶的平均出售价7.23元/千克计算,平均每亩晒烟叶可以获得1 072.61元的纯收益。蔬菜调查面积2 729亩。蔬菜的调查品种中,收益排在前三位的是圆白菜、青椒和花椰菜。每亩的中间消耗分别是160.49元、350.58元和499.93元,而平均每亩纯收益分别是1 661元、900元和836元。收益最差的三种蔬菜是茄子、辣椒和南瓜,每亩的中间消耗分别是229.1元、200.93元和73.2元,而每亩的纯收益分别是208.19元、261.6元和261.4元。

3.水果

(1)柑橘。调查面积为229.32亩,平均每亩中间消耗是352.29元。按2003年农民出售平均价格2.23元/千克计算,平均每亩可获纯收益311元。

(2)荔枝。调查面积为0.5亩,平均每亩中间消耗是300元。按2003年农民出售平均价格6元/千克计算,平均每亩可获纯收益1 464元。

4.林产品

(1)核桃。调查面积为6.1亩,平均每亩中间消耗是19.67元。按2003年平均出售价格3.95元/千克计算,平均每亩核桃可获收益377元。

(2)花椒。调查面积为4.1亩。平均每亩中间消耗是104.88元。按2003年平均出售价格22.28元/千克计算,平均每亩花椒可获收益478元。

5.畜牧产品

(1)山羊。调查数量为8头,平均每头羊的中间消耗是79.45元,其中购羊种费用占50%,饲料、饲草占34.5%。按2003年农民出售山羊平均价8.25元/千克计算,平均每头山羊可获纯收益119元,平均每千克可获纯收益4.86元。

(2)鸡蛋。调查数量为15 408千克,平均每千克中间消耗是2.84元,主要是饲料占84.1%。按2003年鸡蛋的平均出售价格5.69元/千克计算,平均每千克鸡蛋可获得纯收益2.79元。

6.渔业

渔业调查品种中,四川较多的品种是青鱼、草鱼、鲤鱼、鲢鱼和鲫鱼。它们每千克的中间消耗分别是12.48元、4.28元、3.52元、4.93元和4.63元。按2003年平均出售价格14元/千克、5.9元/千克、6.08元/千克、5.67元/千克和6.67元/千克计算,每千克青鱼、草鱼、鲤鱼、鲢鱼和鲫鱼可获的收益分别是1.52元、1.62元、2.56元、0.74元和2.04元。

(资料来源:根据2004年4月8日新疆信息网采编资料整理)

问题讨论:

1.根据所给资料,试分析所给农产品中哪种农产品成本最低?

2.试分别分析所给农产品中,哪种农产品收益最高?

参考文献

[1] 马洪,孙尚清. 经济社会管理知识全书:(第2卷)[M]. 北京:中国发展出版社,1990.
[2] 江占民. 农业经济与管理[M]. 北京:中国农业出版社,1998.
[3] 蔡根女. 农业企业经营管理学[M]. 北京:高等教育出版社,2009.
[4] 王钊. 农业企业经营管理学[M]. 北京:中国农业出版社,2004.
[5] 郭翔宇. 农业经济管理学[M]. 北京:中国农业出版社,2004.
[6] 方天堃. 农业经济管理[M]. 北京:中国农业大学出版社,2005.
[7] 谢家智. 中国农业保险发展研究[M]. 北京:科学出版社,2009.
[8] 许谨良. 风险管理[M]. 北京:中国金融出版社,2006.
[9] 刘钧. 风险管理概论[M]. 北京:中国金融出版社,2005.
[10] 杨名远. 农业企业经营管理学[M]. 北京:中国农业出版社,1997.
[11] 高鸿业. 西方经济学(微观部分)[M]. 北京:中国人民大学出版社,2006.
[12] 朱道华. 农业经济学[M]. 4版. 北京:中国农业出版社, 2000.
[13] 乔娟,李小北. 市场营销学[M]. 北京:中国农业大学出版社,2004.
[14] 胡梅,梁儒谦. 产品与品牌管理[M]. 北京:北京大学出版社,2008.
[15] 吕一林,李蕾. 现代市场营销学[M]. 北京:清华大学出版社,2007.
[16] 卢勇. 现代农业产业设计经营与管理[M]. 北京:中国农业大学出版社,2009.
[17] 梁小民. 西方经济学导论[M]. 北京:北京大学出版社,2005.
[18] 农业部编委会. 农业部关于推进农业经营体制机制创新的意见与土地改制发展规划及管理操作规范细则[M]. 北京:科学管理出版社,2009.
[19] 农业部软科学委员会办公室. 农业产业结构调整区域政策[M]. 北京:中国农业出版社,2000.
[20] 牛若峰. 农业产业化经营的组织方式和运营机制[M]. 北京:北京大学出版社,2000.
[21] 卢勇. 现代农业产业设计、经营与管理[M]. 北京:中国农业大学出版社,2009.
[22] 赵保佑. 农业产业化经营理论与实践[M]. 郑州:黄河水利出版社,1999.